Yoga y ayurveda

Dr. David Frawley

Yoga y ayurveda

Autosanación
y autorrealización

Ediciones Ayurveda

Si este libro le ha interesado y desea que le mantengamos informado de nuestras publicaciones, escríbanos indicándonos qué temas son de su interés (Astrología, Autoayuda, Psicología, Artes Marciales, Naturismo, Espiritualidad, Tradición…) y gustosamente le complaceremos.

Puede consultar nuestro catálogo en
www.edicionesobelisco.com y www.edicionesayurveda.com

Los editores no han comprobado la eficacia ni el resultado de las recetas, productos, fórmulas técnicas, ejercicios o similares contenidos en este libro. Instan a los lectores a consultar al médico o especialista de la salud ante cualquier duda que surja. No asumen, por lo tanto, responsabilidad alguna en cuanto a su utilización ni realizan asesoramiento al respecto.

Colección Ayurveda
Yoga y ayurveda
Dr. David Frawley

1.ª edición: mayo de 2022

Título original: *Yoga and Ayurveda*

Traducción: *Alicia Sánchez Millet y Carmen Soler*
Maquetación: *Carme Esteve*
Diseño de cubierta: *TsEdi, Teleservicios Editoriales, S. L.*

© 1999, Dr. David Frawley
Publicado originalmente por Lotus Press, USA
(Reservados todos los derechos)
© 2022, Ediciones Obelisco, S. L.
(Reservados los derechos para la presente edición)

Edita: Ediciones Obelisco, S. L.
Collita, 23-25. Pol. Ind. Molí de la Bastida
08191 Rubí - Barcelona - España
Tel. 93 309 85 25
E-mail: info@edicionesobelisco.com

ISBN: 978-84-120755-7-1
Depósito Legal: B-6.839-2022

Impreso en los talleres gráficos de Romanyà/Valls S. A.
Verdaguer, 1 - 08786 Capellades - Barcelona

Printed in Spain

Reservados todos los derechos. Ninguna parte de esta publicación, incluido el diseño de la cubierta, puede ser reproducida, almacenada, transmitida o utilizada en manera alguna por ningún medio, ya sea electrónico, químico, mecánico, óptico, de grabación o electrográfico, sin el previo consentimiento por escrito del editor.
Diríjase a CEDRO (Centro Español de Derechos Reprográficos, www.cedro.org) si necesita fotocopiar o escanear algún fragmento de esta obra.

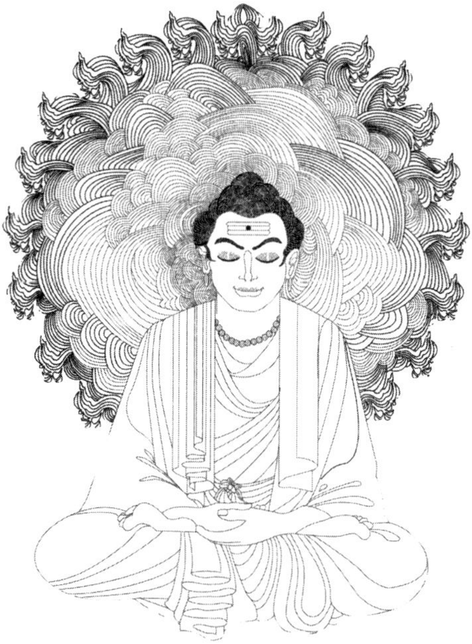

Índice de contenidos

Prólogo del Dr. Frawley a la edición en español.................... 9
Prólogo (Georg Feuerstein)... 11
Introducción 13

Primera parte.. 17
Antecedentes del yoga y el ayurveda
Visión integral del universo y del ser humano individual

1. Yoga y ayurveda... 19
   Ciencias de la autorrealización y la autosanación
2. Dharma y tattva... 25
   La filosofía universal del yoga y el ayurveda
3. Los tres gunas y la naturaleza de la mente 45
4. La danza de los doshas 55
   La constitución ayurvédica y el yoga
5. Los senderos del yoga... 69

Segunda parte 85
Los principios energéticos del yoga y el ayurveda
Los secretos de la autotransformación

6. El alma y sus diferentes cuerpos 87
7. Prana, tejas y ojas 107
   Los secretos de la alquimia yóguica
8. Agni yoga 123
   Aprovechar el fuego interior
9. Los secretos de los cinco pranas 137

10. La Kundalini y los chakras... 153
    Despertar el cuerpo sutil
11. Los nadis 167
    Los sistemas de canales de la mente y el prana

Tercera parte **183**
Las prácticas del yoga y el ayurveda
Técnicas de transformación interior

12. Dietas yóguica y ayurvédica... 185
    Similitudes y diferencias
13. Preparar soma: plantas para la práctica del yoga 205
14. Asana 225
    Posturas de yoga para la salud y la consciencia
15. Métodos de pranayama.. 261
16. Pratyahara 281
    La rama olvidada del yoga
17. Mantra Purusha 293
    «La persona de sonido»
18. Meditación y mente... 303

Cuarta parte **329**
Apéndices

Apéndice I. La conexión védica 331
Apéndice II. Glosario sánscrito 343
Apéndice III. Claves para la pronunciación 347
    del sánscrito

Bibliografía 349
Índice analítico 351
El Dr. Frawley y el American Institute 357
    of Vedic Studies

Prólogo del Dr. Frawley
a la edición en español

El aspecto curativo del yoga está adquiriendo cada vez más relevancia hoy en día y un nuevo interés por la terapia del yoga está creciendo en todo el mundo. En este sentido, es importante recordar la relación del yoga con la tradición sanadora del ayurveda.

El yoga y el ayurveda son ramas paralelas de las ciencias védicas. El yoga clásico es una de las seis escuelas de filosofías védicas. El ayurveda es uno de los cuatro *Upavedas* o disciplinas secundarias védicas. Cada uno tiene definida su área de aplicación.

El yoga se relaciona con *sadhana* o práctica espiritual, tal como se define en las ocho ramas del yoga clásico. Estas ayudan a aportar calma, equilibrio y quietud a todos los aspectos del cuerpo y la mente para permitir que nuestra consciencia interna se despliegue. El ayurveda se relaciona con *chikitsa* o curación del cuerpo y la mente, que incluye el diagnóstico y el tratamiento de la enfermedad así como el fomento del bienestar a través de pautas de vida especiales. El ayurveda extiende los principios espirituales del yoga a una ciencia médica completa y abarca todas las formas y enfoques de la curación.

La aplicación curativa del yoga, por lo tanto, es ayurveda. Igualmente, la aplicación espiritual del ayurveda es yoga. Esto significa que cualquier terapia yóguica verdadera o auténtica no puede ignorar el lugar del ayurveda, sino que debe tratar de construirse sobre los principios ayurvédicos y sumarle la gama completa de tratamientos ayurvédicos. No tenemos que inventar ninguna nueva terapia del yoga o medicina del yoga, solo tenemos que incorporar más ayurveda al yoga.

La curación del yoga, además, no consiste solo en las asanas, ya que estas solo constituyen la base. Requiere la aplicación de las ocho ramas del yoga, en particular el poder curativo del *pranayama*, el mantra y la meditación. Pratyahara es particularmente importante, pues es el aspecto del yoga que nos ayuda a dirigir nuestras energías hacia dentro. El presente libro intenta incorporar este enfoque más amplio del yoga y el ayurveda para el cuerpo, la mente y el espíritu.

Yoga y ayurveda forma parte de una serie de libros sobre diferentes aspectos del yoga y el ayurveda, y del programa de formación en estas disciplinas. Es nuestro deseo que el libro sirva para estimular la práctica y el estudio del yoga y el ayurveda en mayor profundidad y que contribuya a sumar al yoga moderno los beneficios sanadores del ayurveda, que fueron la base de la terapia del yoga tradicional.

¡El yoga y el ayurveda juntos tienen el poder de aportar equilibrio y bienestar a todos los aspectos de nuestra vida!

Dr. David Frawley (Pandit Vamadeva Shastri)
www.vedanet.com

Prólogo

He llegado a pensar que mi amigo David Frawley era un pandit indio en un cuerpo occidental, algo que refleja bien su nombre espiritual: Vamadeva Shastri. En sánscrito, un *shastrin* (nominativo de *shastri*) es una persona instruida en los *shastras*, los textos académicos. La vida y el pensamiento de David Frawley giran en torno a la cultura y la espiritualidad indias, y siempre que le hago una pregunta relacionada con el yoga, el ayurveda o los *Vedas*, su conocimiento (*vijnana*) y su sabiduría (*jnana*) brotan invariablemente como un refrescante manantial. Desde principios de la década de 1980, el Dr. Frawley ha puesto al alcance de los estudiantes occidentales sus ideas sobre la magnífica espiritualidad india y sus tradiciones médicas a través de diversas publicaciones.

Este nuevo libro pone de relieve la estrecha relación que existe entre el yoga y el ayurveda, dos disciplinas holísticas fundamentales. Ambas tienen en común el concepto de integridad somática y psicoespiritual. El yoga se centra en la integración espiritual a través de la autotrascendencia que culmina con la autorrealización. El ayurveda se centra en la integración psicosomática a través del completo cuidado de la salud que culmina con la apertura a la autotrascendencia y la autorrealización.

Uno de los distintivos del yoga es el equilibrio; así, los practicantes de este antiguo arte y ciencia deben prestar adecuada atención tanto al cuerpo como a la mente. A veces, algunos fervientes entusiastas del yoga intentan cultivar la meditación y los estados superiores de la consciencia descuidando el cuerpo físico; sin embargo, el cuerpo es el terreno para alcanzar la iluminación. Si no cuidamos nuestro cuerpo, antes o después este sucumbirá a la enfermedad. Todos tenemos nuestros *karmas* (léase: herencia genética y vivencias externas) a los que enfrentarnos. En yoga, la enfermedad se considera uno de los obstáculos que impiden completar con éxito el proceso yóguico. Si usted lo pone en duda, intente meditar con dolor de muelas o malestar en el estómago. Por supuesto, podrá hacerlo, pero le exigirá una considerable capacidad de concentración. Los desequilibrios somáticos producen fácilmente trastornos mentales, y a la inversa. Por tanto, cultivar un cuerpo fuerte y saludable y ejercitar la mente deberían ir de la mano; y lo ideal sería que ambas búsquedas fueran impulsadas por el deseo de la autorrealización.

En la actualidad, tanto el yoga como el ayurveda gozan de una enorme popularidad en Occidente, pero ambas disciplinas sufren una considerable tergiversación. El nuevo libro del Dr. David Frawley no podía ser más oportuno: ofrece una valiosísima visión sobre los puntos de contacto entre el yoga y el ayurveda y muestra cuán relevantes son ambas disciplinas para la práctica espiritual contemporánea.

Esta obra contiene muchos consejos prácticos útiles que pueden ayudarle a entender su tipología constitucional en términos ayurvédicos. Esto, a su vez, le ayudará a elegir el tipo correcto de práctica postural o de meditación yóguica. El camino del yoga es intrínsecamente exigente y los practicantes sensatos agradecen cualquier información que pueda ayudarles, por pequeña que sea. El conocimiento tipológico del ayurveda es uno de los secretos mejor guardados del yoga. Si usted progresa demasiado despacio en la senda del yoga, puede ser que esté en el camino equivocado. Entender su tipo constitucional es importante, no solo para determinar su dieta o el tratamiento médico, sino también para emprender la práctica espiritual. Todos los caminos son igual de buenos y útiles, pero hay que tener en cuenta la anchura de eje adecuada que se ajuste a un camino dado y alcanzar –o no– el destino con suavidad y seguridad. Si usted entiende que la vida es un peregrinaje que finaliza –o realmente empieza– con la iluminación o la liberación (*moksha*), descubrirá que este libro es una guía indispensable.

DOCTOR GEORG FEUERSTEIN,
DIRECTOR DEL YOGA RESEARCH CENTER.

Introducción

El yoga y el ayurveda son dos disciplinas espirituales –o ciencias sagradas– estrechamente relacionadas y enraizadas en la tradición védica de India. El ayurveda es la ciencia védica de la sanación del cuerpo y la mente. El yoga es la ciencia védica de la autorrealización que depende del buen funcionamiento del cuerpo y la mente. Ambas disciplinas se desarrollaron juntas y siempre se han utilizado juntas. Por consiguiente, los que están interesados en una de ellas pueden beneficiarse del estudio de la otra. Sin embargo, la mayoría de libros occidentales sobre yoga apenas trata de ayurveda. Y si bien todos los libros de ayurveda hablan de yoga, hasta ahora en Occidente no se ha publicado ninguna obra sobre ayurveda y yoga; de ahí la necesidad del presente volumen.

El yoga y el ayurveda son mucho más que sistemas de ejercicios físicos o de sanación del cuerpo, como se tiende a pensar en la actualidad, a pesar de la importancia que tienen en este sentido. El yoga y el ayurveda tradicionales se ocupan del ser humano en su totalidad, que no es solo cuerpo, sino también mente y alma. Ambas disciplinas abarcan todas nuestras necesidades, desde el bienestar y la salud física hasta la apertura de nuestra consciencia superior. Así pues, mi libro está orientado a ofrecer una visión más amplia que podría llamarse yoga integral y ayurveda integral –tradicionalmente *pancha kosha* yoga y *pancha kosha* ayurveda–, cuyo significado es «yoga y ayurveda de las cinco envolturas», siendo estas el cuerpo físico, el *prana*, la mente, la inteligencia y el alma, así como nuestro Yo superior. También se define como «yoga y ayurveda de los tres cuerpos» (físico, astral y causal) o «del cuerpo, la mente y el alma».

Yoga y ayurveda se dirige a la totalidad de nuestra naturaleza, a nuestra vida superior de seres espirituales y cósmicos. Esta obra examina el amplio campo del ayurveda, que no solo incluye la salud física, sino también la salud mental y la preparación para la vida espiritual. De igual modo, también se ocupa de la totalidad del campo del yoga, es decir, la ciencia del *raja yoga* y sus ocho ramas, desde la *asana* hasta la meditación. A pesar de que un capítulo de este libro examina a fondo las asanas, está prevista la publicación de un análisis exhaustivo de este tema en otra obra sobre ayurveda y asanas.

Yoga y ayurveda está pensado para quienes quieran explorar un nivel más profundo de conocimiento que el que suele describirse en los libros de iniciación, que son mayoritarios. En él se trata con detalle aspectos de los cuerpos sutil y causal y su energética; además, contiene mucha información nunca antes publicada en Occidente. Incluye cuestiones tales como los siete *agnis*, los tres principios vitales, *prana, tejas* y *ojas*, los *nadis* y los *chakras*, y también métodos prácticos para desplegar estas energías. La obra pone mayor énfasis en los cinco *pranas*, porque el *prana* (la energía vital) es el principal nexo entre yoga y ayurveda.

El presente libro está concebido como un complemento de mi última obra en este ámbito –*Ayurveda and the Mind* [*El ayurveda y la mente*]– que trata sobre los aspectos psicológicos y sobre la visión de la mente en el yoga y el ayurveda. *Ayurveda and the Mind* contiene información relevante sobre los mantras y otras prácticas yóguicas que no aparecen en la presente obra; será de utilidad para aquellos que quieran profundizar en estos temas. *Yoga y ayurveda* también tiene puntos de contacto con *Tantric Yoga and the Wisdom Godesses: Spiritual Secrets of Ayurveda* [*El yoga tántrico y las diosas de la sabiduría: secretos espirituales del ayurveda*], que contiene información adicional sobre el cuerpo sutil y el culto divino. Otras obras mías sobre ayurveda –*Ayurvedic Healing* [*Salud Ayurveda*, Ediciones Ayurveda, Barcelona 2012] y *Yoga of Herbs* [*Poder energético y curativo del mundo vegetal*], escrita con el Dr. Vasant Lad–, tratan mayormente sobre aspectos externos y físicos del ayurveda, pero también contienen referencias al yoga.

Yoga y ayurveda se divide en tres secciones:

La primera parte se ocupa de los antecedentes del ayurveda y el yoga y de los principios cosmológicos y las visiones del mundo con los que ambos están relacionados. También incluye una explicación sobre *doshas* y *gunas*.

La segunda parte examina la energética de ambos sistemas, poniendo énfasis en el cuerpo sutil y el prana, e incluye la Kundalini, los *chakras* y los *nadis*.

La tercera parte muestra las prácticas comunes a ambas disciplinas –desde la dieta y las plantas hasta las asanas, el *pranayama*, el mantra y la meditación– que nos permitirán poner en práctica los conocimientos adquiridos en las secciones anteriores.

El presente volumen –igual que mi anterior obra– está muy inspirado en los escritos no publicados de Ganapati Muni, principal discípulo de Ramana Maharshi –gran yogui y gran maestro ayurvédico. Tales trabajos, que llegaron a mí a través de K. Natesan –discípulo de Ganapati– han resultado ser de un valor incalculable a la hora de desentrañar los secretos yóguicos de los *Vedas*. El libro también se basa en gran parte en las obras de Swami Yogeshwarananda. Algunos capítulos proceden de artículos míos publicados originalmente en la excelente revista *Yoga International*, entre ellos los de *pratyahara*, prana, *tejas* y *ojas*, y los *chakras*.

Quiero dar las gracias a las diversas personas que me han ayudado en la realización de este libro. Sandra Kozak fue fundamental para el capítulo de las asanas, y está trabajando conmigo en el desarrollo de una comprensión ayurvédica de la práctica de las asanas, que esperamos poder presentar en una próxima obra. Nicolai Bachman realizó los gráficos, así como la guía de pronunciación del sánscrito, incluida en el apéndice. Gary Kraftsow y Margo Gal me hicieron unas sugerencias muy útiles respecto a las asanas y el *pranayama*; lo mismo hizo Amadea Morningstar en cuanto a la dieta. Rudolph Ballantine me dio un buen número de consejos útiles para el estilo del libro. Los comentarios y sugerencias de Leny Blank también han sido importantes.

Quisiera dedicar este libro a mi principal maestro, no solo de ayurveda sino también de *dharma*, el doctor B. L. Vashta (1919-1998), un gran médico ayurvédico, formulador de productos ayurvédicos, escritor y periodista que durante más de diez años guió mi trabajo y mis estudios.

Doctor David Frawley (Pandit Vamadeva Shastri)
Santa Fe, Nuevo México
Octubre de 1998

PRIMERA PARTE

Antecedentes del yoga y el ayurveda

Visión integral del universo
y del ser humano individual

1
Yoga y ayurveda

Ciencias de la autorrealización
y la autosanación

La vida (ayu) es la combinación (samyoga) de cuerpo, sentidos, mente y alma reencarnante. El ayurveda es la ciencia más sagrada de la vida, beneficiosa para los seres humanos tanto en este mundo como en el de más allá.
CHARAKA SAMHITA, SUTRASTHANA, I, 42-43

Yoga y ayurveda

El yoga es una de las ciencias espirituales más extraordinarias que haya descubierto la humanidad. Es como una gema de grandes proporciones y múltiples facetas cuya luz puede iluminar la totalidad de nuestras vidas otorgándole gran significado. Con unos orígenes que se remontan a hace más de cinco mil años, es una de las pocas tradiciones espirituales que ha mantenido un desarrollo ininterrumpido a lo largo de la historia. Dado que abarca todos los aspectos del ser humano y de la naturaleza, es capaz de desplegar tanto interior como exteriormente las energías superiores a nuestro alcance.

Los métodos yóguicos abarcan todo el ámbito de nuestra existencia –desde lo físico, lo sensorial, lo emocional, lo mental y espiritual hasta la suprema autorrealización. Esto incluye todos los métodos más evolucionados de la humanidad: las posturas físicas, las disciplinas éticas, el control de la respiración, los métodos sensoriales, las afirmaciones y visualizaciones, la oración y el mantra, y las complejas disciplinas meditativas. El yoga entiende la naturaleza y la interrelación de los universos físico, sutil y sin forma con el infinito sin límites más allá del tiempo y el espacio, y nos muestra cómo esto también existe en cada ser humano individual.

El yoga es fruto de las enseñanzas de los sabios del Himalaya y se remonta a lo que los yoguis consideran el comienzo de esta edad particular del mundo o ciclo de civilización, hace unos diez mil años. Se dice que continúa las tradiciones de anteriores enseñanzas espiritualmente avanzadas que las presentes civilizaciones han olvidado. El yoga es la esencia de la sabiduría de una miríada de sabios de todos los tiempos, el legado constante del afán espiritual de la humanidad, adaptado a las necesidades particulares de cada edad y cada persona. Es como un amplio y frondoso baniano que despliega nuestros mayores potenciales y los fortalece y nutre.

Al igual que el yoga, junto al que ha crecido, el ayurveda tiene una larga historia con muchos estratos, una gran diversidad y un desarrollo continuo que lo hace relevante para todas las personas y en todos los tiempos. El ayurveda es uno de los más destacados sistemas de medicina holística del mundo. Abarca todos los aspectos de la salud y el bienestar: físico, emocional, mental y espiritual. Incluye todos los métodos de sanación, desde la dieta, las plantas, el ejercicio y los buenos hábitos, hasta las prácticas yóguicas y la meditación. Con su forma única de entender la constitución del individuo, el ayurveda proporciona una visión para que cada persona y cada cultura creen una forma de vida en armonía tanto con el mundo de la naturaleza como con nuestro Yo Superior. Ofrece la salud y el desarrollo óptimos para todas las criaturas, gracias a su profundo conocimiento de la ley natural.

Siguiendo los pasos del yoga, que ya goza de presencia en todo el mundo, el ayurveda se está convirtiendo en uno de los sistemas globales más importantes de medicina cuerpo-mente. Nos enseña a comprender el lenguaje de la naturaleza, el lenguaje de la vida, para que podamos vivir en armonía con el gran universo, evolucionando no solo para nosotros mismos, sino en beneficio de todas las criaturas. El ayurveda comprende los secretos no solo para sanar al individuo, sino también para mejorar la sociedad, todas las criaturas y el propio planeta.

Yoga y ayurveda son ciencias hermanas que se desarrollaron juntas y que se han influenciado reiterada y mutuamente a lo largo de la historia. Ambas son partes integrantes del gran sistema de conocimiento védico que sostiene que todo el universo es Uno en Sí mismo y que la clave del conocimiento cósmico reside en nuestras propias mentes y en nuestros corazones. Al ser disciplinas védicas, el yoga y el ayurveda trabajan juntos para mejorar sus considerables beneficios a todos los niveles. Ambos pueden integrarse en ciencias védicas o yóguicas afines, como la astrología, la arquitectura, la música y el lenguaje, para tener un enfoque aún más amplio.[1]

El yoga es ante todo una ciencia de autorrealización. Su interés es la práctica espiritual, principalmente a través de la meditación, para hacernos trascender el sufrimiento y la ignorancia del mundo. Nos enseña cómo transitar desde nuestra identidad exterior física apegada al ego, a nuestro Yo inmortal que habita en el interior del corazón. El yoga ofrece la clave de todo desarrollo espiritual, que en el sentido védico significa adquirir mayor conocimiento sobre nuestra verdadera naturaleza más allá del tiempo, el espacio, la muerte y el sufrimiento.

El ayurveda es principalmente una ciencia de autosanación, cuyo objetivo es aliviar las enfermedades del cuerpo y la mente. Esto no significa que el ayurveda sea simplemente un método de sanación personal que no requiera la ayuda de terapeutas o médicos. De hecho, el ayurveda dice que los médicos son indispensables para tratar las complejidades de la enfermedad y las diferentes necesidades de la salud. El ayurveda como autosanación tiene que ver con la restauración de la integridad –teniendo como objetivo final nuestro Yo interior– que es la sanación espiritual.

---

1. Véase el Apéndice I.

El ayurveda se ocupa de aliviar los males, tanto del cuerpo como de la mente, y de fomentar el bienestar físico y psicológico. Sin embargo, el objetivo final del ayurveda tradicional, igual que el del yoga tradicional, es la autorrealización –la forma más elevada de autosanación. El ayurveda nos muestra cómo lograr una salud óptima no para el disfrute exterior, sino para proporcionarnos una base sana y la energía suficiente para proseguir la búsqueda yóguica.

El nexo entre yoga y ayurveda es el prana o energía vital. El yoga es la inteligencia del prana en busca de transformaciones evolutivas mayores, mientras que el ayurveda es su energía sanadora, que intenta consolidar los sistemas de vida que ya ha desarrollado. Juntos, el yoga y el ayurveda ofrecen una disciplina completa, que puede transformar nuestra existencia desde los niveles físicos hasta los planos espirituales más profundos de nuestro ser con extraordinaria vitalidad y creatividad en todos ellos.

Yoga y ayurveda en Occidente

Yoga es un término corriente en el mundo occidental actual, ya que pueden encontrarse clases de yoga en cualquier ciudad o vecindario. La mayoría de las personas identifica el yoga con las posturas físicas o asanas, que son la parte más evidente del sistema. Si bien las asanas de yoga pueden ofrecer una buena puerta de acceso al vasto templo del yoga, no constituyen en absoluto la totalidad de su estructura ni su deidad principal. Finalmente, la mayoría de los que profundicen en el yoga entrarán en contacto con sus prácticas más espirituales y más amplias, como el mantra y la meditación.

De forma parecida, el ayurveda empieza a ser conocido en Occidente como un sistema especial de medicina natural. En muchas ciudades existen centros ayurvédicos. Las plantas ayurvédicas pueden comprarse en muchas tiendas naturistas. La idea de los tipos constitucionales ayurvédicos ha sido descrita en numerosos libros y revistas de divulgación. No obstante, la vertiente física de la sanación ayurvédica a través de la dieta y las plantas medicinales es solo una parte del sistema. Su vertiente interior −sanar el cuerpo sutil y la mente−, en la que están incluidas la meditación y las prácticas yóguicas, es la otra mitad y quizá la más importante.

Son numerosos los centros de yoga que ofrecen terapias ayurvédicas, y ambas ciencias suelen estudiarse juntas. Sin embargo, muchos son los que, habiéndose iniciado en el yoga a partir de un modelo físico, no son del todo conscientes de la importancia de su conexión con el ayurveda. Esto es cierto para muchos profesores y terapeutas de yoga que carecen de formación ayurvédica.

Tradicionalmente, en India, el yoga trataba el lado espiritual de la vida, lo que hemos presentado como el camino hacia la autorrealización. Por otro lado, el ayurveda, trataba la enfermedad, tanto física como mental, así como la prescripción de pautas de vida. El yoga, como terapia o ejercicio, era tradicionalmente prescrito en un contexto ayurvédico. La terapia clásica yóguica era ayurvédica, tanto en su teoría como en su aplicación. Quienes en la actualidad hagan uso del yoga con fines curativos deben tener esto en cuenta, así como los beneficios potenciales que supone sumar conocimientos ayurvédicos a la terapia yóguica. Tienen que aprender a entender los efectos ayurvédicos de las prácticas yóguicas y no solo tratar de definir la sanación yóguica basándose únicamente en la medicina y la psicología modernas.

El estudio combinado de yoga y ayurveda es de gran importancia para estas disciplinas y para ayudarnos a entender la totalidad de la vida que ambas ciencias abarcan de manera tan profunda. Todos intentamos restablecer la integridad al cuerpo, la mente y el espíritu, tanto individual como colectivamente.

2
Dharma y tattva

La filosofía universal del yoga y el ayurveda

*Venera el Fuego el vidente,
la verdad del Dharma en el rito sagrado.
El Fuego inmortal sirve a los Dioses,
así los Dharmas Eternos no son profanados.*
RIG VEDA I, 12.7; III, 3.1

El camino del dharma

Todas las grandes tradiciones espirituales y curativas del subcontinente indio se basan en el concepto de *dharma* o ley natural. Dharma es un término sánscrito que se refiere a las leyes de la verdad que gobiernan el universo. Dharma es aquello que sostiene las cosas, un principio fundamental y, literalmente, un pilar. Los dharmas son los principios subyacentes que mantienen todas las cosas en armonía y sostienen su mayor crecimiento y desarrollo. Dichos principios dhármicos, al igual que las leyes físicas, tienen que ser los mismos para todos los seres. El dharma muestra los fundamentos de la ley universal en que hemos de basar nuestras acciones para que atraigan el apoyo del universo. El hinduismo se autodenomina *Sanatana Dharma*, o Dharma Eterno, lo que sugiere una tradición de ley natural no limitada por el tiempo, el espacio ni la persona. El budismo se autodenomina *Buda Dharma*, el camino natural de la iluminación.

El yoga podría denominarse práctica espiritual dhármica, *Yoga Dharma*. El yoga es un enfoque dhármico de la vida espiritual, que es el camino de la autorrealización. Nos enseña a seguir nuestro dharma superior, que consiste en renunciar a la búsqueda externa y esforzarse por conocer nuestra verdadera naturaleza. Todas las metodologías del yoga son de naturaleza dhármica y nos ayudan a aprovechar la ley natural y las fuerzas espirituales de la naturaleza para transformar nuestra consciencia desde la ignorancia hacia la iluminación.

El ayurveda podría denominarse medicina dhármica. El ayurveda representa un enfoque dhármico de la salud y lo cotidiano –una sanación natural basada en la ley natural, una sanación consciente siguiendo las leyes de la consciencia. El ayurveda es la ciencia de la salud basada en los principios dhármicos, que vela por el dharma tanto en el tratamiento como en sus pautas de vida. La vida dhármica nos proporciona salud y felicidad, y nos pone en contacto con las fuerzas cósmicas benéficas. La vida adhármica, contraria al dharma, produce dolor y falta de armonía en todo. Una vida dhármica es la base de todo tratamiento y de todas las pautas de vida ayurvédicas. La mayor parte de los problemas psicológicos y de los trastornos emocionales tiene su origen en una vida adhármica, en vivir sin armonía con el universo. Lo mismo sucede con la mayoría de las enfermedades físicas.

La ley dhármica más importante es la ley del *karma*: así actuemos, así experimentaremos el fruto de nuestras acciones, en esta vida y en las futuras. Hay una justicia absoluta en el universo, pero se da a través de muchas encarnaciones y no puede verse echando una mirada fugaz a los asuntos humanos. No es una justicia de recompensas y castigos externos, sino del desarrollo de la consciencia. La acción dhármica proporciona paz y felicidad interiores y nos permite continuar la práctica espiritual. La acción adhármica coarta nuestra consciencia y nos relega a la oscuridad y la agitación de la mente, aunque pueda proporcionarnos beneficios externos efímeros.

El dharma ético más importante, a veces llamado dharma supremo, es *ahimsa*, a menudo traducido como «no-violencia».

Ahimsa significa más exactamente «no-perjudicar», tener una actitud mental que no desea herir a ninguna criatura, ya sean seres humanos o plantas, animales y todo el orden natural. Para que sea completo, ahimsa debe extenderse a la acción y también a la palabra y al pensamiento.

Ahimsa es el principio más importante de la práctica del yoga y el fundamento de la paz mental, que no es posible si albergamos alguna intención de hacer daño a los demás. ¿Cómo podemos participar sinceramente en las prácticas espirituales si estamos implicados en acciones violentas, destructivas, engañosas o manipuladoras? Ahimsa es la esencia del enfoque ayurvédico de la salud y el apoyo de toda sanación real. La salud y el bienestar surgen de un estado de la mente y una pauta de vida que no causen daño a otras criaturas.

Ahimsa subyace tras la recomendación ayurvédica de seguir una dieta vegetariana, pero se extiende a todas las recetas curativas ayurvédicas. Los alimentos no deberían tener como base la crueldad. La comida, a fin de cuentas, es una forma de proporcionar alimento. ¿Qué tipo de alimentación puede derivarse de una comida que no refleja la energía del amor sino de la explotación? Nuestra ocupación o vocación en la vida debe también seguir una energía del amor y no ser perjudicial para otras criaturas. Desafortunadamente, la cultura moderna se basa en la competitividad y el consumismo, causantes ambos de mucho daño tanto a las demás criaturas como al propio planeta.

Los medicamentos, sobre todo, no deberían estar basados en la crueldad. La medicina moderna cree que causando daño a otras criaturas, como ocurre en los tests con animales, pueden obtenerse beneficios para curar a las personas. Para el ayurveda, esto responde a una lógica falsa. No puede aliviarse el sufrimiento de una criatura causando sufrimiento a otras más indefensas. El sufrimiento engendra sufrimiento. Por el contrario, el cuidado de otras criaturas es beneficioso para nuestra propia salud, incluso cuando supone anteponer el bien común de todas las criaturas al de nuestra propia especie. No podemos triunfar en la vida o ser más sabios a expensas del mundo en que vivimos.

Ahimsa es el principio fundamental de la salud mental porque elimina la base sobre la que brotan las emociones negativas en nuestra mente. Es también el principio fundamental de la salud social, porque elimina las raíces del conflicto social que desencadena la violencia derivada del odio, la ira y el resentimiento. A veces debemos actuar con fuerza y decisión para prevenir daños, como un verdadero guerrero defensor del dharma. Proteger a los demás es otro aspecto de ahimsa que no siempre es bien entendido. En él se basa el *kshatriya dharma*, la senda védica del guerrero o espíritu heroico. Por esta razón el ayurveda acepta las terapias fuertes, como son las medidas radicales de desintoxicación (*panchakarma*), para eliminar los factores que causan la enfermedad, o la cirugía para proteger la vida de una persona.

Tanto el yoga como el ayurveda nos enseñan que debemos rezar o cantar cada día oraciones universales por la paz, que proyecten este poder de no violencia y su enorme energía curativa.

Que todos los seres encuentren la felicidad
Que todos estén libres de enfermedad
Que todos vean lo que es beneficioso
Que nadie sufra
OM, paz, paz, paz

El ayurveda comparte los principios dhármicos del yoga, los *yamas* y *niyamas* –los principios importantes de una vida recta– que trataremos en el capítulo «Los caminos del yoga». Además de los dharmas universales, cada individuo tiene su propio dharma personal o *svadharma*, la ley de nuestra naturaleza particular que nos muestra nuestro papel específico y nuestra finalidad en la vida. El yoga requiere que encontremos el camino espiritual dhármico apropiado y entendamos nuestro lugar en el despliegue universal de la consciencia. Para el ayurveda, la salud depende del descubrimiento de nuestro dharma individual y de vivir en armonía con él. En este sentido, la dieta, la medicina, las circunstancias de vida y las prácticas espirituales que son dhármicas para una persona pueden no serlo para otra. Este principio del svadharma subyace en el énfasis que el ayurveda pone en los tipos constitucionales y en las pautas de vida individualizadas, y en la idea del yoga como una práctica individualizada o personalizada. Partiendo de esta base dhármica, vamos a examinar los antecedentes espirituales, filosóficos y cosmológicos en los que se asientan estos dos grandes sistemas.

Brahman, la Realidad Suprema

Todos los dharmas son, en última instancia, uno en el Dharma Supremo, que es la unidad de toda existencia. Solo hay una Verdad Absoluta en que se asienta el universo: una eterna, infinita e inmutable realidad llamada Brahman. Brahman significa «la inmensidad», o aquello que lo contiene todo, y es la base de todos los principios dhármicos. Brahman es la sustancia subyacente de la existencia, tanto manifiesta como no manifiesta, que no es material sino espiritual. Todos surgimos de Brahman, permanecemos en él y finalmente tenemos que volver a él. Los interminables e innumerables universos no son más que olas en el mar de este Ser infinito.

Brahman es Ser-Consciencia-Dicha (*Sacchidananda*). Este Ser tiene que ser consciente porque un ser inconsciente sería una mera cosa, un objeto definido y limitado. No podría tener existencia independiente y por lo tanto no sería un ser real. La consciencia tiene que ser feliz o no desearía existir. Un estado de consciencia miserable querría naturalmente poner fin a sí mismo con el tiempo. Por lo tanto estos tres factores son en realidad uno.

Solo conocemos a Brahman o Verdad Absoluta al convertirnos en uno con ello, lo que significa ser uno con el terreno sagrado del Ser, más allá de las variaciones de nombre y forma en el mundo exterior. Todos poseemos un sentido intuitivo de esta Realidad Suprema y, naturalmente, la buscamos cuando nos alejamos de las relaciones egoístas. Son numerosos los grandes sabios y yoguis que lo han conseguido y se han vuelto inmortales.

Atman, el Yo Universal

Puesto que Brahman impregna todas las cosas, también existe dentro de nosotros y es nuestro verdadero ser. Puesto que es el estado original de las criaturas, es nuestra propia naturaleza original. La existencia pura es también la Consciencia pura. Esto es Atman, o Yo superior, que mora en el corazón de todos los seres.

Brahman y Atman, lo Absoluto y el Yo, no son dos. Son dos formas de mirar la misma realidad que está en todo el universo y en cada individuo. El infinito Brahman se conoce a sí mismo como «Yo-soy-Eso-Yo-soy». Conocerse realmente a uno mismo es conocer la Verdad Absoluta, conocer a Brahman. Pero el Yo verdadero no es una formación mental o personal, no es una criatura ni una entidad de ninguna clase. Es el Ser de la consciencia que trasciende el tiempo, el lugar y el individuo.

Acceder a nuestro verdadero yo es simple, pero no fácil. Requiere que nuestros corazones estén en paz y que seamos receptivos a su luz interior. Esta es la esencia de la meditación. Cuando se tiene un cuerpo sano, puro y enérgico, el prana y la mente son herramientas importantes para esta búsqueda. El yoga nos muestra cómo alcanzar el Yo. El ayurveda nos muestra cómo vivir de forma que nuestras acciones físicas y mentales no se aparten de él.

Samkhya, la ciencia cósmica

El yoga y el ayurveda tienen unos antecedentes filosóficos y cosmológicos específicos. Tanto el yoga clásico —el óctuple sendero (*ashtanga yoga*) que enseñó *Patanjali* en los *Yoga Sutras*— como el ayurveda clásico, enseñado por *Charaka* y *Sushruta*, están basados en la escuela Samkhya de filosofía védica, enseñada originalmente por el sabio Kapila, una figura de gran antigüedad. La propia

Samkhya proyecta las principales ideas del pensamiento védico y de los *Uphanishad*, y se encuentra en algún grado en todos los sistemas védicos y vedánticos, en particular en sus cosmologías.

Samkhya es la ciencia espiritual original en que se fundamentan el yoga y el ayurveda. El yoga es la tecnología diseñada para alcanzar las grandes verdades de Samkhya y a menudo se conoce como un único sistema llamado Samkhya Yoga. El yoga clásico utiliza la cosmología y la terminología de Samkhya y, en general, se estudiaba junto con Samkhya.[2] El ayurveda basa su visión del mundo en la cosmología de Samkhya, ya que cuenta con las prácticas yóguicas entre sus métodos de tratamiento. Samkhya postula veinticuatro principios (*tattvas*) cósmicos primarios para explicar todos los procesos del universo, siendo el número veinticinco la Consciencia pura más allá de toda manifestación.

Purusha, la Consciencia pura

La consciencia es el principio fundamental en que se asienta el universo, cuyo orden maravilloso refleja el funcionamiento de una inteligencia suprema. La Consciencia pura es la fuente de toda subjetividad o sentido del yo, a través de la cual nos sentimos vivos y podemos actuar independientemente. Todos nos sentimos individuos conscientes y no meros objetos o instrumentos. Esta es nuestra conexión con el Purusha que hay en nuestro interior, también llamado Atman o Yo superior.

El mundo exterior existe para aportar experiencia al Purusha. El mundo, igual que los objetos –una olla, por ejemplo–, es un fenómeno observable que no puede existir por sí mismo sino solo para quien lo percibe. El mundo está basado en la inteligencia; funciona a través de la mente y sigue un patrón de ley orgánica que refleja esta Consciencia pura que subyace a él.

---

2. Por ejemplo, el estudio de los Yoga Sutras de Patanjali suele combinarse con el Samkhya Karika de Ishvara Krishna.

Sin embargo, este Yo superior es distinto del ego o de la idea «yo soy el cuerpo», que en Samkhya se llama *ahamkara* o el proceso-del-yo. El Purusha no es un Yo encarnado sino la naturaleza-Yo pura más allá de toda objetividad. No forma parte de la creación y no está compuesta por ningún tipo de materia –gruesa, sutil o causal. No es cuerpo ni mente, que son partes interrelacionadas de materia, sino la consciencia subyacente por medio de la cual actúan y que no está limitada por ellos. El Purusha es el sustrato o terreno consciente de toda manifestación que brilla por la luz que él refleja. Su luz, reflejada a través de la mente, permite que se produzca la percepción.

Aunque Purusha se denomina «él» en sentido figurado, hay que recordar que contiene su propia *shakti* o poder de visión en cuanto aspecto femenino. Al ser un sujeto consciente no podemos llamar a Purusha «eso», aunque no está limitado por el género ni cualquier otra distinción externa, puesto que está más allá de toda forma. El objetivo del yoga es el mismo que el de Samkhya, volver a la consciencia del Purusha. El objetivo del ayurveda es conectar nuestros cuerpos y mentes con el Purusha, que es la verdadera fuente de felicidad y bienestar. El poder sanador último y el prana original provienen del Purusha.[3]

Ishvara, Dios – el Señor cósmico

Dios, el Señor y Creador cósmico, recibe el nombre de Ishvara en sánscrito. Ishvara es la energía que crea, mantiene y destruye el mundo a través de las tres formas –Brahma, Vishnu y Shiva–, y sus tres energías femeninas: Sarasvati, Lakshmi y Kali. Ishvara actúa para guiar los mundos, supervisa el funcionamiento de la ley del karma y ayuda a todas las almas a evolucionar desde la ignorancia hacia la iluminación.

---

3. Esta idea de Prana Purusha o Prana Atman es común en los *Upanishads*. Véase, por ejemplo, *Brihadaranyaka* I, 6.3.

Si bien Ishvara es un concepto similar al de Dios en la cultura occidental, cabe señalar que Ishvara se manifiesta a través de diversos dioses y diosas, ya que el Creador Único tiene muchas formas diferentes y específicas. Ishvara tiene muchos nombres, funciones y orientaciones diferentes. Ishvara puede ser venerado en el sentido femenino, Ishvari, la Madre Divina, que es la forma preferida en muchos caminos del yoga, en particular los de naturaleza tántrica.

Ishvara constituye uno de estos veinticuatro principios de la Samkhya clásica. Sin embargo, el sistema del yoga que acepta el ayurveda presenta a Ishvara como un principio cósmico adicional, un Purusha especial dotado de inteligencia perfecta.[4] Ishvara es el maestro original o *guru* para todas las almas y la fuente de las enseñanzas espirituales de los *Vedas*.[5] El ayurveda reconoce a Dios como creador y guía, aquel a quien todos debemos buscar para alcanzar la sanación y la orientación. La búsqueda de la gracia divina es una parte esencial de la práctica ayurvédica, y el médico ayurvédico deber esforzarse por favorecer la voluntad divina y trabajar a su servicio.

Los veinticuatro principios cósmicos (*tattvas*)

Estos veinticuatro principios (*tattvas*) son los responsables de la estructura del universo en todos los planos. Son la base de los tres cuerpos, los cinco *koshas* y los siete *chakras* de nuestra existencia individual, de los que nos ocuparemos más adelante en este libro.

1. Prakriti, la Naturaleza primordial

Hay una sustancia última en la que se funda todo lo que puede percibirse en el universo de la materia y la mente, y que es la responsable de todas las cualidades y energías que observamos.

---

4. Purusha Visesha: *Yoga Sutras* I, 23.
5. *Yoga Sutras* I, 18.

Esta materia primera o madre del mundo recibe el nombre de Prakriti y es el sustrato básico del universo, tanto grueso como sutil. Prakriti es la forma original de la materia u objetividad, la esencia no manifiesta o potencial no diferenciado de todo lo que puede aparecer con nombre, forma o acción. Prakriti no es materia en el sentido grueso de objetividad sólida, sino en el de capacidad para que la mente tenga experiencia. Es material en el sentido de que es un instrumento para el Ser Consciente o Purusha. Prakriti (Materia Primordial) es insensible (es decir, no consciente en sí misma), desprovista de subjetividad, una mera objetividad latente que requiere del poder consciente o shakti del Purusha para que la anime.

Al ser más sutil que la mente, que es su producto, la existencia de Prakriti, que es de naturaleza ideal, solo puede ser inferida. No obstante, hay que señalar que Prakriti es diferente de Brahman, ya que este es la sustancia del mundo de la manifestación —como Prakriti–, pero también de la Consciencia pura o Purusha. Brahman es el ser que subyace a ambos, Purusha y Prakriti, que son las energías de la consciencia y la inconsciencia inherentes a él. Por este motivo, Brahman es conocido a veces como *Para Prakriti* o Naturaleza Suprema, la naturaleza inmutable más allá de nuestra manifestación cambiante.

Prakriti significa «la primera fuerza de acción» y sus cualidades dirigen todo el movimiento cósmico. Es la que proporciona la materia prima de la que están construidos los distintos mundos y nuestros cuerpos. Ella asume los karmas y *samskaras* (tendencias), que están ligados al nacimiento de los seres vivos, y forma el sustrato de sus mentes. Por ello, Prakriti también recibe el nombre de «No Manifiesto» o Avyakta. Contiene de forma latente todo lo que puede manifestarse. En el nivel de Prakriti, uno puede percibir todos los seres y todos los mundos como potenciales puros.

Al ser la madre del mundo, nacida de la sustancia de este, con frecuencia se usa el género femenino para hablar de Prakriti. Prakriti y su manifestación existen para proporcionar experiencia al Purusha y que este consiga el dominio sobre sí mismo y pueda conocer su verdadera naturaleza. Es como una madre que cuida desinteresadamente de su hijo y le va presentando retos para ayudarlo a crecer. El ayurveda reconoce que Prakriti es la esencia de nuestra encarnación y nuestra experiencia en todos los planos. Cada uno de nosotros tiene una prakriti o naturaleza física e individual, que consiste en nuestra condición física, y una prakriti mental, que es el estado de nuestra mente y nuestro corazón.

Prakriti se compone de tres cualidades principales que son *sattva*, *rajas* y *tamas*, las cualidades de la luz, la energía y la materia, que le dan inteligencia, vida y energía para producir formas materiales. Estas tres cualidades de Prakriti son los antecedentes de todos los otros tattvas. Son de gran importancia para el pensamiento yóguico y ayurvédico y serán examinadas específicamente en el siguiente capítulo.

2. Mahat, la Inteligencia cósmica

Toda manifestación se produce ligada a una Inteligencia cósmica orgánica subyacente. Al principio de la creación, la mente cósmica nace para crear el mundo. Contiene en su interior todos los principios y leyes, los dharmas que la manifestación debe seguir. El universo surge primero como una meditación de Inteligencia cósmica y solo después toma forma externamente. Por lo tanto, Mahat o la Inteligencia Cósmica, es la forma manifiesta de Prakriti o Prakriti en acción. Es Prakriti moldeada por la voluntad de Dios.

Mahat significa literalmente «lo grande» y se refiere a los grandes principios de la verdad que generan la vida. El reino de Mahat es el de la creación ideal que trasciende el tiempo, lo simbólico en comparación con el reino fenoménico. Mahat es la Mente Divina. A través de Mahat surgen el espacio, el tiempo, la Palabra divina y las semillas de la diferenciación. Es el vientre del que nace toda creación. Sin embargo, ni siquiera Mahat, Inteligencia cósmica, es consciente en sí misma, sino que funciona mediante la luz reflejada de Purusha o Consciencia pura.

En el alma individual, Mahat se convierte en *buddhi*, el poder de la inteligencia que nos permite discernir lo verdadero de lo falso, lo correcto de lo erróneo y lo eterno de lo fugaz. Buddhi es la facultad fundamental de nuestra naturaleza, gracias a la cual podemos descubrir la verdadera naturaleza de las cosas, a pesar de su apariencia cambiante. Es la inteligencia del alma individual. Buddhi es la parte de la mente que puede alcanzar la iluminación y revelar el Yo superior, una vez es alejada de las ataduras externas.

Conseguir sintonizar la inteligencia individual (*buddhi*) con la Inteligencia cósmica (*Mahat*) es la principal vía védica de conocimiento y la base del conocimiento védico. El yoga pone énfasis en cultivar buddhi, el buddhi-yoga, para desarrollar la ecuanimidad y el equilibrio de la mente y conseguir la autorrealización. El ayurveda pone énfasis en cultivar un buddhi o inteligencia adecuado para aprender cómo funcionan la mente y el cuerpo, a fin de emplearlos correctamente. Desde el punto de vista ayurvédico, la principal causa de enfermedad es el mal funcionamiento de buddhi debido a la influencia del ego, lo que provoca decisiones erróneas, valores equivocados y creencias falsas. Mahat y buddhi son la parte inteligente de la mente. Al usar el término «mente» en este sentido, mente o inteligencia es el origen de todo el universo.

3. Ahamkara, el Ego

Toda manifestación es un proceso de división del que nacen criaturas distintas y objetos diferentes. Para permitir que se produzca la multiplicidad, la creación cósmica actúa por medio de diversas entidades o identidades individuales que son la esencia del ego.

Ahamkara significa literalmente «fabricación del yo», ya que el ego es un proceso, no una realidad intrínseca. Es una serie de pensamientos divisivos, pero no una entidad real en sí misma. Es un poder de división necesario inherente a la naturaleza, una etapa en evolución, pero no representa la verdad subyacente ni la naturaleza de las criaturas. Permite que el alma se identifique con diferentes cuerpos, pero no revela nuestro verdadero Yo, que es la consciencia más allá de toda encarnación.

A través del ego, las energías básicas latentes en la materia (Prakriti) y las leyes fundamentales contenidas en la Inteligencia cósmica (Mahat) adquieren formas específicas. Según el enfoque directo del ego, las cualidades básicas de la Naturaleza se diversifican en los tres grupos de cinco: cinco sentidos, cinco órganos de acción y cinco elementos. Estos surgen de ahamkara por medio de los tres gunas, que son sattva, rajas y tamas. El ego crea la mente y los sentidos, que son los instrumentos que permiten funcionar al individuo. Por consiguiente, el ego representa el aspecto exterior de la mente, mientras que buddhi o inteligencia es su aspecto interno. No obstante, buddhi sigue bajo el dominio del ego, a menos que aprendamos a meditar.

Bajo la influencia del ego, surge la posibilidad de discrepancia con la naturaleza. Prakriti o la condición natural de las cosas puede convertirse en *vikriti*, la condición enferma, trastornada, no natural o artificial. La ceguera y el apego causados por el ego son la principal causa de los trastornos espirituales, mentales y físicos (excepto los que nacen naturalmente con el tiempo). El ayurveda pone mucho énfasis en la comprensión del ego y sus sesgos inherentes para que nuestro juicio sea equilibrado y nuestras acciones tengan como objetivo el bien universal, que también es, en última instancia, nuestro propio bien. Deshacerse del ego sana todas las enfermedades psicológicas y también muchas físicas.

4. Manas, la mente externa

La manifestación del mundo actúa por medio de varias mentalidades individuales o mentes dirigidas externamente. El ego proyecta de forma automática una mente sensible, dado que mira hacia fuera. Entonces la mente origina los cinco órganos sensoriales y los cinco órganos motores. La mente externa es en sí misma el órgano del sexto sentido y el sexto órgano motor y coordina ambos. Tiene que haber un poder de atención subyacente que permita la coordinación de los órganos motores y de los sentidos. Esta es la función de *Manas*, que es el cuadro de mandos central de los sentidos. Manas significa «principio formulador» (y derivado de la raíz *man*, «formar») y es el principio de emoción, sensación e imaginación.

Manas surge de las cualidades sátvicas y rajásicas generales de ahamkara. Posee sattva (el poder de la iluminación), que obra a través de los órganos sensoriales, pero también rajas (la capacidad de acción), que obra a través de los órganos motores. Esto permite que Manas coordine los órganos sensoriales y motores que surgen de las cualidades sátvicas y rajásicas específicas de ahamkara, como se refleja a través de los cinco elementos.

Prakriti, buddhi, ahamkara y Manas

Estos cuatro principios conforman el aspecto subjetivo de la creación. Tenemos una naturaleza mental subyacente, una inteligencia, un ego y una mente de los sentidos. Los cuatro funcionan juntos. Si no aprendemos el arte de la meditación, no seremos capaces de diferenciarlos entre sí.

Según Samkhya, la propia mente es algo material. Puede percibirse como un objeto y no como la verdadera fuente de consciencia. Nuestras percepciones sensoriales son fáciles de ver como objetos, pero también podemos observar nuestros pensamientos y emociones, lo que significa que estos están igualmente fuera de nuestro verdadero Yo. Incluso el ego puede ser observado, como cuando miramos nuestro orgullo o nuestro miedo, lo que muestra que también es un objeto y no nuestro verdadero Yo, que solo es pura consciencia. El yoga nos muestra cómo pasar de la mente y todas sus implicaciones al Yo interior siempre libre.[6]

---

6. El sistema del yoga introduce un cuarto aspecto de la mente llamado *chitta*. Se usa para el campo mental general en conjunto, del que son funciones buddhi, ahamkara y Manas. Puede identificarse con nuestra prakriti mental, aunque algunos pensadores lo sitúan en el ámbito de buddhi y otros en el de Manas.

5-9 Los cinco tanmatras: potenciales sensoriales o elementos sutiles

Los tres gunas son las energías causales de la creación que subyacen tras la mente y solo se componen de cualidades o ideas: equilibrio (*sattva*), movimiento (*rajas*) y resistencia (*tamas*). En el plano sutil dan lugar a un nuevo conjunto de sustancias, formas e impresiones. Estas son las energías raíces: oído, tacto, vista, gusto y olfato. Reciben el nombre de *tanmatras* o medidas primordiales y se nombran según la correspondiente cualidad sensorial.

1. Shabda tanmatra – tanmatra del sonido – éter
2. Sparsha tanmatra – tanmatra del tacto – aire
3. Rupa tanmatra – tanmatra de la vista – fuego
4. Rasa tanmatra – tanmatra del gusto – agua
5. Gandha tanmatra – tanmatra del olfato – tierra

Sin embargo, los tanmatras son más sutiles que nuestras sensaciones físicas ordinarias, que derivan de ellos. Pueden experimentarse en la mente, ya que son los cinco caminos principales de conocimiento de la realidad. Son emitidos en un plano sutil por todas las cosas del mundo. Son las formas sutiles de los cinco elementos antes de diferenciarse en objetos gruesos. Por eso, a veces reciben el nombre de elementos sutiles. Los tanmatras están conectados a prana, la fuerza vital, que es la energía sutil en la que se asientan los elementos. En este sentido, los tanmatras están conectados con los doshas del ayurveda, que reflejan los elementos gruesos y los sutiles.

Los tanmatras presentan la estructura básica de cinco envolturas del cosmos. No puede haber un sexto órgano de los sentidos o un sexto elemento, porque no hay un tanmatra que permita su manifestación. Dichas energías primarias son necesarias para permitir la coordinación de los órganos sensoriales con los objetos sensoriales. Podemos percibir diversos objetos sensoriales con nuestros órganos sensoriales, porque tanto los órganos como sus objetos son productos de los tanmatras, que los emanan.

Los tanmatras crean los mundos manifiestos en su forma germinal, en los que se fusionan con los gunas, al tiempo que conforman el mundo causal o ideal, el mundo de las ideas previo a cualquier encarnación.

10-14. Los cinco órganos sensoriales (*pancha jnanendriyani*)

Los órganos sensoriales representan las cinco posibilidades de experimentar el mundo exterior que están latentes en todas las mentes. Además de individuales, son también cósmicos y están localizados en los órganos sensoriales de diversas creaciones. Los órganos sensoriales invaden el éter cósmico y se manifiestan en los seres individuales. Se diferencian y se desarrollan a través del proceso de evolución cósmica. Cada uno se corresponde con una cualidad (*tanmatra*) y un elemento sensorial específico.

1. Oído – órgano del sonido – éter
2. Piel – órgano del tacto – aire
3. Ojos – órganos de la vista – fuego
4. Lengua – órgano del gusto – agua
5. Nariz – órgano del olfato – tierra

Los órganos sensoriales, también llamados órganos del conocimiento, son solamente receptivos, no expresivos. Su actividad se realiza a través de los correspondientes órganos de acción. Los órganos sensoriales son los vehículos mediante los cuales asimilamos los tanmatras que nos alimentan en un plano sutil. Las formas sutiles o internas de estos órganos también existen más allá de las limitaciones del cuerpo físico y su acción proporciona una percepción extrasensorial.

15-19. Los cinco órganos motores (*pancha karmendriyani*)

Los cinco órganos de acción corresponden a los cinco órganos sensoriales y los cinco elementos.

1. Boca (habla) – éter – sonido
2. Manos (asimiento) – aire – tacto
3. Pies (movimiento) – fuego – vista
4. Órganos reproductores (emisión) – agua – gusto
5. Órganos excretores (excreción) – tierra – olfato

Gracias a los cinco órganos de acción u órganos motores se realizan varias acciones. Los órganos físicos solo son estructuras que les permiten funcionar en el mundo físico. El cuerpo es un vehículo diseñado para que se lleven a cabo ciertas acciones, para permitir que la mente adquiera experiencia. Estas posibilidades de acción se encuentran también por todas partes en la naturaleza y se manifiestan de distintas maneras. Nuestra diferenciación física de ellas es solo una de esas maneras. También existen las formas sutiles o interiores de estos órganos, que permiten la acción directa con los poderes físicos y de la mente, como la telequinesia (la acción a través del pensamiento o a distancia).

Los órganos motores son solo expresivos, no receptivos. Su capacidad de recepción se realiza a través de los órganos sensoriales. Los órganos motores están más conectados con los cinco elementos gruesos sobre los que actúan, mientras que los órganos sensoriales se corresponden más con los tanmatras o elementos sutiles. Los órganos motores reflejan la actividad del prana o fuerza vital.

20-24. Los cinco elementos (*pancha mahabhutani*)

Los cinco grandes elementos son: tierra, agua, fuego, aire y éter. Representan las formas sólidas, líquidas, radiantes, gaseosas y etéreas de la materia que conforman el mundo exterior de la experiencia, incluido el cuerpo físico. Los órganos sensoriales y los órganos de acción actúan sobre ellos con funciones receptivas y activas, respectivamente.

No obstante, los elementos, como son principios de densidad, se aplican a todos los medios y también tienen sus acciones en relación con la mente y la fuerza vital. La tierra, por un lado, es un medio completamente grueso que no permite un movimiento evidente. El éter, por otro lado, es un medio totalmente sutil o receptivo que permite absoluta libertad de movimiento. Entre estos dos extremos se encuentran todas las densidades posibles que abarcan la completa gama de experiencias y la manifestación de todas las ideas. Los cinco elementos en sí mismos son también manifestaciones de ideas. Son densidades diferentes o campos de expresión para diferentes ideas:

1. TIERRA manifiesta la idea de solidez o estabilidad y ofrece resistencia a la acción.
2. AGUA manifiesta la idea de liquidez o movimiento fluido y favorece la vida.
3. FUEGO manifiesta la idea de luz, que permite la percepción y el movimiento de un lugar a otro.
4. AIRE manifiesta la idea de movimiento sutil, manifiesta ideas de dirección, velocidad y cambio y proporciona la base para el pensamiento.
5. ÉTER manifiesta la idea de conexión, permite el intercambio entre todos los medios materiales, la comunicación y la autoexpresión.

Dicho de otro modo, éter manifiesta la idea de espacio, aire la de tiempo, fuego la de luz, agua la de vida y tierra la de forma. Igual que los diferentes trazos y colores de un artista, estos son los distintos medios necesarios para que la Inteligencia cósmica se exprese.

Los cinco elementos pueden significar no solo sus formas gruesas sino también sus formas sutiles y causales, sus equivalentes sensoriales e ideas subyacentes, haciendo que los elementos abarquen todas las fuerzas de manifestación del alma, la mente y el cuerpo. De este modo, los cinco elementos son un modelo para todas las sustancias del universo. A veces se considera que Prakriti está compuesta por los cinco elementos, siendo Purusha o Atman el sexto elemento, el elemento de pura consciencia.

Los veinticuatro principios no solo son mapas del universo, son mapas de la psique. Esto quedará más claro cuando tratemos de los tres cuerpos y las cinco envolturas.

Los principios cósmicos: tattvas

Purusha	**Ishvara – El Señor cósmico**	**Prakriti – Tres gunas**
Cuerpo causal	Mahat, buddhi – Alma Individual	Ego, ahamkara
Cuerpo sutil	Mente Externa – Manas	Cinco órganos motores sutiles
	Cinco pranas	Cinco órganos sensoriales sutiles
	Cinco tanmatras (elementos sutiles)	
Cuerpo físico	Tres doshas	Cinco órganos motores gruesos
	Cinco órganos sensoriales gruesos	Cinco elementos gruesos

3
Los tres gunas y la naturaleza de la mente

Sattva, rajas y tamas, las cualidades nacidas de la Naturaleza,
unen el alma inmortal al cuerpo.
BHAGAVAD GITA XIV, 5

La naturaleza primordial y los tres gunas

La naturaleza primordial, Prakriti, no es una sustancia homogénea sino el semillero de la multiplicidad. Es como la cola de un pavo real; cuando está plegada desaparece en la uniformidad, pero cuando se abre revela todos los colores del arcoíris. Prakriti contiene en sí misma todas las formas de la creación que se manifiestan a través de las tres cualidades principales que son los gunas: rajas, tamas y sattva.

Rajas es la fuerza activa estimulante o positiva que inicia el cambio alterando el antiguo equilibrio. Tamas es la fuerza pasiva, obstructora o negativa que sustenta la actividad anterior. Sattva es la fuerza neutral o de equilibrio, que armoniza lo positivo y lo negativo, que supervisa y observa. Las tres fuerzas son necesarias en la actividad ordinaria, pero también tienen implicaciones espirituales.

Sattva es la cualidad de luz, amor y vida, la fuerza más elevada o espiritual que nos permite evolucionar con consciencia. Concede las virtudes dhármicas de la fe, la honestidad, el autocontrol, la modestia y la veracidad. Rajas es la cualidad de penumbra, pasión y agitación, la fuerza intermedia o vital, que carece de consistencia y estabilidad. Da lugar a fluctuaciones emocionales de atracción y repulsión, miedo y deseo, amor y odio. Tamas es la cualidad de oscuridad, de no-sentir y de muerte, la fuerza inferior o material que nos hunde en la ignorancia y el apego. Provoca torpeza, inercia, pesadez, apego emocional y estancamiento.

La no manifiesta Prakriti contiene estas tres cualidades en un equilibrio en que rajas y tamas se funden en sattva. Cuando se manifiesta, las tres cualidades se diferencian, sattva da lugar a la mente, rajas genera la fuerza vital y tamas crea la forma y la sustancia de las que nace el cuerpo físico.

Leyes de los gunas

Hay dos leyes básicas cruciales para entender su funcionamiento. La primera es la de la alternancia. Los tres gunas están siempre en interacción dinámica. Las tres fuerzas están siempre entrelazadas y se influyen mutuamente de varias maneras. Rajas y tamas existen en el campo de sattva; tamas y sattva se encuentran en el campo de rajas, y sattva y rajas se mueven en el campo de tamas. La esencia de las tres cualidades es su interacción. Rara vez se encuentra tamas puro, rajas puro y sattva puro. Siempre tenemos que estar preparados para los cambios de los gunas.

La segunda ley de los gunas es la ley de la continuidad. Los gunas tienden a mantener sus particulares naturalezas durante cierto período una vez se hacen dominantes. Las sustancias se estabilizan en el plano de uno de los tres gunas. Aunque inicialmente es difícil que tamas se convierta en rajas, o que rajas se vuelva sattva, una vez lo hagan continuarán en esa misma cualidad.

Podemos ver estas dos leyes en cualquier movimiento del tiempo. La noche, que es oscuridad, pertenece a tamas; el amanecer y el crepúsculo, como son períodos de transición, se relacionan con rajas; el día, que es luz, corresponde a sattva. Estas tres fases siempre tienen que alternarse. La noche da paso al amanecer, que a su vez da paso al día, que a su vez, con el atardecer, vuelve a dar paso a la noche, en un ciclo siempre en movimiento. Esta es la ley de la alternancia.

Sin embargo, una vez se ha creado una sincronización particular, esta se mantendrá sin apenas cambios durante un tiempo. La noche se prolonga durante cierto tiempo antes de volverse día, y este a su vez tiene su propio período de duración. Durante estos respectivos períodos persisten ciertas condiciones. Por ejemplo, estamos activos a lo largo del día y dormimos durante la mayor parte de la noche.

En este sentido, tamas y sattva tienen mayor continuidad que rajas. Rajas, que es inherentemente inestable, no puede conservar su propia condición durante mucho tiempo y tiene que retornar a tamas o avanzar a sattva. Rajas es transitorio y rige la interacción entre los gunas. A pesar de todo, es posible que las personas permanezcan con una cualidad dominante en el plano de rajas durante la mayor parte de su vida. Es el caso de la sociedad moderna, que es predominantemente rajásica, activa y cambiante. Pero para que rajas continúe tiene que haber una acción en curso y una estimulación que la sostenga.

Dado que los gunas son condiciones relacionales, hemos de recordar que lo que es sattva en un plano puede convertirse en rajas o tamas en relación con otro. Todo lo que eleva la consciencia de una persona es sattva para los gunas. Lo que los hunde es tamas. Esto quiere decir que cuanto más avancemos en la senda espiritual, lo que antes era sátvico o útil podría tener que ser descartado como tamásico, ya que pasamos a un nuevo plano.

Cultivar sattva

El yoga y el ayurveda ponen énfasis en el desarrollo de sattva. En yoga, sattva es la cualidad superior que favorece el crecimiento espiritual. En ayurveda, sattva es el estado de equilibrio que produce la sanación.

La práctica del yoga tiene dos estadios: el desarrollo de sattva y la trascendencia de sattva. El desarrollo de sattva significa la purificación del cuerpo y la mente. La trascendencia de sattva significa ir más allá del cuerpo y de la mente hacia nuestro verdadero Yo interior más allá de su manifestación. La regla general es que si no se ha desarrollado sattva, no se puede ir más allá de él. Esta importante regla no debe ser olvidada. Si no tenemos el sattva o la pureza apropiados en nuestro cuerpo y nuestra mente, incluidas nuestras emociones, es prematuro aspirar a una iluminación más elevada. El desarrollo de sattva se produce gracias a la dieta adecuada, la purificación física, el control de los sentidos, el control de la mente, el mantra y la devoción. La trascendencia de sattva se produce con las prácticas más elevadas de meditación.

Sattva es también la clave para la sanación ayurvédica. Para el ayurveda, el cuerpo y la mente sátvicos tienen menos posibilidades de enfermar y más de continuar en estado de equilibrio. La enfermedad, en particular la de naturaleza crónica, es un estado tamásico. Tamas provoca la acumulación de toxinas y residuos en un nivel físico, y de emociones y pensamientos negativos en un plano psicológico. La salud es un estado sátvico de equilibrio y adaptación que impide que se produzca cualquier exceso. Rajas es el movimiento de la salud a la enfermedad y de la enfermedad a la salud, dependiendo de cómo se dirija el desarrollo. Las enfermedades graves están enmarcadas en rajas, que es el dolor.

No obstante, no debemos olvidar las mezclas de los gunas. Hay rajas y tamas elevados en el campo de sattva y un sattva bajo en los campos de rajas y tamas. De forma parecida, hay aspectos rajásicos de tamas y aspectos támasicos de rajas. A continuación, presentamos algunas breves descripciones:

Sattva rajásico: es la fuerza activa o transformadora de sattva, la energía de la aspiración espiritual que lucha por elevarse, que está siempre en busca de mayor crecimiento y despliegue. Es también cualquier energía de sanación que produce integración y plenitud.

Sattva tamásico: es la fuerza destructiva de sattva que elimina la negatividad. Es también la estabilidad inherente a sattva, su capacidad de resistir frente a todos los obstáculos. Es la capacidad de un estado de equilibrio para sostenerse a sí mismo y prevenir la enfermedad y el desequilibrio.

Rajas sátvico: es el tipo de religión, espiritualidad o idealismo de las personas rajásicas. Tiene los rasgos rajásicos de agresión, expansión exterior y búsqueda de poder. Las religiones basadas en la militancia, el exclusivismo y la intolerancia reflejan esta cualidad.

Rajas tamásico: es la inercia de los tipos rajásicos, su resistencia a cualquier fuerza superior y su tendencia a aferrarse a su propio poder y a sus impulsos personales, sin importarles las consecuencias que tengan en ellos mismos o en los otros.

Tamas sátvico: es la religión, la espiritualidad y el idealismo de las personas tamásicas. Tiene rasgos tamásicos de destrucción, oscuridad y engaño. Es el nivel de los cultos oscuros y las supersticiones.

Tamas rajásico: es la agresividad y la violencia de las personas torpes e ignorantes. Es quizá la cualidad gúnica más destructiva. Los tipos támasicos pisotean, literalmente, a los demás, carecen de sensibilidad y disfrutan con el daño y la destrucción. Las perversiones sexuales profundas pertenecen a este nivel.

La fuerza rajásica superior

La fuerza rajásica superior o sattva rajásico es quizá la fuerza clave de la espiritualidad y la sanación. La fuerza rajásica menor es rajas que conduce a tamas, como el crepúsculo que avanza hasta la noche, o el otoño que se convierte en invierno. La fuerza rajásica superior es rajas que conduce a sattva, como el amanecer que da origen al día, o la primavera que avanza hacia el verano. En el comportamiento humano, rajas menor es la acción egocéntrica que conduce al agotamiento y al sufrimiento (*tamas*). El rajas mayor es la práctica espiritual que conduce a la paz (*sattva*).

Esta fuerza mayor de rajas es necesaria para el crecimiento espiritual. Es la verdadera shakti o energía transformadora. A través de ella uno se convierte en un guerrero espiritual y puede realizar las prácticas espirituales con gran energía y vigor. El yoga trata del desarrollo de sattva y del desarrollo de la fuerza rajásica superior para dar lugar a sattva. De forma similar, el ayurveda puede utilizar métodos de sanación potentes, como las plantas poderosas y el panchakarma, para restablecer la salud. Esta fuerza superior de rajas, o energía activa de transformación, es crucial para crecer espiritualmente y en salud. La fuerza superior de rajas (rajas sátvico) genera la Kundalini *bhakti*, o poder de la serpiente, que despierta el cuerpo sutil. Kundalini funde sistemáticamente cualquier cosa en puro sattva.

El sattva tamásico, el poder de resistencia del guna sattva, a veces también es útil. En la vida espiritual nos ayuda a resistir frente a las fuerzas que nos desvían del camino. En la sanación, mantiene las funciones inmunes del cuerpo y de la mente.

La constitución mental según los tres gunas

El yoga y el ayurveda usan los tres gunas para determinar la naturaleza mental o espiritual individual. En general, en nuestra naturaleza predomina un guna. No obstante, todos tenemos momentos sátvicos o espirituales, períodos rajásicos o de agitación y momentos tamásicos o aburridos, que pueden durar más o menos dependiendo de nuestra naturaleza. También tenemos fases de vida sátvica, rajásica o tamásica que pueden durar meses o incluso años.

Los gunas revelan el estado mental y espiritual que nos permite medir nuestra propensión a padecer problemas psicológicos. El siguiente test constituye un buen repertorio de estas cualidades y de cómo funcionan en nuestra vida y nuestro carácter. La letra que precede a cada respuesta indica si esta es sattva (S), rajas (R) o tamas (T). Realice el test con atención y honestidad. Cuando haya contestado al cuestionario, debería pedir que alguien que le conozca bien –su marido, su mujer o un amigo íntimo– también lo haga por usted. Observe la diferencias entre cómo se ve usted a sí mismo y cómo lo ven otras personas.

Para la mayoría de nosotros, nuestras respuestas tenderán a concentrarse en el centro o área rajásica, que es el estado espiritual principal de nuestra cultura actual, activa y extrovertida. Tendremos diversos problemas psicológicos, pero normalmente sabremos tratarlos. Una naturaleza sátvica muestra una disposición espiritual con pocos aspectos psicológicos. Una naturaleza con sattva alto siempre es extraña en cualquier época y muestra a un santo o a un sabio. Una persona támasica corre el peligro de sufrir graves problemas psicológicos, pero sería incapaz de cumplimentar este test, ni siquiera podría leer este libro. Las áreas en nosotros que podemos mejorar de tamas a rajas o de rajas a sattva serán beneficiosas para nuestra paz mental y nuestro crecimiento espiritual. Hemos de hacer cuanto nos sea posible para realizar estos cambios.

Test de constitución mental

Sattva (S) – Rajas (R) – Tamas (T)

Dieta
S – vegetariana
R – algo de carne
T – muy carnívora

Drogas, alcohol y estimulantes
S – nunca
R – en ocasiones
T – con frecuencia

Impresiones sensoriales
S – tranquilas, puras
R – mezcladas
T – alteradas

Necesidad de dormir
S – baja
R – moderada
T – alta

Actividad sexual
S – baja
R – moderada
T – alta

Control de los sentidos
S – bueno
R – moderado
T – débil

Forma de hablar
S – tranquila y pacífica
R – agitada
T – torpe

Higiene personal
S – buena
R – moderada
T – poca

Trabajo
S – desinteresado
R – en beneficio personal
T – holgazán

Ira
S – rara vez
R – a veces
T – con frecuencia

Miedo
S – rara vez
R – a veces
T – con frecuencia

Ambición
S – poca
R – alguna
T – mucha

Orgullo
S – modesto
R – algo de ego
T – engreído

Depresión
S – nunca
R – a veces
T – con frecuencia

Amor
S – universal
R – personal
T – carente de amor

Comportamiento agresivo
S – nunca
R – a veces
T – con frecuencia

Apego al dinero
S – poco
R – alguno
T – mucho

Satisfacción
S – habitual
R – parcial
T – nunca

Perdón
S – perdona con facilidad
R – con esfuerzo
T – guarda rencor mucho tiempo

Concentración
S – buena
R – moderada
T – escasa

Memoria
S – buena
R – moderada
T – escasa

Fuerza de voluntad
S – fuerte
R – variable
T – débil

Sinceridad
S – siempre
R – la mayoría de las veces
T – rara vez

Honestidad
S – siempre
R – normalmente
T – rara vez

Paz mental
S – generalmente
R – a veces
T – rara vez

Creatividad
S – alta
R – moderada
T – baja

Cultivo del espíritu
S – a diario
R – ocasionalmente
T – nunca

Mantra, oración
S – a diario
R – de vez en cuando
T – nunca

Meditación
S – a diario
R – ocasionalmente
T – nunca

Vocación de servicio
S – mucha
R – alguna
T – ninguna

TOTAL: Sattva —— Rajas —— Tamas ——

4
La danza de los doshas

La constitución ayurvédica y el yoga

Vata, pitta y kapha se denominan los tres pilares.
Al reconocer a este grupo como el tres veces sagrado
mantra OM, los sabios son liberados.
BRIHAT YOGI YAJNAVALKYA SMRITI II, 25

Las tres grandes fuerzas cósmicas

La totalidad del universo deriva de tres poderes originales: la energía, la luz y la materia. La ciencia reconoce que estas fuerzas físicas gobiernan el mundo exterior, pero desde un punto de vista védico, son poderes de la propia consciencia. La energía es el origen de la fuerza vital, que es la más poderosa de todas las fuerzas. La luz es el origen de la mente, a través de la cual podemos ver, conocer y discernir. La materia es la base del cuerpo, por el cual tenemos una forma y una sustancia en el tiempo y en el espacio.

Estas tres fuerzas actúan por medio de los tres elementos centrales. La energía y la vida actúan a través del elemento aire, que es de naturaleza activa, estimulando el movimiento de todas las cosas. El aire o viento no es simplemente una fuerza atmosférica, sino que existe en toda la naturaleza en forma de diversas corrientes y atracciones que surgen en el espacio. El espacio no está vacío, sino que está lleno de energías activas en un plano invisible. Hay un viento solar,[7] por ejemplo, y gases interestelares y sus flujos. La

---
7. Los *Vedas* hablan de cómo Vayu, el principio cósmico del aire, surge del Sol.

fuerza nerviosa del cuerpo es una especie de viento, y la fuerza de la mente también viaja como un soplo de aire.

La luz y la inteligencia actúan a través del elemento fuego, que proporciona iluminación. Hay muchas formas de luz –desde las galaxias, las estrellas y los planetas del mundo exterior, hasta la luz de los sentidos y el poder de visión de la mente. La materia, en particular a nivel biológico, está dominada por el elemento agua, lo que proporciona estabilidad y sostiene los tejidos corporales. La vida encarnada surge en el agua y se nutre de ella. Sin embargo, en todos los planos, una fuerza acuosa o cohesiva mantiene unidas las cosas.

Cuando estas tres fuerzas se imbuyen de prana o fuerza vital, crean los tres doshas: *vata*, *pitta* y *kapha*, los humores de aire, fuego y agua. Vata, al ser viento, confiere energía, vida, movimiento y expresión. Pitta, al ser fuego, crea calor y luz, que nos da la visión, la digestión y la transformación. Kapha, que es agua, contiene, sostiene y nutre a las otras dos fuerzas, ya que es tejido vivo.

En última instancia, la energía es la fuerza de Dios, la Voluntad Divina que gobierna todas las acciones del universo. No es meramente una fuerza ciega o inanimada, sino que es el poder mismo de la consciencia. La luz es Inteligencia Divina que se convierte en la base del alma individual o Yo consciente de las criaturas. Vida y mente se encarnan en el mundo por medio del agua, los mundos o reinos de experiencia en los que nace el alma. La energía es el espíritu, que no tiene forma. La luz es el alma, cuya forma depende de un combustible: el agua que conforma el cuerpo.

Uno de los primeros textos de yoga refiere este hecho.[8] El aire es Dios, espíritu o consciencia pura, la presencia y la fuerza indefinida que invade todo. El fuego es el alma encarnada, oculta en el cuerpo como el fuego latente en la madera. La vida espiritual consiste en despertar la luz del fuego, la inteligencia del alma en nuestro corazón, y sacarla de la esfera limitada del cuerpo hacia el

---

8. «Vayu y Agni que habitan en el corazón reciben el nombre de Dios y el alma». *Brihat Yogi Yajnavalkya Smriti* 9.5.

ilimitado reino del espíritu, fundiendo nuestro fuego individual con el aire y el espacio cósmicos.

Los tres doshas

Nuestra existencia biológica es una danza de los tres doshas: vata, pitta y kapha. La vida es un tapiz multicolor tejido con su movimiento en diversos juegos de equilibrio y desequilibrio, de acercarse y separarse. Estas tres energías tiñen y determinan nuestras condiciones de crecimiento y envejecimiento, salud y enfermedad. Dosha significa «defecto o imperfección» e indica qué factores ocasionan enfermedad y deterioro.

Los doshas nos afectan en dos niveles primarios. En el primero de ellos, son los factores que producen el cuerpo físico y los responsables de su sustancia y su función. Nuestros tejidos son principalmente de naturaleza kapha o acuosa. El sistema digestivo es principalmente pitta o fuego. El sistema nervioso es principalmente vata o viento. En el segundo nivel, uno de los tres doshas predomina en cada individuo y se convierte en el determinante básico de su constitución o tipo cuerpo-mente específico. En este sentido, el ayurveda se refiere a la gente como tipos vata, tipos pitta o tipos kapha, haciendo así referencia a sus tendencias y hábitos característicos, desde la estructura corporal hasta las respuestas emocionales.

En la práctica del yoga, son importantes ambos niveles de los doshas. Primero, porque comprender los doshas permite calibrar los efectos de la práctica del yoga tanto en el cuerpo físico como en el sutil. Los puntos de vista yóguicos sobre la anatomía, la fisiología y la psicología fueron originalmente formulados en función de los doshas. Los doshas nos dicen cómo trabajan los diversos órganos y sistemas del cuerpo desde la perspectiva yóguica del prana. Proporcionan claves para los *nadis* y los chakras del cuerpo sutil. De forma parecida, los doshas nos permiten entender cómo funciona la mente, así como su conexión con el alma, que sigue las mismas energías que el cuerpo pero en un nivel más profundo.

En segundo lugar, la comprensión de los tipos constitucionales ayurvédicos permite adaptar las prácticas de yoga a las necesidades individuales. Las prácticas de asana, pranayama y meditación apropiadas para un tipo dóshico pueden no ser convenientes para otro. El ayurveda permite personalizar las prácticas de yoga de acuerdo con la dinámica única de los diferentes tipos cuerpo-mente. De este modo, la práctica del yoga no solo beneficiará nuestra salud, sino que será capaz de actualizar la totalidad de nuestro potencial humano. Los practicantes de yoga deberían conocer su constitución ayurvédica para realizar correctamente las prácticas. Los profesores de yoga deberían tener conocimientos de ayurveda y así adaptar las prácticas que recomiendan a las necesidades individuales.

El tratamiento de ayurveda se produce en dos planos similares relativos a los doshas. El primero es el tratamiento de la enfermedad, que nos ayuda a tratar dolencias específicas de la salud, desde los achaques más comunes hasta las dolencias muy graves. En este nivel, al ayurveda le interesan las terapias específicas que reducen los doshas agravados. Estas terapias, así como las fórmulas de plantas potentes, suelen ser realizadas por un médico ayurvédico. El segundo nivel es la organización del estilo de vida. El ayurveda nos enseña a vivir en armonía con nuestra constitución, no solo para prevenir la enfermedad sino también para hacer uso de todo el potencial de nuestra alma. En este nivel, el ayurveda se ocupa de las pautas generales de vida que podemos aplicar diariamente y que mejor se adaptan a nuestra propia energía.

El yoga tiene su lugar en ambos niveles del tratamiento ayurvédico. El yoga es una herramienta terapéutica del ayurveda, tanto para tratar la enfermedad como para establecer unas pautas de vida. Las posturas del yoga y el pranayama tratan diversas dolencias, en particular problemas estructurales y estados de baja energía. El yoga resulta también excelente para los trastornos mentales y psicológicos, gracias a la acción específica que ejerce sobre la mente por medio de la meditación. No obstante, el yoga es, probablemente, más importante para las pautas de vida que para el tratamiento de la enfermedad. Las posturas del yoga, el pranayama y la meditación se cuentan entre las mejores herramientas para mantener nuestros doshas en equilibrio.

Los libros sobre ayurveda se ocupan con gran detalle del funcionamiento de los doshas y pueden ser consultados para obtener más información en este sentido. Aquí nos referiremos a los doshas en relación con la práctica del yoga.

Vata

Vata, que literalmente significa «viento», es el dosha primario o fuerza biológica. Es el poder motivador de los otros dos doshas, ya que sin él están cojos o son incapaces de moverse. Vata es fundamentalmente éter en sustancia y aire en movimiento. Existe en el aire que contenemos en los espacios vacíos de nuestro cuerpo, en los órganos huecos, las articulaciones y las cavidades óseas, sobre todo las caderas y la región lumbar. En un plano interno, vata es la fuerza vital y la energía del pensamiento que se mueve en el espacio de la mente.

Los órganos sensoriales de vata son los oídos y la piel, y sus órganos motores son la boca y las manos, que están relacionados con el éter y los elementos del aire y los tanmatras. En un plano interno, vata gobierna el equilibrio armónico sensorial, emocional y mental, y la capacidad de adaptación y comprensión mental. Vata nos dota de los rasgos positivos de la creatividad, el entusiasmo, la velocidad, la agilidad y la sensibilidad, que nos permiten alcanzar nuestras metas en la vida.

La sede física primaria de vata es el colon. Vata es un componente positivo de la energía que se produce en la digestión de los alimentos. Como toxina o factor causante de enfermedad, es el exceso de gas resultante de la mala digestión. La alteración de vata causa trastornos mentales, nerviosos y digestivos, así como la falta de energía y el debilitamiento de todos los tejidos corporales.

Sin embargo, vata no está separado de los otros doshas. Como el viento que se mueve por el cielo con las nubes, vata contiene en su interior sutiles partículas de agua y el potencial de fuego en forma de fuerza eléctrica. A fin de cuentas, los cambios de temperatura (fuego) y presión (agua) son los que hacen que sople el viento. Las nubes de vata generan el rayo o fuego que da origen a pitta, y las partículas acuosas o lluvia son las que dan origen a kapha. Vata es el origen de los otros dos doshas. El equilibrio adecuado de vata depende de la cantidad correcta de pitta y kapha contenida en su interior, al igual que la cantidad de calor y agua en el viento determinan cómo sopla este.

La clave para manejar todos los doshas es cuidar de vata. El vata cósmico, o *vayu*, vigoriza y sostiene el dharma o ley cósmica. Del mismo modo, el control adecuado de vata proporciona dharma u orden natural a todo el funcionamiento del cuerpo y de la mente.

Pitta

Pitta significa «el poder para digerir o cocinar», lo que hace que las cosas maduren. Como el fuego no puede existir directamente en el cuerpo, pitta existe en el cuerpo por medio de secreciones aceitosas y ácidas, y por tanto se dice que también contiene un aspecto de agua. Pitta es responsable de todas las formas de digestión y transformación que se dan en el cuerpo, desde los niveles celulares hasta el funcionamiento del tracto gastrointestinal. Pitta también rige la digestión en los planos mental y espiritual, es decir, nuestra capacidad de digerir impresiones, emociones e ideas con el fin de llegar a una percepción de la verdad. Pitta nos dota de rasgos positivos, como la inteligencia, el coraje y la vitalidad. Sin pitta careceríamos de decisión y motivación para alcanzar nuestras metas.

Pitta se localiza en el intestino delgado y el estómago, en cuanto a los órganos, también en las glándulas sudoríparas y sebáceas y, en cuanto a los tejidos, en la sangre y la linfa. Su órgano del sentido son los ojos y su órgano motor los pies, que se relacionan con el elemento y el tanmatra de fuego. Pitta se acumula en el intestino delgado en forma de acidez. Pitta es la energía positiva o calor de la sangre.

Como factor de enfermedad, pitta se manifiesta en el exceso de sangre y en la sangre tóxica que provocan inflamación e infección.

Pitta depende de la agitación y el movimiento de vata, y del apoyo de kapha, lo mismo que el fuego requiere de oxígeno (aire) y de combustible para arder adecuadamente. Pitta tiene un cierto grado de energía vata –nerviosa– en su interior y se conecta a la tierra con el kapha –agua– adecuado.

Kapha

Kapha, que también indica mucosidad o flema, significa «aquello que mantiene las cosas pegadas», y se refiere al poder de cohesión. Kapha actúa como el recipiente corporal de pitta y vata, o la energía y el calor. El mismo kapha, que es agua, es retenido en el medio de la tierra, es decir, la piel y las membranas mucosas, y eso lo hace también un elemento tierra secundario.

Kapha está ubicado en el pecho, la garganta y la cabeza –parte superior del cuerpo–, los lugares donde se produce la mucosidad, pero también en el páncreas, los costados y el estómago –parte media del cuerpo donde se acumula la grasa–, y en general en la linfa y el tejido adiposo. Sus órganos sensoriales son el gusto y el olfato, la nariz y la lengua, y sus órganos motores son los órganos urogenital y excretor, que se relacionan con los elementos y tanmatras de agua y tierra. Kapha nos dota de emoción y sentimiento: amor y cariño, devoción y fe, que nos proporcionan armonía interior y nos unen a los demás. Kapha nos permite conservar los logros conseguidos con nuestro esfuerzo. La sede principal de kapha es el estómago, donde se produce la mucosidad que después alcanza los riñones y el sistema linfático. Kapha se produce en el plasma, que es el principal tejido kapha del cuerpo, el que proporciona hidratación y alimento a todos los tejidos. Como factor de enfermedad, kapha se manifiesta por medio del exceso de plasma que se convierte en mucosidad. Esto provoca sobrepeso, edemas, enfermedades pulmonares, inflamación de las glándulas y otros trastornos kapha.

Kapha depende de la activación y el movimiento de vata. Necesita el calor de pitta. El cuerpo, aunque principalmente está compuesto de agua (*kapha*), es una forma especial de agua que contiene calor (*pitta*) y energía vital (*vata*). El agua fría o estancada no puede sostener la vida.

Los doshas como factores constitucionales

Los doshas crean tres tipos básicos de constituciones individuales o tipos cuerpo-mente. Ningún tipo es necesariamente mejor o peor que los otros. Cada uno tiene sus aspectos positivos y negativos. Los tipos kapha poseen la constitución más fuerte, pero pueden carecer de motivación y adaptación para usarla adecuadamente. Los tipos vata tienen la constitución más débil, pero es la de mayor capacidad de cambio y adaptación para protegerla. Los tipos pitta tienen una fuerza física moderada, pero una mayor fuerza emocional y mental.

A continuación se incluye un sencillo test para que usted calcule sus doshas. Ninguna persona es de un solo tipo, por lo que cabe esperar una combinación de rasgos. El rasgo predominante será el que determine su tipo.

Test de constitución ayurvédica

Vata (V) – Pitta (P) – Kapha (K)

Estatura
V – alto o muy bajo
P – estatura media
K – normalmente bajo, pero puede ser alto y grande

Cuerpo
V – delgado, huesudo y bien musculado

P – moderado, desarrollo medio
K – grande, corpulento

Peso
V – bajo, con dificultad para engordar
P – moderado
K – elevado, con dificultad para adelgazar

Tono de piel
V – opaco u oscuro
P – rojizo, lustroso
K – blanco o pálido

Textura de la piel
V – seca, áspera, delgada
P – caliente, grasienta
K – fría, húmeda, gruesa

Ojos
V – pequeños, nerviosos
P – penetrantes, se irritan fácilmente
K – grandes, blancos

Pelo
V – seco, fino
P – fino, graso
K – abundante, graso, ondulado, lustroso

Dientes
V – irregulares, mal formados
P – regulares, encías sangrantes
K – grandes, bien formados

Uñas
V – ásperas, quebradizas
P – suaves, rosadas
K – suaves, blancas

Articulaciones
V – rígidas, que crujen fácilmente
P – laxas
K – fuertes, grandes

Circulación
V – pobre, variable
P – buena
K – moderada

Apetito
V – variable, nervioso
P – grande, excesivo
K – moderado pero constante

Sed
V – poca, escasa
P – mucha
K – moderada

Transpiración
V – escasa
P – abundante pero inconstante
K – excepcional pero abundante

Heces
V – duras o secas
P – suaves, sueltas
K – normales

Orina
V – escasa
P – abundante, amarilla
K – moderada, clara

Sensible a
V – frío, sequedad, viento
P – calor, luz del sol, fuego
K – frío, humedad

Inmunidad
V – pobre, variable
P – moderada, sensible al calor
K – alta

Propensión a enfermedades con
V – dolor, inflamación
P – fiebre, edema
K – congestión

Tipo de enfermedad habitual o frecuente
V – nerviosa
P – sangre, hígado
K – mucosidad, pulmones

Actividad
V – mucha, agitada
P – moderada
K – poca, se mueve lentamente

Resistencia
V – poca, se agota fácilmente
P – moderada pero centrada
K – alta

Descanso
V – ligero, agitado
P – variable
K – excesivo

Sueños
V – frecuentes, en color
P – poco frecuentes, agitados
K – tranquilos, románticos

Memoria
V – rápida pero olvidadiza
P – aguda, clara
K – lenta pero duradera

Forma de hablar
V – rápida, frecuente
P – mordaz, cortante
K – lenta, melodiosa

Temperamento
V – nervioso, variable
P – motivado
K – satisfecho, conservador

Emociones positivas
V – adaptabilidad
P – coraje
K – amor

Emociones negativas
V – miedo
P – ira
K – apego

Fe
V – variable, errática
P – fuerte, determinada
K – firme, lenta en cambiar

TOTAL: V ——— P ——— K ———

Naturaleza biológica y espiritual

Los tres gunas y los tres doshas

El yoga examina a los individuos en lo que concierne a su nivel mental/espiritual de acuerdo con los tres gunas. El ayurveda considera a los individuos en función de su constitución psicológica por medio de los tres doshas. No obstante, el ayurveda también considera el papel de los gunas como factores causantes de salud mental y bienestar, y el yoga considera los doshas en relación con el funcionamiento fisiológico. Para determinar la naturaleza de un individuo, deben tenerse en cuenta ambas naturalezas, la gúnica y la dóshica.

Los doshas son una clasificación biológica que se aplica horizontalmente sin implicaciones espirituales. Un tipo vata puede ser un santo o un pecador, como ocurre con los otros dos tipos. Los gunas son una clasificación espiritual de naturaleza vertical. No tiene implicaciones físicas. Un santo o un pecador puede tener un cuerpo vata, pitta o kapha.

Si juntamos ambas clasificaciones en líneas verticales y horizontales, podremos indicar con precisión el lugar que ocupa una persona en la vida. Cumplimente, por favor, los dos tests de gunas y doshas, para saber cómo se combinan estos dos factores en su naturaleza. De este modo, no solo sabrá si es vata, pitta o kapha, sino que también verá si el dosha está en un nivel de sattva, rajas o tamas. Los modelos siguientes muestran algunos resultados típicos.

Tipos espirituales vata

Los tipos vata sátvico son creativos y de mentalidad abierta, con un amplio conocimiento de diversos temas y facilidad para entender muchos puntos de vista. Son excelentes comunicadores, con mentes y personalidades ágiles y entusiastas. Poseen un fuerte sentido de la unidad humana, son receptivos y sensibles con los demás. Tienen una poderosa energía sanadora, abundante vitalidad y son una fuente de inspiración constante.

Los tipos vata rajásico son expresivos y están siempre activos y en movimiento, se esfuerzan por alcanzar las diversas y cambiantes metas de la vida. Siempre incansables y plenos de deseo, quieren hacer más y más y nunca están satisfechos con nada. Se distraen con facilidad, persiguen lo novedoso y pueden volverse hiperactivos e inconstantes. Destacan con rapidez, como el viento, y pueden ser demasiado locuaces, superficiales, ruidosos y problemáticos.

Los tipos vata tamásico exhiben un comportamiento engañoso, temeroso y errático, que fácilmente se convierte en extremado al ir en contra de cualquier orden o educación. Tienen inclinación al robo, propensión a las perversiones sexuales, son fácilmente adictos a las drogas y otras formas de evasión, y a veces suicidas. No se puede confiar en ellos y trastocan a todo el que se topa con ellos.

Tipos espirituales pitta

Los tipos pitta sátvico presentan las cualidades elevadas de luz, inteligencia y calidez, y brillan como el sol en todo el mundo. Son disciplinados, de pensamiento lúcido y juicioso, siempre tienen en cuenta el punto de vista de los demás. Son simpáticos y valientes en sus acciones, y muestran cordialidad y compasión hacia todo. Funcionan como líderes naturales con una fuerte voluntad para crecer y desarrollarse.

Los tipos pitta rajásicos aspiran al logro y al éxito, a menudo sin importarles los medios ni el método. Se promueven y organizan sus agendas con habilidad y determinación, y no se detienen hasta que han alcanzado sus objetivos de poder y posición. Son críticos y controladores, propensos a la ira y la intolerancia. Son imprudentes y vanidosos, lo que puede provocar su caída.

Los tipos pitta tamásico son destructivos y violentos en su conducta y sus emociones. Albergan mucho odio, resentimiento y hostilidad en la vida y se desquitan con cualquiera que se cruce en su camino. No respetan ninguna ley social ni los sentimientos ajenos. La mayor parte de los líderes criminales y figuras de los bajos fondos son de este tipo. Pueden ser paranoides o psicópatas y deben evitarse a toda costa.

Tipos espirituales kapha

Los tipos kapha sátvico exhiben las virtudes kapha del amor, la devoción y la contención, que hacen que su presencia resulte reconfortante para todos aquellos con los que se relacionan. Tienen gran firmeza, paciencia, ecuanimidad y equilibrio mental. Son leales, comprensivos, cariñosos y compasivos. Miran a todas las criaturas con los ojos de un progenitor amoroso y generoso.

Los tipos kapha rajásico aspiran a la posesión y les gusta dominar a los demás mediante el control de los recursos materiales. Son codiciosos y materialistas, buscan la riqueza y una posición para ellos y su familia. Su objetivo es acumular todas las cosas buenas de la vida, desde casas y ropa hasta propiedades y valores de todo tipo. Están abocados a poseer y acumular y no se sienten satisfechos hasta que las posesiones los desbordan.

Los tipos kapha tamásico están atrapados en una inercia y un estancamiento que a menudo se manifiesta en diversas adicciones. Son de mente torpe e insensible y suelen estar deprimidos. Se niegan a esforzarse en la vida y a practicar la introspección; prefieren culpar a los demás de sus problemas. Pisotean a los demás con su pesadez y su aletargamiento. En cuanto a sus cuerpos, suelen tener sobrepeso y estar llenos de toxinas.

5
Los senderos del yoga

El yoga consiste en cortar la conexión
con aquello que causa sufrimiento.
El yoga ha de practicarse con fe
y determinación en el corazón.
BHAGAVAD GITA VI, 23

Raja yoga, el sendero integral

El método del yoga clásico fue compilado por Patanjali en los *Yoga Sutras*, basándose en las antiguas tradiciones que se remontan a los tiempos védicos. El llamado *raja yoga* o yoga real abarca la totalidad de las prácticas yóguicas, desde la asana y el pranayama hasta el mantra y las numerosas formas de meditación. Este yoga integral es paralelo al ayurveda integral, que de forma parecida trata todos los aspectos de nuestra naturaleza, desde el cuerpo hasta el alma, y todos los métodos posibles de sanación, desde la alimentación hasta la meditación.

Según Patanjali, el «yoga es el control completo del funcionamiento de la mente».[9] Estas acciones de la mente, llamadas *vrittis*, constituyen todas nuestras actividades mentales, desde los recuerdos subconscientes más profundos hasta las ideas más superconscientes. Patanjali no se refiere al control de la mente en el sentido ordinario, sino al completo dominio de todos los niveles de consciencia, incluyendo los estratos subliminales y cósmicos desconocidos para la consciencia ordinaria o incluso la psicología moderna.

---

9. *Yoga Sutras* I, 2.

Solo desde este control de la mente puede surgir el conocimiento de nuestro verdadero Yo (Atman o Purusha) como quiera que se manifieste,[10] que es el objetivo último de la práctica del yoga. La mente silenciosa se convierte en un espejo que nos revela nuestro verdadero Yo, cuya naturaleza es pura consciencia. Este es el estado de liberación (*moksha*) en el que trascendemos el tiempo, el espacio y el karma y entramos en el infinito eterno y omnipresente. Sin embargo, para alcanzar este control de la mente debemos dominar el cuerpo, los sentidos y el prana, así como los aspectos externos de nuestra vida personal y social. Por este motivo, el yoga no descuida factores comunes, como la dieta, y pone énfasis en la relevancia del ayurveda.

Las ocho ramas del yoga

Raja yoga proporciona un enfoque integral en ocho pasos u ocho ramas (*ashtanga*), para desarrollar la consciencia. Son como los miembros del cuerpo y trabajan juntos de varias formas. Cada uno tiene su propio rol necesario para el desarrollo correcto, aunque no todos son igual de importantes.

Los ocho ramas del yoga
1. Yama – Normas de conducta social
2. Niyama – Normas de comportamiento personal
3. Asana – Posturas físicas
4. Pranayama – Control de la energía vital
5. Pratyahara – Control de los sentidos
6. Dharana – Atención o control correcto de la mente
7. Dhyana – Meditación
8. Samadhi – Absorción

Las cinco primeras ramas –de yama a pratyahara– conforman el aspecto externo del yoga. Son preliminares y establecen la base

---

10. *Yoga Sutras* I, 3.

para la práctica más profunda. Las dos primeras (*yama* y *niyama*) se refieren a las actitudes, las pautas de vida y los valores adecuados necesarios para el yoga; son su esencia ética. Las tres siguientes (*asana*, *pranayama* y *pratyahara*) constituyen el medio para controlar los aspectos externos de nuestra naturaleza, como el cuerpo, la respiración y los sentidos. Las tres últimas (*dharana*, *dhyana* y *samadhi*) se conocen como *samyama* o integración. Van juntas. La atención conduce a la meditación, que con el tiempo resulta en la absorción o reunificación del que percibe con lo percibido. Nos aportan el conocimiento de nuestro verdadero Yo. El ayurveda armoniza el cuerpo y el prana para permitirnos avanzar en el proceso interior de meditación. Es parte principal de las ayudas externas del yoga. Sin embargo, la sanación ayurvédica de la mente también incluye los aspectos internos del yoga, como el mantra y la meditación. En consecuencia, el ayurveda comparte el mismo campo que el yoga, pero con orientación y propósito diferentes.

1-2. Yama y niyama: la base dhármica del yoga y el ayurveda

Los yamas —o principios dhármicos de comportamiento social— son la no-violencia (*ahimsa*), la veracidad (*satya*), el control de la energía sexual (*brahmacharya*), no-robar (*asteya*) y no-aferrarse (*anabhinivesha*). Los yamas establecen la correcta interacción con otros seres humanos y con nuestro entorno.

El comportamiento social correcto es importante para la salud, el bienestar psicológico y el desarrollo espiritual. Si seguimos estas prácticas, no tendremos un impacto negativo en el mundo y no nos enredaremos con complicaciones externas, como son las relaciones y las posesiones equivocadas. Los yamas también son un código para los médicos: no causar daño, decir la verdad, no tener relaciones sexuales con pacientes, no cobrar tarifas excesivas por un tratamiento y no aferrarse a la propia práctica ni a sus resultados.

Los niyamas o principios dhármicos de comportamiento personal son: satisfacción (*santosha*), pureza (*shaucha*), estudio de uno mismo (*svadhyaya*), autodisciplina (*tapas*) y entrega a Dios (*Ishvarapranidhana*). Estos son los principios de pautas o estilos de vida necesarios para establecer una práctica yóguica personal. En ellos se basan las pautas de vida ayurvédicas para conseguir el equilibrio constitucional. La pureza incluye una dieta vegetariana y la desintoxicación física. La entrega a lo divino es la clave para sostener todas estas prácticas, algo que no puede lograrse simplemente con esfuerzo personal. Los tres últimos yamas –la autodisciplina, el estudio de uno mismo y la entrega a Dios– son los fundamentos del *kriya yoga*, el yoga de la acción interior que nos hace aptos para el samadhi.[11]

Yama y niyama constituyen la base dhármica o ética para vivir correctamente e incluyen las prácticas de salud del ayurveda. Estos dos grupos de principios van juntos. Si la integridad no preside nuestras interacciones sociales, tampoco se encontrará en nuestro comportamiento personal, y viceversa.

3. Asana

Asana significa «postura correcta» o «postura en armonía con nuestra consciencia interior». Su objetivo es una postura sedente prolongada y confortable para facilitar la meditación. Las asanas proporcionan equilibrio y armonía al cuerpo físico, en particular al sistema musculoesquelético que es el sostén del cuerpo. Asana forma parte del sistema de tratamiento ayurvédico para el cuerpo físico. Las posturas pueden usarse para aumentar la vitalidad y equilibrar los doshas. Pueden adaptarse según se dirijan a ciertos órganos o puntos débiles del cuerpo. (*Véase* el capítulo 14)

4. Pranayama

Pranayama no solo significa «control de la respiración», sino que también es la expansión controlada de la energía vital. No es la supresión de la respiración, lo cual sería dañino, sino que se trata de entrar en contacto con las fuentes superiores del prana.

---

11. *Yoga Sutras* II, 1–2.

Pranayama se basa en un prana cada vez más profundo y prolongado que conduce a un estado de paz. Cuando prana está en paz, la fuerza-vital, y a través de ella los sentidos, las emociones y la mente, descansan. Pranayama es otro importante recurso ayurvédico para aumentar el vigor y la vitalidad y potenciar la fuerza de la sanación. En diversos capítulos tratamos del prana y de la práctica de pranayama.

5. Pratyahara

Pratyahara no es simplemente controlar los sentidos, sino dirigirlos correctamente y la capacidad de sobrepasarlos. No es la supresión de los sentidos, sino su correcta aplicación, lo que incluye la capacidad de hacerlos descansar. El ayurveda considera que todas las enfermedades tienen su origen en el uso incorrecto de los sentidos. El modo de utilizar nuestros sentidos determina el tipo de energía que tomamos del mundo exterior para alimentar nuestras mentes, y que puede alimentarnos o bien trastornarnos.

Las técnicas pratyahara incluyen tanto apagar los sentidos como cerrar los ojos o los oídos, o usar nuestros sentidos con atención en lugar de distraídamente. Esto incluye las distintas formas de mantra o de visualización. Las fuentes sensoriales internas pueden ser aprovechadas, como los sonidos internos (*nada*) que proporcionan formas sutiles de impresiones. También dedicamos un capítulo especial a pratyahara.

6. Dharana

Dharana es el control de la mente, que es la atención correcta. Es la capacidad de entregar toda nuestra energía mental voluntariamente a aquello en lo que tenemos que ahondar. Dharana implica desarrollar y ampliar nuestro poder de atención. Las técnicas dharana consisten en diversas formas de dirigir o controlar nuestra atención, como puede ser la concentración en determinados objetos e ideas. Las técnicas dharana comunes incluyen la concentración en los cinco chakras y sus elementos regentes. Un segundo método consiste en concentrar la mente en el corazón. Un tercer método es concentrar el espacio exterior en el espacio interior que habita en el corazón. En la presente obra, dharana es abordado en diferentes contextos.

7. Dhyana
Dhyana es la meditación, es decir, nuestra capacidad de fijar la atención sin distraernos. La meditación nos permite reflejar la realidad y percibir objetivamente la verdad de las cosas. Se puede meditar sobre un objeto externo, como el océano, el cielo o la estatua de una deidad. Se puede meditar sobre un objeto interno que visualizamos, como una deidad o un yantra. Se puede meditar sobre una idea o un principio de la verdad, como el infinito o la unidad. Este algo puede no estar formado del todo y ser totalmente abierto. Puede ser activo y seguir una línea de pensamiento e investigación, o pasivo y simplemente observar.

La meditación, en su sentido más elevado, no es una técnica. Las técnicas de meditación más bien pertenecen a pratyahara y dharana. La verdadera meditación es el estado natural de la consciencia, no un método. Pero alcanzar esto requiere una cierta preparación, tal como señalan las demás ramas del yoga. También se dedica un capítulo aparte a la meditación.

8. Samadhi
Samadhi, que podríamos llamar la «absorción», es la capacidad de convertirse en uno con el objeto de nuestra percepción. Es la unión del que percibe con lo percibido, en una percepción directa a través de la cual puede conocerse realmente la naturaleza de la realidad última. Samadhi es nuestra capacidad de fundirnos con las cosas en consciencia y mostrar nuestra alegría y satisfacción de vivir. Samadhi nos lleva a la naturaleza divina subyacente a todas las cosas. Es el resultado natural de la verdadera meditación. Samadhi o unión es la meta de lo que buscamos. El yoga hace esto en nuestro interior para que podamos ser uno con todo.

Los senderos del yoga

El yoga no insiste en que todos los individuos deban seguir un camino u otro. El yoga nos anima a seguir el camino que más atraiga a nuestro corazón. Hay muchos caminos y estilos de yoga adecuados a las diferentes inclinaciones individuales y los distintos aspectos de nuestra naturaleza. Esto es similar en el ayurveda, que da varias dietas y regímenes de vida para los diferentes tipos de constitución. Estos caminos del yoga pueden resumirse en cinco diferentes. Raja yoga incluye los principales caminos del yoga, pero estos también pueden seguirse por separado.

1. Jnana yoga – Yoga del conocimiento
2. Bhakti yoga – Yoga de la devoción
3. Kriya yoga, incluye el hatha yoga – Yoga de la técnica
4. Karma yoga – Yoga del servicio
5. Raja yoga – Yoga integral, que combina los cuatro

1. El yoga del conocimiento, jnana yoga

El yoga es ante todo una búsqueda del conocimiento, una investigación sobre la verdad de la vida, el yo, Dios y el universo. Sin embargo, es un tipo especial de investigación, que no se hace con la mente y los sentidos externos, sino con la mente interior y el corazón. El yoga del conocimiento no es únicamente una práctica de la mente pensante, aunque sí se inicia con una profunda reflexión respecto a las preguntas fundamentales de la vida y exige una racionalidad severa. Es una forma de meditación que requiere que la mente se encuentre en un estado de observación pacífica para descubrir la verdad, no a través del pensamiento sino de la percepción.

El yoga del conocimiento es simple de definir, pero difícil de practicar. Dice que Dios o lo Absoluto es nuestro verdadero Yo. Lo único que tenemos que hacer para encontrar a Dios es desprendernos de nuestras relaciones exteriores, renunciar a todo pensamiento y descansar en nuestros corazones y ¡somos Eso! Su método principal es la autoindagación (*atmavichara*), es decir, rastrear el origen de nuestros pensamientos hasta el Yo-idea que surge del corazón como raíz de todos los pensamientos. También emplea otros métodos de razonamiento, discriminación y afirmación, incluidos algunos mantras especiales como *Aham Brahmasmi*, «Yo soy Dios».

Debido a su sencillez, el yoga del conocimiento es recomendado principalmente para los aspirantes del nivel más alto. Se basa en la renuncia completa y en una austeridad tal, que pocos individuos pueden alcanzar, en particular los de nuestra cultura materialista y sensorial. Sin embargo, aunque no estemos en el nivel más alto, la mayoría de nosotros puede beneficiarse de las prácticas del yoga del conocimiento, como la meditación silenciosa sobre Brahman y la introspección sobre el Yo. Pero debemos ayudarnos con otras disciplinas yóguicas para asegurar que nuestro desarrollo sea completo. Por encima de todo, el yoga del conocimiento requiere un control total de los sentidos y los pranas basado en una dieta pura y el autocontrol. Para ello, el ayurveda es de mucha ayuda.

El yoga del conocimiento es particularmente atractivo para los tipos pitta o fuego, ya que se basa en un enfoque claro de la mente y una visión determinada, más propia de los pitta. Sin embargo, los tipos vata o aire a veces se sienten atraídos hacia este yoga por la capacidad que tiene para la expansión del pensamiento y el desprendimiento del cuerpo. Los tipos kapha o agua siguen este yoga alguna vez porque su estabilidad mental les permite desarrollar una profunda paz y calma interior.

2. El yoga de la devoción, bhakti yoga

La devoción es el camino del amor divino por medio del cual buscamos fundirnos con lo divino en el corazón. Consiste en adorar al Amado Divino como la realidad última, externa e internamente.

La devoción adopta diferentes formas en función de cómo elegimos acercarnos a lo divino. El yoga nos concede total libertad para elegir la forma de Dios que más atraiga a nuestro corazón. Esto proviene del mismo reconocimiento de las diferencias individuales y los tipos constitucionales. El yoga brinda deidades elegidas (*ishta devatas*), como Shiva, Vishnu y la Diosa, o encarnaciones de Dios (*avatars*) como Rama, Krishna y Buda. A veces, el maestro o guru, que es como un símbolo del divino maestro, puede convertirse en objeto de culto. Las deidades también pueden reflejar las energías ayurvédicas y ser usadas para equilibrar el prana y la mente. Otro enfoque es la devoción sin forma o devoción a las cualidades y atributos divinos.

Hay muchas prácticas de devoción –la realización de rituales (*puja*), los cantos de devoción (*kirtan*), los cánticos de los nombres de Dios (*japa*), la meditación sobre una forma de lo Divino (*upasana*), y adoptar actitudes o estados de ánimo de culto divino. Estas son muy diversas, pero generalmente surgen de forma espontánea. Bhakti yoga tiene una cierta libertad, que es el poder de la inspiración; por ello no está tan estructurado como los otros yogas. Sin embargo, para progresar mucho requiere pureza, dedicación y sacrificio al Amado Divino.

El yoga de la devoción es la mejor manera de sanar el corazón y nuestra naturaleza emocional, que en el mundo actual, donde abundan los problemas de relación, suele estar herida o trastornada. La psicología ayurvédica pone énfasis en esta sanación del corazón.

La devoción atrae principalmente a los tipos kapha, que son los más emocionales de los tres. Los tipos kapha tienen un amor natural que encuentra su mejor forma de expresión a través de la devoción. Los tipos pitta también pueden sentirse atraídos por la devoción, pero en su caso la devoción es más decidida y concentrada, como la del guerrero que sirve a su rey o a su reina. Los tipos vata son los menos atraídos por la devoción, pero son los que más se benefician de ella, porque es lo mejor para calmar el corazón y aliviar el miedo y la ansiedad que ellos son propensos a padecer.

3. El yoga del servicio, karma yoga
El karma yoga se refiere al yoga del trabajo o de la acción, que consta de dos partes. Su primera parte son las oraciones y los ri-

tuales para la autopurificación y la elevación del mundo. La segunda parte es el servicio a los seres vivos. Todas las enseñanzas espirituales hablan de la necesidad de ayudar al mundo y elevar a la humanidad. De la mayoría de los practicantes del yoga se espera que hagan un trabajo de servicio, llamado *seva* en sánscrito. Este puede consistir en proporcionar alimentos o ropa a los pobres y necesitados, trabajar en las escuelas y los hospitales, o distribuir libros e impartir enseñanzas. Esta ayuda no se limita a las personas sino que se extiende a los animales, las plantas y hasta el planeta, incluidas varias formas de activismo político y social. La mayoría de los caminos del yoga empieza con un estudiante que asume algún karma yoga o actividad que puede ir desde cocinar, limpiar o administrar el ashram hasta la fundación de escuelas u hospitales.

Los dos aspectos del karma yoga están relacionados. Todo servicio es un ritual divino. Todo ritual tiene como objetivo hacer mejores a los seres vivos. Todos los yogas tienen su origen en el karma yoga. La práctica espiritual de uno debería ser un servicio a todos los seres, si no es así tiene poco valor. Incluso las almas liberadas no están exentas de la práctica del karma yoga, que les obliga a regresar al mundo para ayudar a los ignorantes. Karma yoga es el principio y el fin, el más bajo y más elevado de todos los yogas. Aquellos que lo descuidan se pierden el verdadero espíritu del yoga.

Los tipos kapha prefieren el karma yoga que desempeña un papel nutriente cuidando de los demás. Los tipos pitta prefieren el activismo político o social que plantea una causa para ayudar a cambiar el mundo. Los tipos vata prefieren el karma yoga que implica a la mente, como la escritura y la enseñanza. El karma yoga es una importante herramienta ayurvédica para la sanación psicológica y es la base de las pautas de vida ayurvédicas. Si lo que hacemos no es una forma de servicio, seguro que nos provoca trastornos psicológicos o físicos.

4. El yoga de la técnica, kriya yoga,

La ciencia yóguica tiene su propia tecnología, que consta de diversos métodos y técnicas en los que participan el cuerpo, la respiración y la mente, para ayudar a desplegar nuestra consciencia más profunda. Estos métodos pertenecen al yoga de la técnica o acción interior (*kriya yoga*). Kriya se refiere a una acción, un proceso o un movimiento, en particular el desarrollo interior del prana y la mente para lograr la purificación y la transformación que nos preparan para la meditación profunda.

El kriya yoga consta de tres partes: *tapas* o autodisciplina, *svadhyaya* o estudio de uno mismo, *Ishwara-pranidhana*, entrega a Dios.[12] La autodisciplina crea el calor interno que ayuda a madurar nuestra aspiración espiritual. Esto incluye todo, desde el ayuno a la meditación, como medios para desarrollar y vigorizar nuestra fuerza de voluntad. El estudio de uno mismo también significa seguir el propio dharma, lo que implica también comprender la constitución ayurvédica de uno mismo. Entregarse a Dios no solo es devoción, sino también aprender a canalizar la energía divina para la propia superación, de forma que nuestra práctica no quede restringida a las limitaciones del ego.

En los yogas del conocimiento y la devoción, las técnicas están subordinadas a una observación o entrega de uno mismo más primaria. Pero la mayoría de aspirantes, sobre todo en el mundo actual, necesita de una buena dosis de trabajo y purificación para conseguir el verdadero entendimiento o el amor divino. Es muy difícil llegar directamente a Dios y al Yo, incluso para los mejores y en la mejor de las épocas. Avanzar sin técnicas significa tomar el camino difícil, es como intentar ir a pie cuando tenemos un buen vehículo para viajar más deprisa. Sin embargo, algunas personas ponen demasiado énfasis en la técnica, y esta, sin conocimiento o devoción, resulta artificial y estéril. La técnica tiene que mezclarse

---

12. *Yoga Sutras* II, 1.1.

con el conocimiento y la devoción para avanzar de la mejor manera, y tiene que realizarse como una forma de servicio.

El kriya yoga atrae principalmente a los tipos vata, que gustan del movimiento y la acción. Sin embargo, los tipos pitta también pueden verse atraídos por él, ya que les gusta trabajar con el fuego y la energía, y sienten una inclinación por la ciencia. Los tipos kapha son los menos propensos al kriya yoga, pero se benefician enormemente de la mayor acción y movilidad que proporciona. El yoga de la técnica tiene muchas dimensiones. A continuación listamos algunos de sus enfoques principales.

Mantra yoga: incluye todas las formas de oración, cánticos y cantos de alabanza a Dios. Está conectado con la música, la poesía, la simbología y la mitología, que son planos diferentes de mantra. Todos los caminos del yoga emplean un enfoque mantra. El yoga del conocimiento utiliza mantras como *Aham Brahmasmi* o «yo soy Dios». El yoga de la devoción emplea nombres de Dios, como *Om Namo Bhagavate Vasudevaya* o «Reverencia a Krishna». El karma yoga se realiza mientras se entonan mantras devocionales. Las técnicas de yoga ponen énfasis en los mantras que se entonan junto con el pranayama y la meditación.

El mantra es quizá el principal método del yoga de la técnica. Es más importante que asana y podría decirse que son asanas para la mente. Todas las prácticas de yoga y ayurveda deberían comenzar y terminar con mantras y usar mantras mientras se realizan. El ayurveda considera que el mantra es su método de curación más importante, después de las plantas, de modo que todos los practicantes del ayurveda deberían estudiar mantra yoga. Dedicamos un capítulo especial al mantra.

Tantra: significa literalmente «tecnología» y se refiere a diversas técnicas o metodologías de yoga como el mantra, el yantra, la visualización y el culto devocional, incluyendo varias formas de adoración. No se trata simplemente de posturas sexuales, que no es más que un aspecto del tantra y una de sus formas menores. El tantra es un enfoque energético que nos enseña cómo trabajar con la energía en un plano sutil. El tantra, por lo tanto, es sobre todo un camino de raja yoga, debido a su naturaleza integral y, en segundo lugar, un camino del kriya yoga, debido a su lado práctico. El yoga tántrico ha sido la forma más extendida de raja yoga desde la época medieval en India. Utiliza las ocho ramas del raja yoga, a las que añade sus formas y prácticas específicas.

El tantra sexual es parte del *vamachara* o tantra «de la mano izquierda», que emplea prácticas que no se consideran dhármicas o puras, en las que se incluye la indulgencia en el sexo, la carne y el pescado. Se considera apropiado para las personas que aún no han avanzado hasta la fase de prácticas de yoga más elevado y todavía están atrapadas en el deseo y los sentidos (*rajas* y *tamas*). Como la mayoría de la gente en el mundo moderno se encuentra en esta etapa, este tantra puede ser muy atractivo y no está exento de valor. Siempre es importante comenzar allí donde estamos en la vida. Pero este tantra no debe confundirse con las prácticas de yoga tántrico más elevadas en las que se avanza por medio del mantra y la meditación y que siguen el camino de la renuncia.

En el tantra encontramos la descripción más clara del cuerpo sutil, sus centros de energía (*chakras*) y las fuerzas superiores, como la Kundalini, que actúan a través de ellas. Kundalini yoga es parte del tantra. Los métodos tántricos a menudo se combinan con los del ayurveda, con el fin de sanar el cuerpo sutil y rejuvenecer el cuerpo físico. La alquimia ayurvédica, el uso de fórmulas minerales y de metales especialmente preparados y plantas rejuvenecedoras es parte de un enfoque tántrico. El uso de gemas no solo se vincula al ayurveda y al tantra, sino también a la astrología védica (*jyotish*). El tantra combina una gran cantidad de técnicas que son muy útiles para la sanación física y psicológica.

Hatha yoga: es el más conocido de los yogas de la técnica. Significa literalmente el «yoga del esfuerzo o la fuerza». Si bien existe la tendencia a identificarlo con el yoga físico y la práctica de asana, es más que eso. Los textos clásicos de hatha yoga como *Hatha Yoga Pradipika* y *Gheranda Samhita* son tántricos y no solo enseñan asana, sino una serie de métodos tántricos de purificación, mantra y meditación.

El yoga en que predomina asana, propio de Occidente, a veces recibe el nombre de hatha yoga porque en los textos de hatha yoga encontramos la explicación más detallada de diferentes asanas. En este sentido, los mejores profesores de asana y, quizá, el mayor desarrollo de asana se encuentran hoy en día en Occidente. En India el principal sendero del yoga es la devoción, y asana suele tratarse superficialmente.

Sin embargo, el hatha yoga occidental rara vez se adentra en las partes de meditación del hatha yoga clásico. Por lo tanto, no es totalmente correcto llamarlo hatha yoga. El hatha yoga clásico fue un camino para los eremitas que requería una gran austeridad física. Emplea poderosos métodos de limpieza interna que exigen unas circunstancias de vida muy especiales. Se dice que el hatha yoga nos conduce al raja yoga o yoga más elevado, cuyo principal interés es la meditación.

Debido a su conexión con el cuerpo físico, el hatha yoga está estrechamente vinculado al ayurveda y describe las asanas en términos ayurvédicos. El ayurveda utiliza las asanas del hatha yoga como una de sus principales modalidades de sanación. También recomienda medidas de purificación del hatha yoga con fines curativos. El hatha yoga es particularmente útil para los tipos vata que necesitan estar más arraigados en el cuerpo físico, pero también es útil para los otros tipos ayurvédicos. Sin embargo, sus prácticas más fuertes deben realizarse con prudencia, ya que pueden agravar seriamente el vata.

Yoga ayurvédico

El ayurveda es en sí mismo una forma de yoga. Puede llamarse el yoga de la sanación. El ayurveda utiliza aspectos de todos los yogas, dependiendo del nivel, el temperamento y la constitución del individuo, para ayudarlo en su sanación, su pauta de vida y su desarrollo espiritual. Un verdadero médico ayurvédico, por lo tanto, es también un yogui. Él o ella no solo tendrá un dominio del cuerpo físico, sino de los pranas y la mente, y conocimiento del cuerpo sutil y el alma. Un verdadero médico cura por medio de la fuerza vital, no de su propia energía personal. La mente de un verdadero sanador está en sintonía con lo divino o el Yo interior.

El ayurveda debe practicarse como karma yoga, como una forma de servicio a los seres vivos. Debe hacerse con el propósito de ayudar a los demás, no solo en beneficio personal o material. Sin esta vocación de servicio, el lado espiritual del ayurveda no puede crecer en una persona.

Un experto en ayurveda debe poseer un buen conocimiento de hatha yoga y lo que este entiende por postura, respiración y consciencia. Sin embargo, el ayurveda también emplea las técnicas del raja yoga para curar el cuerpo sutil y el alma. Los que estudian ayurveda deben estudiar también los *Yoga Sutras* para conocer su sistema y su aplicación.

El ayurveda utiliza el mantra yoga como un medio no solo de sanación, sino también para proyectar todas las energías sanadoras. Los medicamentos ayurvédicos se preparan tradicionalmente con mantras que sirven para activarlos en un plano sutil. Además, las terapias ayurvédicas se administran tradicionalmente acompañadas de cánticos de mantras. Junto con el ayurveda, uno debe aprender los conceptos básicos de la lengua sánscrita y la ciencia del mantra a fin de poder beneficiarse de este aspecto de las enseñanzas.

El ayurveda recomienda el bhakti yoga o de la devoción como uno de los principales instrumentos de sanación del corazón. Todos los que aspiran seriamente a entender el ayurveda deben reconocer el poder supremo de la devoción y el amor divino para toda sanación profunda. En este sentido, los practicantes del ayurveda deberían elegir una forma de Dios a la que adorar que refleje su propia devoción y fe en la sanación divina. Puede tratarse de

Dhanvantari, la deidad de la medicina ayurvédica que es una forma de Vishnu, pero puede ser cualquiera de los nombres y las formas de Dios o de los grandes maestros de la humanidad. Ganesha también es popular entre los médicos ayurvédicos. Muchos otros prefieren las formas de la Madre Divina.

El ayurveda recomienda el *jnana yoga* o yoga del conocimiento para la sanación de la mente, lo que requiere meditación. El ayurveda es autosanador, algo que solo es posible a través del autoconocimiento. Los estudiantes de ayurveda deberían usar el ayurveda como una herramienta de autoexamen, aunque esto requiera examinar dolorosamente nuestros propios errores y limitaciones.

Por supuesto, no puede pretenderse que un médico ayurvédico sea competente en todos estos yogas, pero debe al menos tener conocimiento de ellos y ser capaz de dirigir a las personas hacia los profesores que puedan encaminarlos. Solo un gran maestro ayurvédico conocerá todos estos yogas y será un médico no solo del cuerpo sino también de la mente y el alma.

También el yoga debería incluir el ayurveda para ser completo. El hatha yoga está incompleto sin un punto de vista ayurvédico del cuerpo. El raja yoga está incompleto sin una comprensión ayurvédica de la mente. Todos los yoguis deberían reconocer la importancia y el valor que tienen una dieta adecuada y las plantas, como herramientas del yoga, y las medidas de depuración ayurvédicas, como el panchakarma, como herramientas para preparar el cuerpo para el yoga.

Sin embargo, en general, el ayurveda intenta conseguir la curación y la purificación del cuerpo y la mente, mientras que el yoga tiene por objeto conducirnos a la autorrealización, que depende de un cuerpo y una mente purificados. De esta manera, la base del yoga debería ser ayurveda y el fruto del ayurveda debería ser yoga.

SEGUNDA PARTE

Los principios energéticos del yoga y el ayurveda

Los secretos de la autotransformación

6
El alma y sus diferentes cuerpos

Los tres –cuerpo, mente y alma– son como un trípode.
El mundo se sustenta en su combinación;
son el fundamento de todo, en ellos todo se sostiene.
Esta combinación existe en aras de Purusha o ser consciente.
Es el objeto del ayurveda, aquello por lo que
las enseñanzas del ayurveda han sido reveladas.
CHARAKA SAMHITA, SUTRASTHANA I, 46-47

El ser humano no es simplemente un cuerpo físico, sino la agrupación de tres cuerpos que conforman diversas densidades de materia, de los elementos más gruesos a las capas más sutiles de la mente. Tras estos cuerpos reside nuestro verdadero Yo, que está más allá de toda manifestación, mental o física. Los tres cuerpos, por lo tanto, no son cuerpos en el sentido ordinario de la palabra, sino más bien diferentes tipos de envolturas del alma.

Cuando el yoga y el ayurveda se refieren al ser humano y a sus necesidades, se están refiriendo a este ser humano superior de los tres cuerpos, no solo al cuerpo físico, que en sí mismo es poco más que un puñado de carne y hueso. Tampoco se están refiriendo al Yo superior o Consciencia pura más allá de toda encarnación, porque este ser superior no está sujeto al sufrimiento ni la ignorancia, y por lo tanto no necesita ninguna ayuda. El yoga y el ayurveda intentan desvelar los misterios de los cuerpos sutil y causal, que sirven de puentes con este Yo superior. Sin el desarrollo de estas vestiduras internas, no es posible alcanzar la divinidad en nuestro interior ni lograr la verdadera plenitud.

En este capítulo trataremos de estos tres cuerpos, junto con sus cinco envolturas correspondientes. Esta gran ciencia del yoga y ayurveda de los tres cuerpos y de las cinco envolturas[13] es el tema principal de este libro y el ámbito superior de estas dos disciplinas. Esta obra tiene como objetivo este yoga-ayurveda integral original, mediante el cual podemos entender no solo estos dos grandes sistemas y su interrelación en todos los niveles, sino también nuestro ser superior y su papel en el universo.

1. El cuerpo causal – La esfera magnética del alma

El término alma se refiere a nuestra identidad más profunda en la vida, que ha sido definida de diferente manera por los pensadores. En el sentido védico, el alma significa la entidad reencarnante, tras los velos del cuerpo y la mente, que perdura a lo largo de nuestros distintos nacimientos. Esta se denomina *jiva* en sánscrito, y significa la «energía vital», o *jivatman*, jiva-atman, que significa el «yo individual o alma encarnada», por oposición a *Paramatman*, el «Yo Supremo» o Dios más allá de toda manifestación.

Jiva o alma es la unidad básica o mónada de la creación. Es la última entidad indivisible o átomo, el componente básico de toda la materia del universo, grueso o sutil. Toda creación surge a través del alma, que es la energía causante de la manifestación cósmica. Nuestra propia alma es en sí misma una fuerza creativa divina, y nuestras distintas vidas son su juego creativo, sus sueños y meditaciones. El alma es la llama o chispa divina que desciende a la materia para dar forma a los mundos, creando estructura, forma y vida. Contiene el conocimiento directo de todos nuestros naci-

---

13. Esta gran ciencia recibe el nombre de *Pancha Kosha Yoga* y *Pancha Kosha Ayurveda*.

mientos y permanece en contacto íntimo con lo divino, actuando como un siervo para revelar la Voluntad Divina.

El alma no solo está limitada a los seres humanos. Existe en toda la naturaleza. No solo tienen alma los animales, sino también las plantas. El alma está oculta incluso en las rocas. No obstante, el alma no está individualizada en todas las criaturas. En las formas menos evolucionadas sostiene su existencia de forma latente. El alma existe también en formas evolucionadas que trascienden la humanidad, como son los dioses, los videntes y los ángeles. Existe en las criaturas oscuras, como los anti-dioses (*asuras*), pero las formas de vida negativa no siempre tienen alma y simplemente pueden ser producto de nuestra imaginación.

El alma, inteligencia natural responsable del maravilloso orden de la creación, dirige todos los movimientos del universo. Actúa tras las grandes fuerzas de la tierra, de la atmósfera, del cielo y las estrellas. Las fuerzas del alma universal actúan por medio de los elementos y sostienen las leyes de la naturaleza. Un alma de la Tierra es la que preserva toda vida en el planeta. El alma atmosférica, la solar y la planetaria son espíritus guía o *devatas* que actúan de forma latente en el proceso del mundo. El alma misma es como un sol, una fuente de luz. Cada persona contiene un sol secreto en su corazón, es la fuerza del alma latente en su ser.

El alma es ante todo una fuerza de voluntad y de motivación, que intenta hacer o ser lo que refleja su fuerza creadora. Por medio del alma surgen los distintos deseos y aspiraciones que dirigen nuestro karma. Como fuerza de voluntad, el alma posee una energía magnética que atrae hacia nosotros todo lo que realmente deseamos en nuestros corazones. Este magnetismo del alma mantiene unidas y conectadas las diferentes partes de nuestro ser. Genera la energía que sustenta al cuerpo y a la mente con sus distintos sistemas y facultades.

De forma similar, el Alma del Mundo mantiene el mundo unido, sustentando las diversas energías y los procesos de creación, desde el reino elemental hasta los reinos de la mente superior.

El magnetismo del alma no solo es responsable de la armonía orgánica de nuestro propio ser, sino de la de todas las criaturas. Este magnetismo especial del alma existe en un nivel profundo de consciencia que trasciende la mente común y los sentidos y mantiene nuestra existencia incluso durante el sueño y en la muerte.

El alma anida en los corazones de todas las criaturas, que es la fuente del sentimiento y el conocimiento verdaderos. No se trata, sin embargo, del corazón físico sino de la esencia de nuestro ser, que experimentamos en la zona del corazón del cuerpo físico. La fuerza magnética del alma, que actúa por medio de nuestros corazones, nos mantiene en un nivel que no pueden alcanzar las perturbaciones externas. Acompasa el latido de la creación. El cuerpo causal o esfera del alma existe en el corazón como un huevo de oro.[14]

Las tres facultades del alma

El alma posee tres facultades básicas –vida (*jiva*), luz (*jyoti*) y amor (*prema*)– de las cuales surgen las capacidades de percibir, moverse y sentir. La voluntad del alma es triple: voluntad de ser, voluntad de ver y voluntad de ser feliz. La fuerza magnética del alma genera vida, amor y consciencia. Son estas tres facultades del alma las que hacen que todos los seres tengan tres deseos innatos: vivir eternamente, conocer la verdad absoluta y sentir la felicidad perfecta. La aparición de estas aspiraciones indica que el alma ha despertado en nuestro interior.

Ante todo, el magnetismo del alma es una fuerza vital, una fuerza magnética que nos conecta con la vida y nos hace sentir vivos, lo que nos permite movernos y respirar. La vida es una corriente de energía generada por la fuerza magnética del alma.

En segundo lugar, el magnetismo del alma es la capacidad de iluminación, de entendimiento, de sabiduría y comprensión. La luz atrae y magnetiza nuestras mentes hacia ella, al igual que todas

---

14. Los *Vedas* lo llaman *Hiranyagarbha* o el feto de oro, del que nace el Sol Divino de la iluminación. También se conoce como la envoltura de oro (*hiranmaya kosha*) dentro del corazón.

las criaturas se sienten atraídas por el sol. El alma posee la facultad de iluminar. Su naturaleza es pura luz. Es nuestro sol interior que ilumina la mente y los sentidos. Su magnetismo posee una fuerza gravitatoria, como la fuerza de gravedad que proviene del sol.

En tercer lugar, la fuerza magnética del alma es la capacidad del amor. Nos impulsa a amar a todos los seres y a amar la vida. Al fin y al cabo, el amor es la fuerza magnética más poderosa de la creación. Es el propio poder de atracción. Nada tiene tanta fuerza para juntar a los seres y unirlos a nivel del núcleo o del corazón.

Estas tres energías que son vida, luz, y amor son el reflejo del alma del Ser-Consciencia-Dicha (*Sat-Chit-Ananda*), la triple Divinidad o lo Absoluto. De ellas surgen la energía, la luz y la materia, las principales fuerzas del mundo físico. Estas dan lugar a las tres grandes fuerzas vitales, prana, *tejas* y *ojas*, que son vitalidad, valor y resistencia. Y subyacen tras los tres elementos activos, aire, fuego y agua, y tras los tres doshas, vata, pitta y kapha.

La triple naturaleza del alma

Ser	Consciencia	Dicha
Vida	Luz	Amor
Prana	Tejas	Ojas
Aire	Fuego	Agua
Vata	Pitta	Kapha

El carisma y la fuerza de carácter

Cada alma proyecta una fuerza magnética según su grado de desarrollo. Podemos observar el magnetismo del alma en nuestras interacciones humanas. Se habla de personalidades magnéticas, que tienen el poder de atraer a la gente. Estos individuos suelen tener una personalidad muy fuerte. Sin embargo, esta fuerza de la personalidad no siempre proviene del alma. Puede ser una cuestión de persuasión, sexo o manipulación. Hay varios niveles y aspectos en el magnetismo personal. Solo el alma despierta, consciente de su misión divina de autorrealización, tiene una fuerza magnética saludable. Un alma no evolucionada puede generar una energía muy egocéntrica, especialmente si tiene una masa de seguidores, que a su vez tiene su propio magnetismo.

Todos nosotros gravitamos hacia aquello con lo que nuestra alma tiene afinidad. Esto es debido a la naturaleza magnética del alma. Atraemos hacia nosotros personas y circunstancias que están en armonía con nuestra alma y con el tipo de manifestación que esta está buscando. A medida que evolucionamos espiritualmente, el alma magnetizada por Dios atrae hacia sí misma influencias divinas –deidades, maestros y experiencias– para ayudarla en su desarrollo interno. El magnetismo de nuestra alma, que es su capacidad de amor, atrae hacia nosotros diferentes relaciones y vínculos con otras almas que mejorarán la calidad de nuestra alma y nos ayudarán a crecer. Esta capacidad de magnetismo del alma explica el énfasis que el yoga pone en el guru (maestro espiritual) y en el *satsanga* (comunión con los sabios). No obstante, a veces el alma también atrae personas y situaciones para probar y desafiar su crecimiento, igual que un alpinista experto busca pendientes difíciles de escalar.

Así pues, la relación es el principal factor que magnetiza el alma. Los yoguis conocen incluso una ciencia sobre las relaciones y el magnetismo personal. Las personas por las que nos sentimos atraídos en la vida reflejan la naturaleza del magnetismo de nuestra alma. Así, también las personas con las que nos relacionamos en la vida retienen nuestra alma bajo sus influencias magnéticas, que pueden ser hipnóticas o iluminadoras. Por esta razón, el yoga pone énfasis en que las relaciones adecuadas son la base de la práctica del yoga. Del mismo modo, el ayurveda pone énfasis en que las relaciones adecuadas son la base de la salud. Si no aportamos armonía a nuestras relaciones, la raíz de la salud y del crecimiento personal permanecerá dañada en nuestro interior. Las malas relaciones no solo causan malestar, sino que llevan a realizar acciones inadecuadas con el cuerpo, la mente y los sentidos. A fin de cuentas, lo que hacemos, e incluso lo que comemos, son un reflejo de aquellos con quienes nos relacionamos.

Si usted quiere comprender la naturaleza de su alma y su nivel de desarrollo, observe sus relaciones, no solo los lazos físicos, sino las personas a las que emula a nivel de corazón y que le sirven como modelo. El alma no se refleja tanto en nuestros conocimientos como en la fuerza de nuestro carácter, que se sustenta en las personas a quienes admiramos. La integridad de carácter proyecta la mayor fuerza magnética, que sirve para integrar no solo nuestro propio ser sino también el de los demás.

Las fuerzas magnéticas del conocimiento y la ignorancia

La fuerza magnética del Creador determina la manifestación universal. Como todas las fuerzas magnéticas, tiene una naturaleza dual o polaridad. Existe a la vez una fuerza cósmica de atracción y una de repulsión. La fuerza de atracción tiene un efecto de interiorización o espiritualización y eleva nuestra consciencia. La fuerza de repulsión tiene una acción de exteriorización o materialización y disminuye la consciencia. La fuerza de atracción favorece la unidad, la curación y la integración. La fuerza de repulsión provoca conflicto, enfermedad y fragmentación.

La fuerza cósmica de repulsión dirige el descenso del espíritu a la materia y crea el mundo externo de nombres y formas. La fuerza cósmica de atracción es la fuerza de evolución que devuelve el alma encarnada a su divino Ser y origen. Estas dos fuerzas son antitéticas y se repelen mutuamente. La fuerza de atracción o espiritual repele a la fuerza de repulsión o mundana. La fuerza de repulsión o no espiritual no solo repele lo divino, sino que atrae energías no espirituales hacia sí. Esta fuerza de repulsión de lo divino y de atracción hacia el mundo exterior se denomina *maya*, el poder de la ilusión o el poder de la ignorancia (*avidya*). La fuerza de atracción divina se llama gracia o Divina Shakti, la voluntad divina (*Ishvara samkalpa*) o el poder del conocimiento (*vidya*).

El alma se puede polarizar en una de estas dos direcciones. Puede ser atraída interiormente hacia la divinidad o externamente hacia el mundo exterior del placer. Puede ser receptiva a la fuerza magnética de atracción divina o a la de rechazo divino, ya sea moviéndose hacia el espíritu o alejándose de él. La atracción divina nos impulsa a buscar a Dios o la eterna verdad. El rechazo de lo divino crea apego a las personas y las cosas externas y nos lleva a una relación efímera.

La fuerza de atracción hacia lo divino despierta nuestra alma y nos hace conscientes de ser, nosotros mismos, una parte inmortal de la divinidad en busca del crecimiento espiritual en el ciclo evolutivo de la reencarnación. El rechazo de lo divino crea el ego (*ahamkara*) o sentido de nuestro yo, como una entidad exterior o corporal cuya misión principal es el disfrute del mundo exterior. La fuerza del rechazo hacia lo divino o atracción mundana hace que el alma se encarne y busque la felicidad externamente. Esto permite que se creen las formas y fuerzas externas del universo. La fuerza de la atracción de lo divino o desapego del mundo entra entonces en juego para completar el ciclo de la creación, devolviendo el alma a su divinidad inherente.

Estas dos corrientes magnéticas son de naturaleza cósmica y poseen una fuerza formidable. Son como dos torrentes cuya energía es irresistible. Sea cual fuere a la que nos abramos, nos transportará como un tronco a merced de una corriente de aguas rápidas. A nivel del alma solo tenemos una elección fundamental: ¿a cuál de estos dos tipos de magnetismo hemos de estar receptivos? ¿En cuál de estas dos corrientes debemos entrar? ¿Hemos de actuar como seres espirituales en busca de la evolución de la consciencia en el universo o como egos en busca del poder personal y del placer de la realidad exterior?

Se puede observar en qué grado nuestra alma está polarizada hacia lo divino o lo no divino, lo espiritual o las fuerzas mundanas. Se puede ver si nuestro amor y nuestra atención se dirigen, de forma natural, interiormente hacia la consciencia o externamente hacia el mundo de las formas. Se puede observar si está en nuestra naturaleza buscar la paz interior o el placer externo, la expansión interior de la consciencia o la expansión exterior de las posesiones. Como la humanidad actual no está demasiado evolucionada espiritualmente, la mayoría de nosotros está atrapada en la corriente de la ignorancia y solo se muestra receptiva a la divina gracia en momentos puntuales. No obstante, se puede cultivar ese poder interior y cambiar el rumbo de nuestras vidas a través de él. La corriente interna puede superar la corriente externa si nos abrimos a la gracia.

Los tres gunas: las cualidades magnéticas de la naturaleza

La fuerza magnética de maya o ignorancia actúa en tres niveles, cada uno de los cuales posee una cualidad y una acción características. Nuestra consciencia tiende a sentirse atraída por uno de estos tres niveles. Estos son los tres gunas de la Naturaleza (Prakriti), sattva, rajas y tamas, las tres fuerzas de la naturaleza que son conocimiento, vitalidad y encarnación.

Tamas es la densidad magnética más oscura y pesada de la ignorancia. Atrae hacia nosotros fuerzas de obstrucción, deterioro y desintegración. Es la fuerza más poderosa de la energía repulsiva y sirve para que los objetos conserven su forma. Tamas se resiste intrínsecamente a la voluntad divina y no está receptiva a ningún tipo de crecimiento. Debemos dejar que siga su propio camino, hasta que los golpes de la vida la obliguen a cambiar.

Rajas es la densidad intermedia de la ignorancia. Crea ilusiones, fantasías, especulaciones e imaginación. Nos mete en enredos, complicaciones y actividad interminable. La fuerza rajásica puede reconocer la voluntad divina, pero la distorsiona para sus propios fines. Puede convertirse en una fuerza espiritual, pero con dificultades y esfuerzo.

Sattva es la densidad más sutil de la naturaleza y puede reflejar el poder de atracción hacia lo divino. Atrae lo que es refinado y noble –la belleza de la naturaleza, el arte, la filosofía, la religión, el servicio y la caridad. Posee escasa resistencia a la voluntad divina, pero si no la dirigimos hacia dentro puede permanecer orientada hacia el exterior y hacer que quedemos atrapados en la forma externa de la bondad. Se convierte fácilmente en una fuerza espiritual si la usamos con sabiduría, habilidad y desapego. Sattva puro (*shuddha sattva*), que es la forma interna de sattva, desarrolla el poder de la divinidad. Es la mente enfocada en un solo punto (*ekagra chitta*) del pensamiento yóguico.

Rajas y tamas constituyen las fuerzas magnéticas inferiores, los poderes de repulsión cósmica que atan el alma al mundo externo. Tamas causa ignorancia y rajas provoca atracción hacia el mundo externo. Los mayores potenciales de los gunas se manifiestan principalmente por medio de sattva, aunque es posible que la voluntad divina también actúe por medio de formas superiores de rajas y tamas.

Los tres gunas constituyen el campo magnético del alma. Por lo general, hay un guna que predomina y que polariza nuestra mente y nuestra vida según sus cualidades. Las almas se vuelven de naturaleza sátvica, rajásica o tamásica. No obstante, en el ámbito ordinario y no refinado de la naturaleza humana, rara vez predomina un guna. Pasado un tiempo, los otros gunas deben afirmarse. Nuestras vidas son una interacción de apatía, distracción y virtud, con corrientes cambiantes de bien y mal, de verdad y mentira.

Solo un ser humano poco común puede llegar a estar totalmente dominado por un guna de manera que los otros pierdan su poder. Tales tipos extremos son el criminal despiadado o tamásico absoluto, el gran triunfador o rajásico absoluto y el santo altruista o sátvico absoluto; pero incluso estos tipos pueden tener mezclas de otros gunas. Tanto el ayurveda como el yoga pretenden reducir los gunas inferiores, rajas y tamas. Estos son los causantes de las enfermedades mentales y físicas, que trata el ayurveda, y de la ignorancia espiritual, que el yoga intenta disipar.

El cuerpo causal o núcleo de la mente está formado por nuestros pensamientos, aspiraciones, intenciones y deseos más profundos. Son denominados *samskaras* o *vasanas* en sánscrito y son las impresiones magnéticas de nuestra sustancia mental, del mismo modo que el ADN contiene el código genético del cuerpo. Samskara, que significa «impresión», se refiere a la semilla que motiva nuestra conducta. Vasana, que significa «perfume», se refiere a cómo nuestra mente profunda es modelada e influida por nuestro humor y nuestro estado mental. Estas tendencias retienen la fuerza magnética que sustenta nuestro nivel de consciencia. Reflejan los gunas a los que nos mantenemos fieles en la vida.

El magnetismo espiritual superior o poder de atracción hacia lo divino constituye la fuerza del alma (*atma shakti*), que es el poder del conocimiento (*vidya shakti*). El magnetismo bajo o no espiritual, el poder de repulsión hacia lo divino, constituye la fuerza del ego o poder de la ignorancia (*maya* o *avidya shakti*). La fuerza del alma es el poder subyacente en el desarrollo del verdadero carácter y la personalidad. La fuerza del ego es un poder de la personalidad sin carácter. La fuerza del alma se desarrolla por medio de la honestidad, la veracidad y otras virtudes éticas, especialmente la receptividad y la preocupación por los demás. No puede desarrollarse con meras ilusiones, fuertes emociones y experiencias pasajeras. Es el producto de nuestra actividad diaria, en particular de nuestros pensamientos y expresiones más frecuentes. Actuar desde el nivel del alma en nuestras interacciones humanas es realmente difícil, aunque si hacemos el esfuerzo es muy gratificante.

Yoga, ayurveda y alma

El yoga como práctica espiritual solo es posible para el alma, para la persona que ha despertado su aspiración espiritual y anhela trascender el ciclo del renacimiento. El yoga como práctica espiritual no es posible para el ego sin despertar o inmaduro, que lo utilizaría con fines de engrandecimiento propio o de placer personal. Despertar a nivel de alma es el primer paso para la auténtica práctica de yoga y precede incluso a los yamas y niyamas, que requieren una consciencia del alma para poder ser practicados. Si usted quiere practicar yoga debe preguntarse: ¿Está el alma despierta en mi interior y lista para regresar a la divinidad?.

En el ayurveda, la curación se basa en nuestra conexión con el alma, que es el origen de la vida y de la fuerza dinamizadora de todas nuestras facultades. El ayurveda trabaja con la fuerza del alma para que podamos dominar nuestro cuerpo físico e integrar todas nuestras facultades a fin de lograr armonía y equilibrio. Toda curación real proviene del alma, del ser interior consciente, que una vez despierto se convierte en un canal de la gracia divina.

2. El cuerpo sutil o eléctrico

La electricidad surge automáticamente del magnetismo. La polarización magnética o carga del alma desencadena corrientes eléctricas y atrae hacia sí otras corrientes del mundo exterior. Del alma o del corazón surgen diversos tipos de electricidad que mantienen la actividad en todos los niveles de nuestra naturaleza. El alma genera la fuerza que crea y motiva la mente, los sentidos y el cuerpo. Esta fuerza eléctrica se denomina *vidyut shakti*, literalmente «rayo» en sánscrito. La esfera magnética del alma genera un campo eléctrico que crea el cuerpo sutil o astral, la esfera de nuestras energías vitales y nuestros sentidos.

Las dos energías opuestas básicas del alma generan los dos pranas básicos –prana y *apana*– que crean atracción y repulsión, inhalación y exhalación, alimentación y eliminación. Estos dos pranas generan una fuerza eléctrica que se divide en los cinco pranas:
- *prana*, que se mueve hacia dentro
- *apana*, que se mueve hacia fuera y hacia abajo
- *samana*, que tiene una acción equilibradora
- *vyana*, que tiene una acción expansiva
- *udana*, que se mueve hacia arriba

Los cinco pranas, por medio de su interacción con la mente, dan lugar a los cinco órganos sensoriales (oídos, piel, ojos, lengua y nariz), los cinco órganos motores (boca, manos, pies, urogenitales y excretor) y los cinco tipos de impresiones (oído, tacto, vista, gusto y olfato). Estos factores ya han sido mencionados en el esquema de la evolución cósmica, los tattvas del sistema Samkhya. Examinaremos con detalle los cinco pranas en el capítulo sobre el prana.

Estas fuerzas eléctricas pueden funcionar en cualquiera de los cinco niveles magnéticos de la consciencia del alma, desde tamas hasta sattva puro. Por ejemplo, nuestros sentidos funcionan a nivel de tamas cuando son torpes y pesados. A nivel de rajas nos arrastran a la distracción y a la actuación. A nivel de sattva común sirven como instrumentos de conocimiento y desarrollo personal. A nivel de sattva puro, funcionan como capacidad de percepción. A nivel trascendente se convierten en fuerzas internas de conocimiento,

En los niveles inferiores, estas fuerzas eléctricas trabajan a bajas frecuencias. Su acción es lenta y realizan muy pocas conexiones. En el nivel superior, su índice de frecuencia aumenta. Realizan muchas conexiones y pueden penetrar finalmente en todos los niveles del universo de la mente y la materia. Un verdadero yogui experimenta estas fuerzas en su propia consciencia, como un relámpago constante que reverbera en todas direcciones. Esto indica su completo desarrollo.

Este cuerpo eléctrico se denomina cuerpo sutil porque es una vestidura de la energía más refinada que la materia física. Se denomina cuerpo astral, porque es un campo de luz, el campo áurico de la mente y los sentidos. Sin embargo, dado que su luz es reflejada por el alma, que es como el sol, se denomina cuerpo lunar. El cuerpo sutil se construye a partir de la esencia de la energía y de las impresiones, los pranas y los tanmatras, que son las fuerzas eléctricas que lo componen. Como campo eléctrico es sumamente activo, móvil y siempre cambiante, se adapta a todas las fluctuaciones de los órganos sensoriales, los órganos motores y la mente, que no descansan ni un segundo.

El cuerpo sutil tiene una forma similar a la del cuerpo físico que él crea, pero es más una impresión que un objeto específico. El cuerpo sutil vigoriza y vitaliza el cuerpo físico, al que abarca con el sistema nervioso y el respiratorio. Todas las enfermedades físicas tienen su origen en los desequilibrios energéticos del cuerpo sutil y de su fuerza vital. El ayurveda fomenta el poder curativo del cuerpo sutil, especialmente de sus distintos pranas, para regenerar el cuerpo físico que surge de él. El yoga espiritualiza el cuerpo sutil para convertirlo en un vehículo de la realización espiritual.

Interrelación entre los cuerpos causal y sutil

Los cuerpos sutil y causal son aspectos distintos de la entidad que solemos denominar mente, que cuenta con más niveles y poderes de los que experimentamos normalmente, incluso en una vida muy intelectual. El cuerpo causal es la mente más profunda, subliminal o interna, trasciende toda forma y sensación; mientras que el cuerpo sutil es el aspecto formal de la mente, la capa externa de lo que constituye nuestra mentalidad sensorial ordinaria dirigida al exterior. El cuerpo causal despierto o de funcionamiento consciente es el campo de la supraconsciencia que trasciende la forma, el campo puramente ideal de la percepción. El cuerpo sutil despierto es el campo de la supraconsciencia con forma, el reino de la forma pura, la belleza y el placer.

Los cuerpos causal y sutil están estrechamente relacionados y a veces se les considera un solo cuerpo.[15] El cuerpo causal perdura a lo largo de todo el ciclo de la reencarnación. Experimenta una evolución hacia la autorrealización, pero a su vez, ni nace ni muere. Con cada nacimiento, un nuevo cuerpo sutil se manifiesta a partir del cuerpo causal y se convierte en la base para el cuerpo físico al entrar en el vientre materno.

El cuerpo causal es por lo tanto el germen o la forma no manifiesta del cuerpo sutil. El cuerpo sutil es la forma manifiesta del cuerpo causal. Todas las posibilidades del cuerpo sutil son inherentes al cuerpo causal. Así como una tortuga extiende sus extremidades fuera de su caparazón, el cuerpo causal despliega el cuerpo astral.

---

15. Que recibe el nombre de *linga* en sánscrito.

3. El cuerpo físico o elemental

El cuerpo causal genera la energía magnética que da lugar a la fuerza eléctrica del cuerpo sutil. Esto a su vez crea una especie de lluvia que se densifica en el cuerpo físico o grueso. La fuerza eléctrica del cuerpo sutil se convierte en energía vital del cuerpo físico. La fuerza magnética del cuerpo causal se convierte en la consciencia que habita en nosotros o alma. El cuerpo físico, por su densidad, obstruye tanto la luz como el magnetismo del cuerpo causal y la fuerza eléctrica del cuerpo sutil. Su obstrucción del cuerpo causal, que es más refinado, es mayor que la del cuerpo sutil. A pesar de ello, estas obstrucciones se pueden superar por medio de la purificación del cuerpo y el desarrollo de una mayor consciencia a través de las prácticas yóguicas.

El cuerpo físico se desarrolla a partir de los cuerpos sutil y causal. El cuerpo causal le proporciona el patrón básico y las leyes que debe seguir. El código genético, la impronta magnética que subyace en el cuerpo físico, está conectado con el cuerpo causal. El cuerpo sutil de la mente, el prana, los órganos sensoriales y los órganos motores conforman las facultades correspondientes del cuerpo físico. El cuerpo físico contiene la mente, los sentidos y los pranas en el medio más grueso de los tejidos corporales.

Los tres cuerpos

Cuerpo físico o grueso
Cualidad de la energía: elemental
Cualidad de la luz: calor
Composición: elementos gruesos derivados de los alimentos
Estado: vigilia
Existencia: física
Guna: tamas
Consciencia: ego o identidad corpórea

Cuerpo astral o sutil
Cualidad de la energía: eléctrica
Cualidad de la luz: iluminación
Composición: elementos sutiles derivados de las impresiones

Estado: sueño
Existencia: astral
Guna: rajas
Consciencia: mente externa o sensorial

Cuerpo causal
Cualidad de la energía: magnetismo en acción
Cualidad de la luz: luz en manifestación
Composición: elementos causales derivados de los gunas
Estado: sueño profundo
Existencia: causal o ideal
Guna: sattva
Consciencia: mente interna o alma (jiva)

Yo trascendental o Consciencia pura
Cualidad de la energía: magnetismo puro
Cualidad de la luz: luz pura
Composición: solo consciencia
Estado: turiya o trascendencia
Existencia: no nacido
Guna: más allá de los gunas
Consciencia: absoluta

El cuerpo es una creación de los cinco elementos gruesos. Está dominado por los doshas o humores biológicos de vata, pitta y kapha, que son manifestaciones del prana a un nivel elemental. El ayurveda describe el cuerpo físico conforme a sus tejidos, órganos y sistemas. Asimismo, para cambiar el cuerpo físico a nivel fundamental, debemos cambiar las fuerzas que lo componen, su electricidad energética o antecedentes astrales, y su impronta magnética o base causal. Esto también es la clave para el rejuvenecimiento.

Los tres estados del alma: vigilia, sueño y sueño profundo

Los tres cuerpos se relacionan con los tres estados de consciencia: vigilia, sueño y sueño profundo. El cuerpo físico actúa en el estado de vigilia, en el que vivimos en un mundo de objetos físicos con una forma y una ubicación específicas en el tiempo y el espacio.

Para que exista este cuerpo, debemos tener los cinco elementos básicos que lo componen y que nos vinculan al mundo de la forma. Sin el sustento continuado de los alimentos, el cuerpo físico perece.

El cuerpo astral actúa durante el sueño y cuando se producen pensamientos inspirados, que es cuando vivimos en el mundo de nuestras impresiones. Es el que define el tiempo y el espacio, en lugar de estar definido por estos, como sucede con el cuerpo físico. Se sustenta de las impresiones, los elementos sutiles que son su alimento, por medio de los cuales creamos un mundo interior de nuestra propia imaginación.

El cuerpo causal actúa en los estados de sueño y de meditación profundos, durante los cuales vivimos en nuestra propia consciencia, desprovista de objetos externos percibidos o imaginarios. El cuerpo causal no existe como una forma o impresión en el espacio y en el tiempo, sino que existe como una idea que crea el tiempo y el espacio en función de sus cualidades. Se sustenta de nuestros pensamientos y percepciones más profundos, los elementos causales que son su alimento, por medio de los cuales creamos el mundo de nuestros propios ideales.

Estos tres estados de consciencia reflejan el proceso de la muerte y el renacimiento. En la muerte, el cuerpo físico se retira y el cuerpo astral entra en funcionamiento como en los estados de sueño y ensoñación. El prana o fuerza vital abandona el cuerpo físico y empieza a actuar en el cuerpo astral. Las impresiones acumuladas durante la vida se revelan y por medio de ellas se experimentan estados astrales de felicidad o infelicidad, cuyas formas extremas pueden ser cielos o infiernos. Una vez liberadas estas impresiones, el cuerpo astral se retrae y entra en funcionamiento el cuerpo causal. El prana y la inteligencia se retiran del cuerpo astral y toman un cuerpo en el reino causal. Las cualidades más profundas –el amor y la sabiduría adquiridos en la vida– se revelan y por medio de ellas se experimentan estados causales que son estados de consciencia sin forma. Cuando estos se han agotado, entonces, a partir del cuerpo causal se disponen nuevos cuerpos astral y físico para otra encarnación basada en el karma fecundador.

Las cinco envolturas

Los cuerpos físico, astral y causal conforman cinco envolturas o capas de materia, con una envoltura intermedia entre los cuerpos físico y astral, y otra entre el físico y el causal. Las tres funciones principales de la mente constituyen las tres envolturas más sutiles. Nuestros sentimientos más íntimos, llamados *chitta* en el pensamiento yóguico, conforman la envoltura de la dicha, el amor en el núcleo de nuestro ser. Este es también el fundamento de la mente o su aspecto interno. La inteligencia, el *buddhi* del pensamiento yóguico, nuestra capacidad para juzgar, conforma la envoltura de la inteligencia. La mente sensorial o externa se denomina Manas, y sus emociones constituyen la envoltura emocional.[16]

Annamaya kosha es el cuerpo físico; está compuesto por comida pero también contiene el reflejo de los otros koshas en él: *pranamaya kosha*, mediante los sistemas circulatorio y respiratorio; *manomaya kosha* mediante el sistema nervioso y los sentidos; *vijnanamaya kosha* mediante el cerebro; y *anandamaya kosha* mediante el aparato reproductor.

La envoltura pránica es de tipo dual. Su aspecto inferior se convierte en los pranas físicos en el nivel de annamaya kosha, que generan vida en el cuerpo físico, incluidos los doshas. Su aspecto superior genera los pranas sutiles, los de manomaya kosha o mente externa. Pranamaya kosha es a su vez la esfera de los pranas manifiestos o energías vitales, los cuales envuelven el cuerpo físico y vigorizan la mente por medio de los sentidos. La envoltura pránica en su aspecto externo hace que el cuerpo físico, que de otro modo sería una masa de carne, cobre vida con los órganos sensoriales y motores. Por medio de su aspecto interno, que de otro modo sería

---

16. Véase *The Holy Science* de Swami Sri Yukteswar, Sutra 14, p. 35.

una extensión del espacio, es capaz de manifestarse y expresarse por medio de los órganos sensoriales y motores.

No obstante, el prana tiene incluso efectos más sutiles que el pranamaya kosha, que no es más que el ámbito de su manifestación. Hay un germen de prana en el nivel causal (*anandamaya* y *vijnanamaya kosha*) que es la energía de la mente profunda y del alma. De hecho, la forma superior de prana o vitalidad es *ananda* o dicha.

Las cinco envolturas

Anandamaya kosha
Esfera: consciencia individualizada y mente interna/chitta/jiva
Función: amor, fe y sentimiento intuitivo
Composición: samskaras y gunas
Símbolo: Espacio

Vijnanamaya kosha
Esfera: inteligencia – buddhi
Función: razón, discriminación y juicios de valor
Composición: inteligencia y razón
Símbolo: Sol

Manomaya kosha
Esfera: mente externa y sentidos/Manas
Función: percepción sensorial, conocimiento del mundo exterior
Composición: mente y cinco órganos sensoriales
Símbolo: Luna

Pranamaya kosha
Esfera: fuerza vital/prana
Función: activación del cuerpo y la mente
Composición: cinco pranas y cinco órganos motores
Símbolo: Viento

Annamaya kosha
Esfera: elementos gruesos/cuerpo físico
Función: sostener la existencia encarnada
Composición: cinco elementos
Símbolo: Tierra

La envoltura de la inteligencia (*vijnanamaya kosha*) también es de tipo dual. El intelecto, con su función inferior o discriminación dirigida hacia el mundo externo, nos permite organizar nuestras impresiones en campos de conocimiento. Esto funciona junto con los sentidos como parte del cuerpo astral y de manomaya kosha. Su función superior es la verdadera inteligencia o discriminación dirigida hacia lo eterno. Esto nos pone en contacto con la ley universal o dharma. Forma parte del cuerpo causal (*anandamaya kosha*) y trasciende los sentidos. El aspecto de la dicha de buddhi o inteligencia, la felicidad y la paz que proceden del conocimiento, actúan por medio de anandamaya kosha. Las cinco envolturas nos permiten compreder los tres cuerpos con más especificidad.

7
Prana, tejas y ojas

Los secretos de la alquimia yóguica

Eres el anciano nacido Rishi, el único soberano
del universo gracias al poder de Ojas.
Rig Veda VIII, 6.41

El yoga es un proceso alquímico de equilibrio y transformación de las energías de la psique. Para acercarse a él debemos entender cómo trabajar con estas energías de una forma práctica. En este capítulo trataremos un nivel más profundo de los doshas que es importante en relación con la práctica del yoga. Vata, pitta y kapha tienen sus equivalentes sutiles en prana, tejas y ojas, que podrían denominarse «las tres esencias vitales». Son la raíz o formas maestras de vata, pitta y kapha, que controlan el funcionamiento psicofísico ordinario y que, orientadas adecuadamente, también vigorizan los potenciales espirituales más elevados. No son simplemente fuerzas del cuerpo físico, sino también de los cuerpos sutil y causal.

Prana, tejas y ojas son las formas esenciales o beneficiosas de vata, pitta y kapha que sostienen la vitalidad positiva. A diferencia de los doshas, que son causa de enfermedades, fomentan la salud, la creatividad y el bienestar y proporcionan el apoyo para las prácticas yóguicas y meditativas más profundas.

Prana – fuerza-vital primordial: Es la energía sutil del aire, la fuerza principal y la inteligencia regente que subyace tras todas las funciones psicofísicas; es la responsable de la coordinación de la respiración, los sentidos y la mente. En un nivel interno, gobierna el desarrollo y la armonización de los estados elevados de consciencia.

Tejas – fulgor interno: Es la energía sutil del fuego, el fulgor de la vitalidad por medio del cual digerimos el aire, las impresiones y los pensamientos. Internamente gobierna el desarrollo de todas las capacidades de percepción superiores.

Ojas – vigor original: Es la energía sutil del agua, la reserva vital acumulada, la base de la resistencia física y mental; es la esencia interiorizada de la comida digerida, del agua, del aire, de las impresiones y los pensamientos. A nivel interno, es responsable de nutrir y afianzar el desarrollo de las capacidades superiores.

Estas tres fuerzas están interrelacionadas. Prana y tejas tienen su origen en ojas y pueden considerarse aspectos de este. Tejas es el calor y la energía luminosa de ojas que posee una cualidad oleosa y que, como el *ghee* (mantequilla clarificada), puede mantener una llama encendida. El prana es la energía y la resistencia que procede de ojas una vez ha prendido en tejas. El ojas adecuado es el potencial, la resistencia mental y del sistema nervioso para retener tejas y prana. Ojas tiene la facultad de transformarse en tejas (calor), que a su vez tiene la capacidad de convertirse en prana (electricidad).

Prana, tejas y ojas se parecen a los conceptos *chi*, yang y yin de la medicina china. Prana, como fuerza-vital y aliento cósmico, es como el *chi* primordial, que también se relaciona con el viento y el espíritu. Tejas, como poder de la voluntad y vigor, se asemeja al yang original, que es el fuego primitivo. Ojas, como fuerza y resistencia, correspondería al yin fundamental, que es la esencia del agua.

La norma principal del tratamiento ayurvédico es evitar que cualquiera de los doshas aumente demasiado, porque en exceso causan enfermedades. El dosha dominante en nuestra constitución tiende al exceso y debe ser moderado mediante un régimen de vida adecuado. Esto se logra con una dieta adecuada, plantas medicinales, ejercicio y meditación; todo ello contrarresta las tendencias de los doshas.

En el yoga entra en juego una nueva norma. El yogui intenta aumentar las tres fuerzas de prana, tejas y ojas. Como estas son las formas purificadas de los doshas, no tienen el mismo poder causante de enfermedad. Estas tres esencias vitales solo causan problemas si una aumenta a expensas de las otras. Son básicamente energías saludables que favorecen la renovación y la transformación. La cuestión es cómo conseguir que aumenten en una proporción similar para que su desequilibrio no cause problemas.

Es necesario un incremento de prana que aporte el entusiasmo, la creatividad y la capacidad de adaptación requeridos para seguir en la senda espiritual; sin ellos carecemos de la energía y la motivación para realizar nuestras prácticas. El incremento de tejas proporciona el valor, la audacia y la perspicacia que nos guían por la senda; sin ellos elegimos y juzgamos erróneamente y tenemos poca decisión al hacer cosas. El incremento de ojas es preciso para la paz, la confianza y la paciencia de un desarrollo constante, sin los cuales carecemos de firmeza y tranquilidad. Si alguno de estos factores es insuficiente, nuestro crecimiento espiritual será limitado. Estos mismos factores aumentan la auténtica salud en el cuerpo y la mente, y son útiles en el tratamiento de toda enfermedad, especialmente las de tipo crónico, e incluso favorecen el rejuvenecimiento.[17]

Las funciones de prana, tejas y ojas

Para entender estas tres fuerzas examinaremos cómo actúan en los distintos aspectos de nuestra naturaleza.

---

17. He tratado en mayor detalle el tema de prana, tejas y ojas en mi obra *Tantric Yoga and the Wisdom Goddesses* pp.183-219.

El aparato reproductor

Prana, tejas y ojas se nutren del fluido reproductor que es su sustento en el cuerpo físico. Son tres aspectos del fluido reproductor transformado (*shukra*). Ojas es el estado latente del fluido reproductor que proporciona no solo la capacidad reproductora sino la fortaleza en general y nutre todos los tejidos corporales desde el interior, especialmente el tejido nervioso. Ojas es nuestro poder de resistencia y la capacidad para sustentarnos, no solo sexualmente sino en todas las formas de esfuerzo físico y mental.

Tejas es el estado activado del fluido reproductor, cuando se transforma en calor, pasión y fuerza de voluntad. Esto ocurre no solo en la actividad sexual, sino siempre que nos enfrentamos a un reto o tenemos la necesidad de esforzarnos. Tejas nos aporta valor, valentía y osadía. En yoga, esta fuerza es necesaria para realizar *tapas* o prácticas espirituales transformadoras. Prana es la capacidad creadora de vida, inherente al fluido reproductor. Esto favorece la longevidad y el rejuvenecimiento y estimula el flujo de prana por los nadis, proporcionando así una energía más profunda a la mente. Sin la reserva adecuada de fluido reproductor, habrá una deficiencia de prana, tejas y ojas. La actividad sexual inadecuada o excesiva agota las tres fuerzas.

El sistema endocrino

Prana, tejas y ojas se relacionan con el sistema endocrino. Prana rige el equilibrio, la adaptabilidad y los procesos de crecimiento. En las glándulas pineal y pituitaria, que son las grandes controladoras del crecimiento y la inteligencia, predomina prana. Por ello, la mayoría de los problemas de crecimiento, como lo que tienen las personas excepcionalmente altas o bajas, suelen ser problemas de vata (aire).

Tejas rige el metabolismo y la digestión. En las funciones tiroidea y pancreática predomina tejas. La mayoría de los problemas metabólicos profundamente arraigados son tejas. Ojas gobierna la reproducción y la reserva de energía y predomina en los testículos, los ovarios y las glándulas suprarrenales. La mayoría de los problemas del aparato reproductor están relacionados con ojas. Ojas también nos permite controlar el estrés por medio de la adrenalina.

El sistema inmunitario

Prana, tejas y ojas aportan energía al sistema inmunitario. Ojas es la capacidad básica del sistema inmunitario, nuestro potencial para defendernos de los patógenos externos. Proporciona fortaleza, resistencia y fuerza para prevenir las enfermedades.

Tejas es el sistema inmunitario, es capaz de quemar y destruir toxinas cuando está activado. Genera la fiebre que produce el cuerpo para destruir los patógenos que lo atacan. Tejas es nuestra capacidad para superar las enfermedades, que suelen ser de tipo infeccioso. Tejas es ojas transformado en fuego, calor y vitalidad. Es nuestra capacidad para movilizar las fuerzas de nuestro sistema inmunitario.

Prana es la activación prolongada de la función inmunitaria para proyectar y desarrollar la energía-vital que se manifiesta cuando nos enfrentamos a una enfermedad crónica. Es la capacidad de adaptación del sistema inmunitario, el que sustenta todos los procesos de curación a largo plazo. Ninguna enfermedad puede afectarnos si prana, tejas y ojas son suficientes. Aumentar prana, tejas y ojas ayuda a superar los estados de inmunidad baja.

El sistema nervioso y los nadis

El sistema nervioso es el sistema maestro que rige todos los sistemas corporales. Las tres esencias vitales son las responsables de su buen funcionamiento. Prana rige la descarga y la coordinación de los impulsos nerviosos, que son fuerzas pránicas y vata. Cuando se altera, causa hipersensibilidad, temblores y desequilibrios en el sistema nervioso. Tejas aporta agudeza de percepción y sensibilidad. Tejas alterado quema el sistema nervioso, causando inflamación y cicatrices en el tejido nervioso. Ojas proporciona resistencia y estabilidad por medio del sistema nervioso. Es el responsable de la lubricación de los canales nerviosos. Cuando hay deficiencia de ojas se producen crisis y agotamiento nerviosos.

Prana, tejas y ojas también rigen el movimiento de los impulsos por medio de los nadis. Ojas es el fluido que recubre los nadis, amortiguando el flujo de energía a su paso. Tejas es el calor que fluye por ellos. Prana es el movimiento de la energía producida por el calor de tejas. Para proteger los nadis tenemos que preservar prana, tejas y ojas.

La respiración

Las tres energías vitales están estrechamente relacionadas con la respiración por medio de pranamaya kosha. Prana es la energía básica y el movimiento de la respiración, su fuente propulsora y su capacidad de acción. Tejas es el calor producido por la respiración, incluida su capacidad de vivificar la sangre. Ojas es la energía más profunda que absorbemos con la respiración y que almacenamos en un nivel profundo del corazón y del plexo solar.

Cuando prana se altera, la respiración se vuelve superficial o agitada. Cuando tejas se altera, el contenido calorífico de la respiración es anormal. Cuando ojas se altera, la energía absorbida al respirar es baja. Somos incapaces de retener y consolidar prana. Quienes practiquen pranayama deben observar atentamente el estado de su prana, tejas y ojas.

Los sentidos

Prana, tejas y ojas, como facultades mentales, actúan por medio los sentidos. Prana es responsable del equilibrio y la coordinación de los impulsos sensoriales y predomina en el oído (incluido el oído interno) y la piel, que son los sentidos en los que predomina vata (éter y aire). Tejas es responsable de la agudeza de la función sensorial y de nuestra habilidad para digerir las impresiones sensoriales. Predomina en los ojos, que es el sentido pitta o en el que predomina el fuego. Ojas proporciona la estabilidad de los sentidos, así como su lubricación. Predomina en la lengua y en la nariz, que son los sentidos en los que predomina kapha (agua y tierra).

La creatividad

A un nivel interno, prana, tejas y ojas son medidas de creatividad. Ojas es la capacidad creativa latente, nuestro almacén de energía creativa. Tejas es la visión creativa, la habilidad para ver cosas nuevas y romper con el pasado. Prana es la acción creativa para aportar cosas nuevas a la existencia y permanecer en el estado creativo. Es necesario tener el ojas adecuado para contar con una buena reserva de energía creativa a la que recurrir. El tejas adecuado sirve para dirigir nuestra energía creativa hacia metas y proyectos específicos. El prana adecuado mantiene nuestra creatividad en movimiento y transformación. Sin prana, tejas y ojas suficientes, somos incapaces de realizar cambios positivos en nuestras vidas.

La mente y el alma

Prana, tejas y ojas existen en los niveles más profundos de la mente y del alma. La fuerza mental pránica le permite moverse y reaccionar, le proporciona su energía básica. La fuerza mental de tejas le permite percibir y determinar, le aporta luz y calor. La fuerza mental de ojas le aporta paciencia, coherencia y firmeza al prestar atención.

Cada uno sustenta ciertas emociones. Prana aporta armonía emocional, equilibrio, entusiasmo y dicha. Tejas aporta el coraje, la audacia y la osadía que nos permiten realizar acciones heroicas o extraordinarias. Ojas proporciona paz emocional, amor, calma y satisfacción. Sin estas fuerzas emocionales la mente permanece inestable.

Asimismo, hay un prana en nuestra consciencia más profunda que guía al alma en el proceso de la encarnación, creando y vigorizando sus distintas encarnaciones. El tejas del alma es su agudeza y su sabiduría acumuladas, su llama de aspiración espiritual. El ojas del alma es el material con el que se producen y sustentan sus distintos cuerpos. Estas formas superiores de prana, tejas y ojas residen en el corazón espiritual junto al alma, que es su lugar último de origen y final. Los *Vedas* a menudo se refieren al alma como prana o tejas.

Kundalini – Energía shakti/amrit – Energía shiva

Kundalini se desarrolla a partir de las tres fuerzas –prana, tejas y ojas– pero básicamente de tejas. Como fuego interno, es principalmente la energía aumentada de tejas que transporta la fuerza pránica despierta y que es sostenida por un ojas elevado. Kundalini, como fuego sutil, es una suerte de rayo o fuerza eléctrica a un nivel interno.

Kundalini, como tejas, es la energía femenina más elevada o yoga shakti, el poder del yoga, necesaria para catalizar los elevados potenciales evolutivos que hay en nosotros. Lo opuesto a Kundalini es *amrit* o néctar, que desciende desde el chakra corona y alimenta la Kundalini durante su ascenso. Es la energía ojas purificada del cuerpo sutil que ha sido extraída y destilada mediante la práctica espiritual. Ojas es la energía superior masculina o *shiva*, la cual experimenta el descenso de la gracia si hay entrega, cuidado y protección. Mientras que algunas personas experimentan el fuego ascendente, otras experimentan más plenamente el néctar descendente.

La unión de tejas (Kundalini) y ojas (*amrit*) crea el prana superior, que es la energía vital inmortal que lleva la Kundalini, igual que una madre lleva a su hijo. Esto por sí solo tiene el poder de generar los samadhis superiores necesarios para disolver los condicionamientos profundamente arraigados en nuestra consciencia, que son la causa de nuestro apego al ciclo del nacimiento y la muerte. Este prana inmortal es el hijo divino o hijo de la inmortalidad y proviene de las energías superiores de tejas y ojas que lleva.

Este prana superior es el poder o shakti de nuestra inteligencia superior (*buddhi*), que nos permite discernir entre lo eterno y lo transitorio, lo divino y lo no divino, iluminando el alma. Sin esta energía mental tan profunda, no seremos capaces de retener o consolidar ninguna meditación que hagamos ni ningún conocimiento que adquiramos.

Generar prana, tejas y ojas

Prana, tejas y ojas pueden desarrollarse de varias maneras. Poseemos cierta cantidad congénita de ellos, que se refleja en la fortaleza inherente a nuestra constitución, pero pueden aumentarse con diversas prácticas. Primero deben ser purificados (hacerlos sátvicos) para que se den sus efectos yóguicos. Esto requiere una dieta pura y una vida dhármica, junto con el control de la mente, las emociones y los sentidos, como normalmente aconseja el yoga. Dicho de otro modo, hay que empezar por una vida yóguica.

Aumentar ojas

Ojas aumenta de varias formas; las más importantes son:
- Dieta adecuada
- Plantas tónicas
- Control de la energía sexual
- Control de los sentidos
- Devoción (*bhakti yoga*)

Dieta adecuada
Ojas, como sustancia material sutil y esencia de los tejidos, requiere el apoyo material de una dieta adecuada. Esto consiste en una dieta vegetariana nutritiva que incluya cereales integrales, semillas y frutos secos, aceites, tubérculos y azúcares naturales. Una versión más primitiva de ojas puede desarrollarse mediante productos animales, pero es demasiado pesada para tenerla en cuenta en el sendero espiritual. Puede seguirse la dieta sátvica que se indica en la sección sobre la dieta, haciendo énfasis en la parte nutritiva: cereales integrales, productos lácteos, semillas, frutos secos, aceites y fruta dulce.

Plantas tónicas
Las plantas para ojas son, sobre todo, las tónicas o nutritivas, con un valor alimenticio y rejuvenecedor (productoras de *soma*), como ashwagandha y ginseng. Se suelen tomar con los alimentos. Véan-

se las plantas para aumentar la energía física y la vitalidad y para fortalecer ojas, en la sección sobre plantas.

Brahmacharya

El control de la energía sexual (*brahmacharya*) significa reducir la descarga de fluido reproductor. Esto es crucial para desarrollar ojas adicional. Esto se puede conseguir reduciendo la actividad sexual. En menor medida se puede hacer teniendo relaciones sexuales sin orgasmo, el tipo de práctica que se enseña en los yogas sexuales tántrico y taoísta. A pesar de que la moderación sexual es difícil para nuestra sociedad moderna orientada al sexo, no por ello podemos ignorar el valor que tiene en el yoga. No es una cuestión de moralidad sino de energía. Si descargamos nuestra energía sexual, que es la energía más fuerte del cuerpo, quizá no tengamos suficiente combustible para ejercitar nuestras prácticas. Pero debemos hacerlo con aspiración espiritual para ser realmente capaces de sublimar nuestra energía. La mera represión no nos servirá de mucho.[18]

Control de los sentidos

El control de los sentidos requiere reducir la cantidad de energía perdida con la indulgencia sensorial, lo cual incluye evitar la mayoría de formas de entretenimiento, especialmente los medios de comunicación. Mucha energía se pierde por los ojos y los oídos. Esto forma parte de la práctica del *pratyahara* o abstracción en raja yoga. El uso excesivo de los órganos motores también puede agotar ojas, especialmente hablar demasiado, porque el órgano vocal es el más importante de ellos. Si ojas está bajo, hay que evitar cualquier exceso de trabajo o de ejercicio.

Devoción

La devoción (*bhakti yoga*) es el mejor sendero yóguico para cultivar ojas. Esto implica redirigir nuestra energía emocional hacia dentro

---

18. Véase también *Brahmacharya* de Swami Shivananda.

por amor a Dios en la forma o la relación que nos sea más querida. La devoción nos ayuda a controlar nuestros sentidos y nuestra sexualidad y transmuta las emociones animales en sentimientos más refinados. Esto se puede lograr por medio de varias formas de culto devoto, rituales, plegarias, la repetición de nombres divinos y el servicio a Dios y al guru. Véase el apartado sobre bhakti yoga.

Aumentar tejas

Cuando hay suficiente ojas, podemos convertirlo en tejas sin agotarlo. Tejas se desarrolla principalmente por medio de:
- El control del habla y otras austeridades (*tapas*)
- Los mantras
- Los ejercicios de concentración
- El yoga del conocimiento (*jnana yoga*)

Control del habla

Controlar el habla significa evitar hablar sin sentido y chismorrear, así como evitar el discurso crítico y abusivo. Los períodos de silencio son útiles, como no hablar un día a la semana o estar en silencio por la tarde. Esto fomenta la energía interna de introspección y nos conduce a un estado de mayor observación. Las prácticas de austeridad, como el ayuno y la vigilia, ayudan a crear ojas porque aumentan nuestro fuego de la determinación.

Mantra

El mantra es una forma más elevada de control del habla que fomenta el fuego interior. Se dice que la diosa Kundalini lleva la guirnalda de las letras del alfabeto sánscrito alrededor del cuello, que está formada por mantras. Hay muchas maneras de utilizar los mantras. La repetición del alfabeto sánscrito es una de ellas. La repetición de ciertos *bija* (semilla) mantras, especialmente Om, Hum y Hrim, es otra. Los mantras más largos, como Gayatri, son muy buenos. En general, los mantras deben ser repetidos primero en voz alta durante un rato, luego se murmuran en voz baja bastante tiempo, y después se repiten en un nivel puramente mental durante un período aún más largo. Hay mantras eficaces para ojas y prana, como Shrim para ojas y Krim para prana.

Ejercicios de concentración

Los ejercicios de concentración (*dharana*) consisten en enfocar la mente en un objeto concreto –que puede ser externo, como una llama, interno como la visualización de la forma de una deidad–, o un elemento, una idea o un principio de verdad. La concentración aporta la agudeza mental que hace despertar nuestro fuego interior. Concentrarse en la luz interior que percibimos en la zona del tercer ojo es un excelente método para fomentar tejas. Aprender a dirigir nuestra capacidad de visión es útil para este fin. Tejas permite que el tercer ojo se abra.

El yoga del conocimiento

En el yoga del conocimiento (*jnana yoga*) predomina el fuego, especialmente en la práctica de varias formas de indagación, como la autoindagación. Esta consiste en preguntarse «¿quién soy yo?» y no considerar otros pensamientos. Tejas surge con el desarrollo del discernimiento (*viveka*), que significa discernir lo eterno de lo transitorio, la verdad inmutable de los nombres y las formas cambiantes. Esta es la tendencia principal de nuestra inteligencia interior (*buddhi*) que despierta en nosotros como entendimiento.

Aumentar prana

Cuando se ha desarrollado ojas y tejas, surge un prana superior. Prana se fomenta por medio del pranayama, pero existen muchos otros métodos:
- Pranayama
- Meditaciones pasivas poniendo énfasis en el espacio y el sonido
- Raja yoga o yoga integral

Pranayama

El pranayama favorece el prana, no solo en el exterior sino también a nivel interno. A medida que las respiraciones de entrada y salida se equilibran, contactamos con nuestro prana interior. Se experimenta una sensación de ligereza, expansión y ascensión de la energía. Asimismo, el pranayama también puede usarse para favorecer tejas y ojas, y puede facilitar la integración de los tres factores. El pranayama genera calor, sobre todo mediante la retención del aliento, que aumenta tejas, el cual está relacionado con el fuego de la respiración (*pranagni*). Ayuda a transformar el fluido reproductor y las formas inferiores de ojas de un modo más espiritual. Véanse los capítulos sobre prana y pranayama para saber cómo conseguirlo.

Meditación pasiva

Meditar sobre el espacio o el vacío es otra forma de desarrollar prana. Prana nace del espacio. Dondequiera que se cree espacio, nace prana. Al crear espacio interior se crea automáticamente prana interior. Otro método consiste en meditar sobre los sonidos internos, que surgen del espacio interior. El corazón mismo es la zona de espacio interior y la fuente última de sonido. La meditación sobre el sonido y el espacio del corazón nos conecta con la energía original de prana.

Raja yoga

El raja yoga pone énfasis en la utilización del prana para calmar la mente, junto con otras técnicas como los mantras, la concentración y la meditación. Prana es la movilidad y la adaptabilidad de la consciencia conseguida gracias al empleo de diversos métodos de meditación. Según el raja yoga, las *vrittis* o tendencias de la mente están controladas por prana. Mediante prana se puede controlar la mente.

El raja yoga es un método integral que combina el yoga del conocimiento y el de la devoción. Esto también ayuda a desarrollar prana, que nace de la unión de la sabiduría y la devoción. En este sentido, las prácticas mencionadas en ojas y tejas deben realizarse juntas. Por ejemplo, normalmente es mejor practicar el yoga del conocimiento por la mañana y el yoga de la devoción por la tarde.

Conservar el equilibrio de prana, tejas y ojas

Como estos tres factores siempre están estrechamente relacionados, las prácticas sirven para su mutuo desarrollo. Por consiguiente, un desarrollo integral de prana, tejas y ojas es la clave para lograr un crecimiento interior equilibrado. El más importante de los tres es ojas. Ojas no solo aporta una poderosa reserva de energía vital, sino que también proporciona fortaleza y madurez de carácter y estabilidad emocional. Ojas crea el recipiente adecuado para contener prana y tejas, que de otro modo se dispersarían. Se puede tener una mente muy inteligente o un corazón sensible, pero eso no nos llevará muy lejos espiritualmente sin el ojas o esencia vital apropiado que los sustente. Sin ojas, los ejercicios de meditación y yoga carecen de la base adecuada. Quizá la primera pregunta que debería platearse una persona que intenta una verdadera práctica yóguica es: ¿Tengo suficiente ojas para mantenerla?.

Prana está contenido en ojas, que es quien lo dirige. Si aumentamos prana sin que haya ojas, si añadimos energía sin ser capaces de afianzarla, podemos alterar, incluso trastornar, la mente y el sistema nervioso. Tejas depende de ojas, que es su combustible. Si aumentamos la capacidad crítica de la mente, nuestro poder de discernimiento (*tejas*), sin aumentar ojas, nos quemaremos literalmente. El conocimiento espiritual solo puede arder si se aviva con el combustible del amor.

Cuando hay suficiente ojas, se tiene que desarrollar tejas con el fin de utilizarlo. Esto requiere voluntad, introspección y discernimiento: elegir el sendero correcto y seguirlo consecuentemente. Entonces, se puede desarrollar prana, que procede de la unión de tejas y ojas. Una vez se cuenta con la base adecuada y se ha tomado el sendero correcto, prana nos permite avanzar rápidamente por el camino.

Prana, tejas y ojas y la enfermedad

En general, cualquier exceso de los doshas, ya sea de vata, pitta o kapha, acabará debilitando las tres fuerzas de prana, tejas y ojas. Los doshas, cuando están en exceso, también impiden que sus formas superiores o sutiles se desarrollen.

Un vata elevado seca ojas, como el viento seca el agua. Debilita tejas, como el viento aviva o apaga el fuego. Asimismo, un vata alto también agota el prana. Cuando vata es un gas de desecho, que es como un aroma enrarecido, la energía sutil de prana no puede formarse.

Un pitta elevado quema ojas, como la llama muy alta consume el aceite que la alimenta. Debilita el prana, de la misma manera que el calor y la fiebre agotan nuestra vitalidad. No obstante, pitta elevado también daña tejas. Pitta dosha es una forma primitiva de tejas que no puede convertirse en la esencia sutil de tejas, igual que un aceite contaminado no puede producir una buena llama. Veamos un ejemplo. Tejas es valor y coraje. Pitta elevado es cólera y paranoia. Cuando pitta está en exceso, estas cualidades elevadas de tejas no pueden manifestarse.

El exceso de tejas y prana puede estropear ojas, pero esto es temporal porque están destruyendo su propia raíz. El exceso de tejas es como un gran fuego que agota su combustible y finalmente se apaga. Es como un soldado en el campo de batalla que saca todo su coraje hasta que lo pierde y se convierte en un cobarde. Esto es distinto del exceso de pitta, porque en este caso el agotamiento de ojas no está provocado por una toxina, sino por el abuso de la energía positiva. Asimismo, una persona con mucho prana creativo puede agotar su ojas por exceso de trabajo. Los jóvenes, en particular, pueden tener niveles altos de prana o de tejas durante algún tiempo antes de que su ojas se agote. Esto se debe a que tienen un buen ojas congénito.

Los trastornos de vitalidad más profundos implican desequilibrios de prana, tejas y ojas, que afectan a los sistemas corporales más profundos –los sistemas nervioso y reproductor, los sentidos y la mente. Esto incluye trastornos del crecimiento en los niños, envejecimiento prematuro, problemas de metabolismo, desequilibrios hormonales, trastornos del sistema nervioso, alergias, y la mayoría de las enfermedades degenerativas, desde el cáncer hasta el sida. Cuando estas energías sutiles maestras se alteran, la función física se perturba a un nivel profundo y tiene repercusión en todos los sistemas y órganos. Los desequilibrios psicológicos afectan a prana, tejas y ojas, que están estrechamente relacionados con los sentidos, las emociones y la mente. Entre ellos se incluyen la ansiedad, la ira, la depresión, el apego y la tristeza. Cuando se incrementa prana, tejas y ojas, se alivian la mayoría de los problemas psicológicos.

La mayoría de los trastornos debidos a la meditación se deben a un desarrollo desequilibrado de prana, tejas y ojas. Su principal causa es la falta de ojas. Sin la cantidad apropiada de ojas, el exceso de tejas puede quemar hasta los nadis del cuerpo sutil. Esto puede ocurrir debido a la práctica excesiva de la meditación o los mantras sin que hubiera el ojas adecuado para sustentarla. Sin la cantidad adecuada de ojas, el exceso de prana puede moverse de forma errática. Esto puede ocurrir debido a la práctica excesiva de pranayama o el intento de vaciar la mente sin tener el ojas adecuado para realizarlo. Debemos tener cuidado al intentar prácticas poderosas si no tenemos suficiente ojas.

El yoga es un proceso alquímico que requiere un conocimiento de las fuerzas con las que se está trabajando. No es una mera ilusión, ni se produce solo en la mente. La ciencia ayurvédica de prana, tejas y ojas aporta la comprensión de las sutiles fuerzas del yoga. Si bien se trata de una materia más compleja que la sinopsis que presentamos en este capítulo, el lector tendrá una idea de las dinámicas que están implicadas.

8
Agni yoga

Aprovechar el fuego interior

El que ha conseguido un cuerpo nacido del fuego del yoga,
no conoce la enfermedad, ni la vejez, ni la muerte.
SHVETASVATARA UPANISHAD II, 12

El yoga es un fuego ritual en el que ofrecemos nuestro cuerpo, nuestra vida y nuestra mente a la llama de la consciencia que es nuestro verdadero Yo. Este fuego interior nos ayuda a pasar por la oscura noche de la ignorancia hacia el día eterno de la iluminación. Un gran yogui es una llama viva cuya presencia nos llena de luz, calidez y vitalidad.

La práctica del yoga consiste en crear el fuego del yoga, que debería ser su fundamento. Asimismo, el ayurveda es una gran ofrenda al fuego. Debemos crear el fuego de la curación para curarnos y mantener una salud y una vitalidad positivas. Un médico ayurvédico debe tener la calidez de esa llama cósmica de la vida.

Este principio del fuego en el universo se denomina *agni* en sánscrito, que significa «la fuerza transformadora». No es simplemente fuego en el sentido elemental, sino todos los potenciales de calor, luz y electricidad. Este fuego divino es el origen de la vida, la luz y el amor, las energías del alma que nos motivan desde dentro. El alma misma es nuestro fuego interior, la profunda aspiración espiritual en nuestro interior que nos acompaña en nuestros nacimientos. Es la llama inextinguible, el testigo de todos nuestros estados de consciencia, el vidente siempre despierto. Somos manifestaciones de este fuego divino que es el Ser de todo.

El yoga y el ayurveda, fuegos rituales

Yoga y ayurveda son ciencias de agni o fuego divino (*agni vidyas*). Nos enseñan cómo actúa el fuego cósmico para que por medio de él podamos conseguir el equilibrio y el crecimiento necesarios. El fuego cósmico que existe externamente en todos los niveles del universo, desde la materia gruesa hasta el ser puro, tiene su homólogo dentro de nosotros en todas las capas de nuestra naturaleza individual, desde el cuerpo físico hasta nuestra consciencia inmortal. Es la fuerza catalizadora necesaria para que se produzca cualquier cambio evolutivo. El ayurveda pone énfasis en el papel de agni a nivel físico y nos enseña a equilibrar el fuego digestivo como base de la salud física. El yoga pone énfasis en los fuegos del prana y la meditación como medios de iluminación.

El ritual del fuego externo

Los *Vedas* enseñan un elaborado ritual del fuego llamado *yajna* o sacrificio. El yajna se refiere a un desvío o transformación de la energía, a un cambio de sustancia de un nivel a otro. La idea que subyace a yajna es que lo que ofrecemos a la divinidad debe transformarse en un nivel superior de manifestación.

En el yajna se prepara un fuego especial según un procedimiento específico. Se construye un altar o una hoguera. Se utiliza una madera especial como combustible y se enciende el fuego de una forma precisa, preferiblemente frotando unos palos. En este fuego sagrado se colocan diversas ofrendas, como arroz y ghee, que alimentan el fuego y son transformadas por él en diferentes esencias. Junto con estas ofrendas se recitan varias plegarias y mantras, con el intento de satisfacer los deseos y atraer las bendiciones divinas al mundo.

El fuego es el mensajero entre el mundo material y las realidades espirituales superiores, entre el hombre y los dioses. Lo que se ofrece al fuego es transportado a los reinos invisibles donde las fuerzas superiores pueden reconocerlo y actuar en consecuencia devolviéndonos su gracia. Ese fuego sagrado sirve para purificar el ambiente a nivel grueso y también sutil. Purifica el cuerpo astral de quienes lo realizan regularmente. Dicho ritual debe hacerse en todos los hogares y ashrams de forma periódica.

Las ofrendas se pueden usar para lograr objetivos comunes en la vida como la salud, la riqueza y la prosperidad. Se pueden realizar con fines internos, para eliminar los karmas difíciles que propician las influencias planetarias negativas, o consagrando diversas prácticas espirituales. Forman parte de una tecnología universal de evolución interior.

Las cenizas del fuego, denominadas *bhasma*, poseen propiedades purificadoras, sanadoras y curativas. A veces se utilizan plantas especiales en su fabricación. Estos bhasmas pueden usarse para potenciar otras medicinas o tomarse solos como medicinas. Los bhasmas que se hacen en presencia de grandes maestros espirituales son especialmente poderosos.

Los momentos más importantes de los rituales al fuego son las ofrendas del amanecer, del mediodía y del atardecer, denominadas *agnihotra* o invocaciones al fuego. Las ofrendas en luna nueva y luna llena también son importantes y, en los tiempos védicos, también se realizaban diferentes ofrendas estacionales y anuales. Como puntos de transición o de coyuntura, denominados articulaciones o *sandhis* en sánscrito, son momentos en que la energía cambia naturalmente y esta puede resultar más fácil de manejar y dirigir.

El ritual ayurvédico del fuego

En el ritual ayurvédico del fuego, el fuego es el fuego digestivo o *jatharagni*. Las ofrendas son los alimentos que se comen. Se denomina *pranagnihotra*, u ofrenda pránica del fuego, como se enseña en los *Vedas*. En esta se ofrecen los alimentos no solo a jatharagni sino a los cinco pranas que actúan con él.

Antes de comer debemos rociar un poco de agua pura alrededor de la comida para purificarla. Mientras hacemos esto podemos simplemente cantar Om o el mantra Gayatri entero, si lo conocemos. Entonces debemos entonar: «¡Eres el mantel de la inmortalidad,

Swaha!»[19] y dar un sorbo de agua. Después, debemos recitar los mantras de los cinco pranas, llevándonos cada vez un poco de comida a la boca, al tiempo que pensamos en prana y su acción como fuerza divina que nos sustenta.

> *¡OM Pranaya swaha!*
> *¡OM Apanaya swaha!*
> *¡OM Vyanaya swaha!*
> *¡OM Samaya swaha!*
> *¡OM Udanaya swaha!*

Entonces se debe terminar la comida y recitar: «¡Eres el manto de la inmortalidad, Swaha!».[20] Swaha es el mantra para realizar ofrendas al fuego sagrado. De este modo la comida que ingerimos nutre todos nuestros pranas por medio del fuego digestivo.

Yoga, el ritual del fuego interior

El yoga es un ritual del fuego interior que no hace uso de ingredientes externos, sino más bien de las diferentes facultades de nuestra naturaleza. En la práctica del yoga se ofrece los aspectos de nuestro ser al fuego interior de Dios. Hay diferentes rituales yóguicos del fuego dependiendo de las facultades que se ofrezcan. El yoga utiliza el fuego de la respiración y la mente para purificar y transformar nuestra consciencia. Esto ocurre al vincularnos al fuego divino que es Dios o el Ser interior. Esto requiere despertar el fuego de nuestra alma, que nos reconducirá al dios o sol divino que tenemos dentro. El cuerpo sutil y su sistema de nadis y chakras es como un gran árbol que necesita alumbrarse por el fuego interior de Kundalini que emana del alma. El yogui se convierte él mismo en fuego, que abre su tercer ojo y se convierte en una fuerza que él puede proyectar al mundo. Los verdaderos yoguis intentan desarrollar el fuego yóguico.

---

19. Véase también *Brahmacharya* de Swami Shivananda.
20. En sánscrito: *amritapidhanam asi svaha*.

Los fuegos en el mundo de la naturaleza
Existen muchas formas de agni en el mundo de la naturaleza que dirigen el proceso de la evolución. En primer lugar, está el fuego elemental que existe en la Tierra y las estrellas, que tiene muchas formas. Luego está el fuego vegetal, que produce vida orgánica por medio de la fotosíntesis. Esto da lugar al fuego animal, que alimenta la emoción y la pasión. El fuego animal se intensifica en el fuego humano verdadero que favorece la verdad y la compasión. Este genera el fuego angélico que alumbra el amor y la devoción.

Estos cinco fuegos cósmicos se relacionan con los cinco koshas que definimos a continuación. El superior es el fuego átmico o fuego del Yo, que es pura consciencia, y que también es el fuego bráhmico o llama absoluta de la existencia pura más allá de estos.

Los siete agnis y los cinco koshas
Cada uno de los cinco koshas o envolturas del alma tiene una forma distinta de agni responsable de su desarrollo. Igual que el fuego digestivo, agni en todos los niveles es la fuerza de crecimiento y equilibrio que permite la ingesta de nutrientes y la eliminación de desechos.

1. El agni de la envoltura de alimento, annamaya kosha
El agni de la envoltura de alimento es el fuego digestivo (*jatharagni*) que reside en el abdomen, especialmente en el intestino delgado, donde se produce la digestión principal de los alimentos. El fuego digestivo descompone los alimentos que se ingieren en la esencia de los cinco elementos. De su acción surge la masa de alimentos digeridos que nutre los tejidos a través del plasma. Por medio de este fuego, digerimos los alimentos, que se transforman en los tejidos del cuerpo.

El acto de comer, llevarse la comida a la boca y al estómago, es predominantemente kapha (agua) y requiere la licuefacción de la comida. La acción de la digestión, de descomponer y absorber los alimentos en el intestino delgado, es ámbito de pitta (fuego), con el que agni está estrechamente relacionado. La acción de eliminar por el intestino grueso es ámbito de vata (aire), donde se acumulan y liberan los gases de desecho. De manera que se puede actuar en los tres doshas por medio de jatharagni.

El agni físico está estrechamente relacionado con el habla, que es la acción dominante de la boca. De hecho, el cuerpo físico es un tubo construido alrededor del tracto digestivo cuya abertura principal es la boca. Comer y hablar correctamente son procesos complementarios de la envoltura de alimento. Hay que tener cuidado no solo con lo que entra en la boca, sino también con lo que sale de ella.

2. El agni de la envoltura pránica, pranamaya kosha

El agni de la envoltura pránica es *pranagni*, el agni de prana. Actúa en los pulmones y el corazón y se conecta con jatharagni en el plexo solar inferior, que es también el centro pránico físico. Pranagni es responsable de convertir el oxígeno del aire exterior en una fuerza interna de vitalidad. Pranagni se conecta con la sangre, sirve para oxigenarla y darle su color rojo. Por medio de pranagni digerimos el aire o prana, que se transforma en energía. La energía de la respiración es más sutil e inmediata que la de la comida.

La acción de inhalar, como la de comer, es ámbito de kapha y la de la exhalación, ámbito de vata, como la eliminación. Pranagni se vigoriza por medio de la retención del aliento, que está conectado con pitta. Pranagni también está conectado con el habla, especialmente cuando el habla está vigorizada con la respiración.

3. El agni de la mente exterior, manomaya kosha

El agni de la mente exterior es el fuego de la percepción, *manasika agni*. Esto nos permite digerir las impresiones sensoriales. De los órganos sensoriales, el fuego mental es el que está más conectado con el ojo, que es el que corresponde al fuego en los sentidos. Entre los órganos motores es el que está más conectado con el habla en el nivel mental –el habla en la mente, nuestra voz interior. El agni mental digiere las impresiones y las transforma en nuestro paisaje interior, el ámbito de nuestra imaginación.

4. El agni de la inteligencia, vijnanamaya kosha
El agni de la inteligencia es el fuego del discernimiento, por medio del cual podemos discernir la verdad de la mentira, lo bueno de lo malo, lo correcto de lo incorrecto. El fuego de la mente exterior es neutral. Simplemente digiere impresiones. El fuego de la inteligencia las digiere todavía más, extrayendo su significado, su contenido, su idea subyacente. Nuestros valores y creencias básicos se fundamentan en él. El agni de la inteligencia construye el cuerpo del dharma, nuestro ámbito del conocimiento y la comprensión.

5. El agni de la dicha, anandamaya kosha
El agni de esta envoltura es el fuego del amor, que en la persona no evolucionada es el fuego del deseo. Es la llama de nuestros deseos, motivaciones y aspiraciones más profundos. El deseo puede transformarse en el fuego del amor y la dicha divinos. Esto depende de que el fuego de la dicha no se alimente con placeres sensoriales sino con la devoción a lo divino. El agni de la dicha absorbe las sensaciones contenidas en las experiencias y extrae placer de ellas. Este es el cuerpo de la dicha que crece gracias a la sabiduría.

6. Yo – Chidagni, el fuego de la consciencia
La naturaleza de la consciencia es en sí misma fuego, luz e iluminación. También se denomina el fuego del conocimiento, pero en el sentido elevado de espiritual o autoconocimiento –el fuego de la consciencia (*chidagni*) o fuego del conocimiento. Este es el fuego interior real o luz de la que los otros fuegos obtienen, por reflejo, su luz y energía. Es el que lo ve todo y su cuerpo es el universo entero.

7. Brahman – El fuego de Brahman o fuego del ser
El fuego de Brahman (*brahmagni*), que es el fuego del ser, y el fuego de la consciencia (*chidagni*) no son diferentes, sino dos aspectos

de la misma realidad. Brahmagni es el fuego de la existencia o fuego universal. Trasciende toda dualidad y es una realidad que se consume a sí misma. Toda existencia es un fuego que existe por sí mismo. Esta es la Realidad Suprema.

Los cinco agnis de los koshas y las ramas del yoga

El ayurveda se basa en fomentar el agni, sobre todo a nivel físico, y equilibrar jatharagni para conseguir una adecuada digestión de los alimentos y eliminación de las toxinas. Pero también trabaja para aumentar pranagni, el fuego de la vitalidad, por medio de plantas, ejercicios y terapias especiales, como el panchakarma, un método de desintoxicación ayurvédico.

El yoga se ocupa más del desarrollo de agni en los niveles superiores, especialmente como fuego de la inteligencia que se conecta con el fuego divino o llama de la consciencia que es el Purusha. Por medio de la meditación y del samadhi yoga, se desarrollan los agnis de los koshas superiores de la inteligencia y la felicidad. La práctica del yoga tiene por objeto desarrollar el fuego del yoga para que este proceso funcione. El fuego es el factor que produce la maduración y la transformación de todo.

Sin embargo, el agni clave en yoga es pranagni. Existe una conexión especial entre pranagni y los agnis más profundos. Prana es la energía primaria. Pranagni es el agni más poderoso; capaz de purificar el cuerpo sutil para permitir que aparezcan las experiencias interiores del yoga. Hasta que esto no se sucede, no pueden desarrollarse los aspectos más elevados del yoga.

La práctica del raja yoga y de sus ocho ramas está diseñada para desarrollar los cinco agnis que nos ayudarán en la purificación y la transformación interior. Los yamas y niyamas, las reglas y disciplinas del sistema del yoga sirven para ordenar la vida exterior y preparar así el combustible de nuestra naturaleza a fin de que pueda prender el fuego divino. Su práctica sirve para que madure nuestro carácter y así pueda mantener vivo el fuego interior. Si el combustible, que es la mente y el cuerpo, no está adecuadamente preparado, este poder interior no podrá prenderlo. Las disciplinas yóguicas de no-violencia, sinceridad, control de la energía sexual, autodisciplina, estudio de uno mismo y entrega a Dios, hacen que el fuego de la vida resplandezca con más brillo y madure el carácter para que la práctica espiritual sea eficaz.[21]

Asana y jatharagni

La práctica de las asanas o posturas yóguicas sirve para equilibrar, estabilizar y avivar aún más el jatharagni o agni físico, el cual ayuda a purificar el cuerpo físico. Si el cuerpo físico está tranquilo, relajado y equilibrado, el fuego digestivo también está equilibrado y purificado. La correcta ejecución de las asanas tiene como resultado una digestión y eliminación buenas, un apetito regular y saludable pero no excesivo. Las posturas ayudan de distintas formas a aumentar el fuego digestivo, especialmente las posturas sedentes y *uddiyana bandha*.

Pranayama y pranagni

El principal objetivo del pranayama es avivar pranagni, el fuego del prana, para purificar el prana, los nadis y el cuerpo sutil. Pranagni aumenta sobre todo entre la inhalación y la exhalación. Hay que añadir que pranagni es una fuerza distinta a los cinco pranas, pero está conectado con todos ellos, al ser su calor y su conexión eléctrica.

Pranayama, la respiración profunda combinada con retención de aliento, aumenta pranagni. Pranagni aumenta el calor corporal, que produce sudor, lo que ayuda a purificar los nadis. La combinación de pranayama y mantra ayuda en su desarrollo y en la purificación de pranamaya kosha.

---

21. Para una explicación de los diversos yajnas u ofrendas al fuego, incluidos los de las diferentes prácticas yóguicas, véase *Bhagavad Gita* IV, 25–33.

Pratyahara y el agni de los sentidos (*indriya agni*)
Pratyahara significa literalmente «ayuno de las impresiones sensoriales», pero incluye todos los métodos de control de los sentidos y los órganos motores y la interiorización de la atención. Esto sirve para aumentar el agni de la mente externa y los sentidos, con lo que se puede desintoxicar la mente de impresiones negativas.

Dharana y el agni de la mente
El fuego de la mente debe arder constantemente para poder penetrar en la naturaleza de la realidad. El fuego mental arde constantemente cuando se puede mantener sistemáticamente la atención en un objeto determinado. Esta es la práctica de dharana, mediante la cual el fuego de la atención puede aumentar su brillo y su fuerza.

Dhyana y el agni de la inteligencia
La meditación es el medio para aumentar nuestro fuego de la inteligencia. Así, nuestros pensamientos son el combustible y la «consciencia-testigo» es el fuego. Al permanecer en el estado de vidente, todo se convierte en combustible para el conocimiento.

Samadhi y el agni del amor
Samadhi o absorción espiritual ocurre cuando el objeto de nuestra contemplación se funde totalmente en el fuego de la contemplación. Así, tenemos que fundirnos con el fuego divino que arde en nuestros corazones, que nos purifica de nuestros deseos externos. Entramos en el fuego de la dicha.

El estado natural de samadhi y el fuego de la consciencia
El Yo divino siempre existe en el estado de samadhi o de unidad espiritual. Este samadhi es un estado constante, a diferencia de los samadhis de la mente que son puntuales y que van y vienen en los distintos niveles de nuestra experiencia. El Yo es el fuego divino que todo lo devora. Para él, el universo entero es comida. Puede

consumir cualquier experiencia, buena o mala, verdadera o falsa. Es el fuego del ser y la consciencia que trasciende la multiplicidad.

Claves para el desarrollo de los siete agnis

1. Jatharagni – Fuego digestivo

- Equilibrio adecuado de los alimentos ingeridos y las heces eliminadas gracias a una digestión y una absorción buenas.
- Dieta apropiada a cada constitución con alimentos sátvicos, aceites adecuados, como el ghee, para mantener el agni. Hábitos alimenticios regulares con variaciones estacionales y según las etapas de la vida.
- Especias apropiadas, como jengibre, cardamomo, cúrcuma, cayena y pimienta negra.
- Ayunar para encender el fuego digestivo.
- Tranquilidad física y liberación de la tensión con asanas y ejercicios adecuados.
- Regular la temperatura corporal y fomentar la resistencia al frío y a los cambios de temperatura.

2. Pranagni – Fuego de prana

- Respirar aire de buena calidad, rico en prana.
- Correcto equilibrio del aire inhalado y el exhalado, con la adecuada absorción de oxígeno y el funcionamiento adecuado de los pulmones.
- Pranayama habitual, *nadi shodhana* (respiración nasal alterna), poniendo énfasis en el orificio nasal derecho; pranayamas calentadores como *Bhastrika* y Ujjayi.
- Control de los órganos motores y evitar la actividad excesiva, especialmente del habla y los órganos sexuales.

3. Manasika agni – Agni de la mente

- Equilibrar el agni de la mente: el correcto equilibrio entre las impresiones recibidas y las expresiones emitidas, mediante una adecuada absorción de las impresiones.
- Practicar pratyahara, incluyendo el ayuno de impresiones y la retención de impresiones uniformes.
- Visualización para controlar los sentidos desde dentro.
- Herramientas sensoriales sutiles de color, sonido y música.
- Concentración en los sonidos internos y en la luz interior.

4. Bauddhika agni – Agni de la inteligencia

- Equilibrio del agni de la inteligencia: juicio y razón equilibrados mediante la capacidad de discernimiento entre la verdad y la mentira.
- Estudio de las enseñanzas espirituales y de la filosofía.
- Cultivo de los valores correctos y los juicios rectos.
- Desarrollo del discernimiento entre lo eterno y lo transitorio.
- Ecuanimidad y juicio equilibrado.
- Contemplación y meditación.

5. Anandagni – Agni de la dicha

- Equilibrio del agni de la experiencia: amor, devoción y compasión.
- Asociaciones y relaciones adecuadas.
- Culto a Dios, Padre/Madre y Creador de todo.
- Respeto por el guru, los maestros y los padres.
- Soledad (ayuno de relaciones).
- Recuerdo constante de nuestra verdadera naturaleza.
- Samadhi y unión con lo divino.

6. Chidagni – Agni de la consciencia

- Ofrecer toda experiencia al fuego de la consciencia.
- Estado de observación, de testimonio, de silencio de la mente.
- Mantener la consciencia del Yo inmortal e inmutable dentro del corazón.
- Auto-acatamiento y autorrealización.

7. Brahmagni – Agni divino

- Ver la unidad del Ser en todas las cosas.
- Ofrecerlo todo al Único.
- Vivir en lo Absoluto.

9
Los secretos de los cinco pranas

Todo cuanto existe en los tres cielos está bajo el control de Prana.
Como una madre a sus hijos, oh Prana, protégenos
y danos esplendor y sabiduría
PRASHNA UPANISHAD II, 13

Para cambiar algo tenemos que alterar la energía que lo crea. Esto es así tanto en la práctica del yoga como en el ayurveda. Para llevar a cabo cambios positivos en el cuerpo y la mente debemos entender la energía con la que trabajan. En sánscrito se denomina *prana*, que significa «energía primaria». Se traduce a veces como aliento o fuerza vital, si bien es más que eso.

Aunque el prana es un tema recurrente en el pensamiento yóguico y ayurvédico, rara vez se examinan en profundidad el prana y sus distintos subtipos. Por ello, la extensa y profunda ciencia del prana rara vez se entiende. En este capítulo examinaremos esta fuerza, porque el prana es el principal vínculo entre el yoga y el ayurveda.

Una antigua historia védica sobre el prana es relatada en varias *Upanishads*. Las cinco facultades principales de nuestra naturaleza –la mente, la respiración (*prana*), el habla, el oído y la vista– discutían entre ellas acerca de quién era la mejor y más importante. Esto refleja nuestra condición humana ordinaria en la que nuestras facultades no están integradas, sino que luchan entre sí y compiten por dominar nuestra atención. Para resolver esta disputa decidieron que cada una abandonara el cuerpo para ver qué ausencia era la más notoria.

Primero, fue el habla la que abandonó el cuerpo, pero el cuerpo continuó, aunque mudo. Luego, se fueron los ojos pero el cuerpo siguió, aunque ciego. Después, fueron los oídos, pero el cuerpo continuó, aunque sordo. Entonces, se marchó la mente, pero el cuerpo continuó, aunque inconsciente. Finalmente, el prana empezó a salir y el cuerpo empezó a morir y las otras facultades comenzaron a perder su energía. Todas corrieron hacia prana y le dijeron que se quedara y alabaron su supremacía. Es evidente que prana ganó la disputa. Prana es la fuente de energía de todas nuestras facultades, sin él no podrían funcionar. Prana es el primero y sin él no tenemos energía para hacer nada. La moraleja de esta historia es que para controlar nuestras facultades la clave es el control de prana. Prana es el amo. Prana es el jefe. Es el poder de Dios dentro de nosotros. Sin la autorización de prana no podemos hacer nada de forma voluntaria o involuntaria, ni en el cuerpo ni en la mente. A menos que aprendamos a trabajar con nuestro prana, no podremos conseguir nada.

Prana tiene muchos niveles de significado, desde el aliento hasta la energía de la propia consciencia. Prana no solo es la fuerza vital básica, es la forma maestra de toda energía que funciona en los planos de la mente, la vida y el cuerpo. Efectivamente, el universo entero es una manifestación de prana, que es el poder creativo original. Incluso Kundalini shakti, el poder de la serpiente o fuerza interior que transforma la consciencia, se desarrolla a partir del prana consciente.

En el nivel cósmico, hay dos aspectos básicos de prana. El primero es el aspecto no manifiesto, que es la energía de pura consciencia que trasciende toda creación. El segundo o prana manifiesto es la propia fuerza de la creación. Prana surge de la cualidad (*guna*) de rajas, la fuerza activa de la Naturaleza (Prakriti). De los tres gunas, sattva o armonía genera la mente; rajas o movimiento genera prana y tamas o inercia genera el cuerpo.

De hecho, podría argüirse que Prakriti (Naturaleza) es sobre todo prana o rajas. La naturaleza es una energía activa o shakti. En función de la fuerza o la atracción del Yo superior o Consciencia pura (Purusha), esta energía se vuelve sátvica. Por la inercia de la ignorancia esta energía se vuelve tamásica.

Sin embargo, puede decirse que el Purusha o Yo superior es prana no manifiesto, porque es una forma de energía de la consciencia (*devatma shakti* o *citi shakti*). Del prana no manifiesto de la Consciencia pura surge el prana manifiesto de la creación, por medio del cual nace todo el universo. Del prana Purusha no manifiesto (energía de la Consciencia pura) se manifiesta el prana Prakriti (energía de la creación).

En lo que respecta a nuestra existencia física, el prana o energía vital es una modificación del elemento aire, principalmente del oxígeno que respiramos y que nos permite vivir en el mundo físico. Sin embargo, como el aire se origina en el éter o espacio, prana surge en el espacio y permanece estrechamente conectado con él. Dondequiera que creemos espacio, la energía o prana surgirá automáticamente. El aire y el espacio, la energía y el espacio, y la energía y la mente, que es como un espacio, permanecen estrechamente relacionados y no pueden separarse.

El elemento aire se relaciona con el sentido del tacto, que es el sutil elemento aire. El tacto es la forma sutil del prana. Por medio del tacto nos sentimos vivos y podemos transmitir nuestra fuerza vital a los demás, por ello el tacto y el abrazo son tan estimulantes. No obstante, igual que el aire surge del espacio, el tacto surge del sonido, que es la cualidad sensorial que corresponde al elemento éter. Por medio del sonido despertamos y nos sentimos conectados con la vida en su totalidad. En un nivel sutil, prana surge del tacto y de las cualidades del sonido que son inherentes a la mente.

Pranamaya kosha es el ámbito de nuestras energías vitales. Esta envoltura media entre el cuerpo, por un lado, y las tres envolturas mentales (la mente externa, la inteligencia y la mente interna), por el otro y actúa a ambos niveles. Un buen término para definir pranamaya kosha es «envoltura o cuerpo vital», expresión del *Yoga Integral* de Sri Aurobindo. Pranamaya kosha se compone de nuestros instintos vitales de supervivencia, reproducción, movimiento y expresión, y están relacionados principalmente con los cinco órganos motores (excretor, urogenital, pies, manos y vocal).

La mayoría de nosotros está dominada por el cuerpo vital y sus más arraigados instintos –tales como comer y reproducirse, que son de naturaleza animal– necesarios para preservar la vida. El cuerpo vital tiene un ego vital o subconsciente, que es la fuente de los diferentes temores, deseos y apegos que nos hacen sufrir. La mayoría de nosotros pasa la vida intentando gozar por medio del cuerpo vital a través del placer sensorial y la adquisición de objetos materiales. El cuerpo vital, como el prana, está dominado por el guna rajas y sus deseos y pasiones.

Una persona con una naturaleza vital fuerte consigue poder en la vida y puede influir en el mundo con su personalidad. La que tiene una naturaleza vital débil carece de fuerza para lograr cosas e influye poco en la vida, suele quedarse en puestos de subordinado. En general, las personas con naturalezas vitales fuertes y egocéntricas son las que gobiernan el mundo, mientras que las de naturaleza débil les siguen. Esta naturaleza vital egoísta y fuerte es uno de los grandes obstáculos para el camino espiritual. La persona se siente poderosa en su identidad egocéntrica y no es capaz de entregarse a ninguna fuerza superior o impersonal.

Sin embargo, para el camino espiritual es importante tener una fuerza vital o pranamaya kosha fuerte, pero este es muy diferente a la fuerza vital egoísta u orientada al deseo. No recibe su fuerza del poder personal sino de la entrega a lo divino y a la fuerza cósmica de la vida. Sin una fuerza vital espiritual firme, nos falta la energía para realizar nuestras prácticas. En la mitología hindú, este prana superior se representa con la figura del dios mono Hanuman, el hijo del Viento, que se entregó a lo divino en la forma de Sita-Rama. Hanuman puede ser tan grande o pequeño como desee, puede vencer todos los enemigos y obstáculos, y hacer milagros.

Semejante vitalidad espiritual tiene energía, curiosidad y entusiasmo por la vida, junto con control de los sentidos, y subordina sus impulsos vitales a una voluntad y una aspiración superiores.

La salud también depende de una vitalidad fuerte que proporcione energía y vigor al cuerpo físico. Pero en ayurveda la verdadera salud es la naturaleza vital espiritual, no la egoísta. Por esta razón, las pautas de salud ayurvédicas se basan en principios sátvicos y en la sintonía con el Yo superior. En ayurveda, la salud se consigue sintonizando con el alma. De otro modo, tener un ego sano, un ego con mucha fuerza física y vital, solo nos conducirá a involucrarnos más kármicamente y perjudicará nuestra evolución espiritual.

Los cinco pranas

El prana primario se divide en cinco tipos secundarios, según su movimiento y dirección. Estos cinco pranas se denominan *vayus* o poderes del aire. Son un tema importante en la medicina ayurvédica y en el pensamiento yóguico; son los puntos de unión. Representan los cinco tipos de energía que todos tenemos y por los que se rige el universo.

Prana: es, literalmente, el «aire que se mueve hacia delante», hacia dentro. Rige la recepción de todo tipo, desde la ingesta de alimentos y agua y la inhalación del aire, hasta la recepción de las impresiones sensoriales y las experiencias mentales. El prana es de naturaleza propulsora, pone las cosas en movimiento y las guía. Proporciona la energía básica que nos impulsa en la vida. Prana es la energía vital de la cabeza, principalmente de la zona del tercer ojo, que nutre el cerebro. Proporciona energía positiva a los demás pranas.

Apana: es literalmente «el aire que se aleja», su movimiento es descendente y hacia fuera. Rige la eliminación de las heces y la orina, la expulsión del semen, del flujo menstrual y del feto y la eliminación de dióxido de carbono por medio de la respiración. En un nivel más profundo, apana rige la eliminación de las experiencias sensoriales, emocionales y mentales negativas. Es la base de nuestra función inmune en todos los niveles. Apana es la energía vital localizada en la parte inferior del abdomen que permite la eliminación y la reproducción.

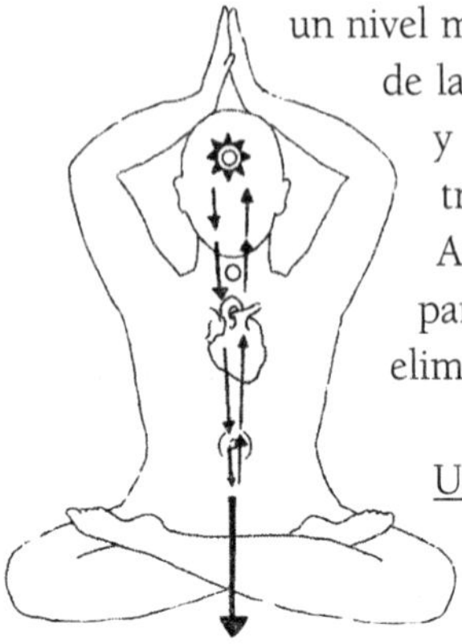

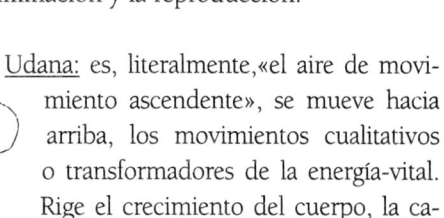

Udana: es, literalmente, «el aire de movimiento ascendente», se mueve hacia arriba, los movimientos cualitativos o transformadores de la energía-vital.

PRANA, APANA Y UDANA

Rige el crecimiento del cuerpo, la capacidad de mantenerse en pie, de hablar, esforzarse, entusiasmarse y tener voluntad. Udana es nuestro principal despliegue de energía positiva en la vida, por medio del cual podemos desarrollar los diferentes cuerpos y evolucionar nuestra consciencia. Udana es la energía vital de la garganta, que rige el habla, la capacidad de expresarnos y que mantiene la cabeza erguida gracias al cuello.

Samana: es, literalmente «aire equilibrador», se mueve desde la periferia hacia el centro con una acción de agitación y discernimiento. Favorece la digestión en todos los niveles. Samana actúa en el tracto gastrointestinal para digerir la comida, en los pulmones para digerir el aire o absorber el oxígeno, y en la mente para homogenizar y digerir las experiencias, ya sean sensoriales, emocionales o mentales. Samana es la energía vital del ombligo, donde se centra nuestra energía y tiene lugar la digestión.

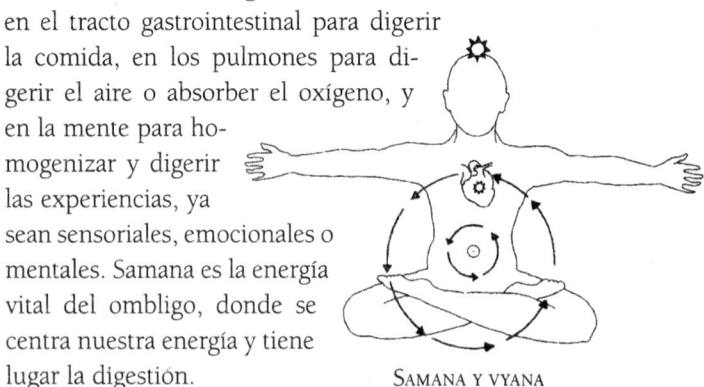

SAMANA Y VYANA

<u>Vyana:</u> es, literalmente, «aire en movimiento hacia el exterior», se mueve desde el centro hacia la periferia. Rige la circulación en todos los niveles. Vyana mueve la comida, el agua y el oxígeno por medio del cuerpo y hace que nuestras emociones y pensamientos circulen por la mente, confiere movimiento y proporciona fuerza. Con ello, ayuda a los demás pranas en su trabajo. Vyana es la energía vital del corazón y los pulmones, donde se expande nuestra energía.

Aunque la acción de los pranas puede localizarse en cierta medida, hemos de recordar que se produce en todos los niveles porque el principal papel de prana es unir las cosas. Esta también es la razón por la que prana no se cita aparte en los veinticuatro principios cósmicos de Samkhya. Es común a todos ellos. Sin embargo, los pranas controlan diferentes tipos de movimiento.

En lo que al cuerpo físico se refiere, prana vayu controla el movimiento de energía desde la cabeza hacia el ombligo, que es el centro pránico del cuerpo. Apana vayu rige el movimiento de energía desde el ombligo hacia el chakra raíz y hasta los pies. Samana vayu rige el movimiento de energía de todo el cuerpo de vuelta al ombligo. Vyana vayu rige el movimiento de energía que sale del ombligo y se distribuye por todo el cuerpo. Udana rige el movimiento de energía desde el ombligo hacia la cabeza. El ombligo es el principal centro pránico del cuerpo, donde todos los pranas se unen, como los radios de una rueda.

Resumiendo, el prana gobierna la ingesta de sustancias, samana su digestión, vyana la circulación de los nutrientes, udana la liberación de energía positiva que sigue a la digestión, y apana la eliminación de desechos. Es como el funcionamiento de una máquina. Prana aporta el combustible. Samana lo transforma en energía. Vyana hace circular la energía por los distintos lugares de trabajo. Apana libera los desechos o subproductos del proceso de conversión. Udana administra la energía positiva creada en el proceso y determina el trabajo que puede realizar la máquina.

Como en un diagrama de fuerzas, samana rige el centro, mientras que vyana se ocupa de la periferia. Udana rige el movimiento ascendente, mientras que apana controla el descendente. Prana da energía a todos los pranas. La clave para la salud y el bienestar es mantener nuestros pranas en armonía. Cuando un prana se desequilibra, los otros también se alteran, porque todos están vinculados. En general, prana y udana tienen una acción opuesta a apana, son fuerzas energéticas frente a las de eliminación. De forma similar, vyana y samana son fuerzas opuestas de expansión y contracción.

Los pranas son formas de energía que actúan sobre todos los elementos. Prana da energía a los elementos en todas sus acciones. Udana rige la transformación ascendente de los elementos, permite que la tierra se convierta en agua, el agua en fuego, el fuego en aire y el aire en éter. Apana rige la transformación descendente permitiendo que el éter se convierta en aire, el aire en fuego, el fuego en agua y el agua en tierra. Vyana permite la diferenciación de los elementos y concede a cada uno un ámbito diferente de actividad. Samana trae consigo la integración de los elementos y los mantiene conectados.

Los pranas también tienen conexiones elementales específicas —aunque no todo el mundo está de acuerdo con esto, ni siquiera los textos clásicos del yoga. Udana se relaciona con el éter y el sonido, que están relacionados con el chakra garganta. Vyana se relaciona con el aire y el tacto, que se relacionan con el chakra del corazón. Samana se relaciona con el fuego y la vista, que se relacionan con el chakra del ombligo. Apana se relaciona con la tierra y el agua y con el olfato y el gusto, que se relacionan con los chakras raíz y sexual. Prana está conectado con todos los elementos, pero más concretamente con la forma acuosa de apana, que es la base de la vida y la procreación. Prana también rige la mente desde su centro en la cabeza. Prana gobierna todas las formas de energía del universo, no solo la de la fuerza vital, sino también las energías materiales. Apana, por ejemplo, está conectado con la gravedad. La luz se mueve por la fuerza de prana.

Los cinco pranas

Prana: Prana
Etapa de la vida: nacimiento
Hora del día: amanecer
Temporada: primavera
Dirección: Este – Por encima de

Prana: Vyana
Etapa de la vida: crecimiento
Hora del día: mediodía
Temporada: verano
Dirección: Sur – Delante/derecha

Prana: Apana
Etapa de la vida: decadencia
Hora del día: puesta del sol
Temporada: otoño
Dirección: Oeste – Por debajo de

Prana: Udana
Etapa de la vida: muerte
Hora del día: medianoche
Temporada: invierno
Dirección: Norte – Detrás/izquierda

Prana: Samana
Etapa de la vida: vida
Hora del día: día
Temporada: años
Dirección: Centro

Prana prevalece en la dirección Este, que es la dirección de la luz y la vida. Vyana prevalece en el Sur, la dirección del crecimiento y la expansión. Apana prevalece en el Oeste, la dirección del declive y la descomposición. Udana prevalece en el Norte, la dirección de la muerte y la ascensión. Samana comunica todos los pranas en el espacio.

Prana también rige el tiempo. Prana impulsa el movimiento del tiempo, que es el movimiento de la experiencia de la vida. Nos hace nacer y nos lleva por el viaje de nuestra vida. Vyana nos permite expandirnos en el ámbito del tiempo. Apana hace que nos deterioremos. Udana nos permite avanzar en el tiempo hacia una esfera superior. Samana comunica todos los pranas por medio del tiempo.[22]

Cómo prana crea el cuerpo físico

Sin prana, el cuerpo físico no es más que un pedazo de arcilla. Prana moldea esta masa gelatinosa dando forma a distintos miem-

---

22. *Maitrayani Upanishad* VI, 1-5.

bros y órganos. Lo hace creando varios canales o nadis por los cuales se puede manejar y dar energía a la materia bruta y convertirla en diversos tejidos y órganos.

Prana vayu crea los orificios y los canales de la cabeza y el cerebro. Hay siete orificios en la cabeza: los dos ojos, los dos oídos, los dos orificios nasales y la boca. En el pensamiento védico[23] se denominan los siete pranas o siete *rishis*. Udana crea los canales de la garganta y el cuello, concretamente los de la lengua y los órganos vocales. Prana y udana ayudan ambos a crear la boca, que es el orificio principal de la cabeza y el cuerpo. Se podría decir que todo el cuerpo (físico) es una extensión de la boca –el órgano con más actividad física: la alimentación y la expresión.

Apana vayu crea los orificios de la parte inferior del cuerpo, los de los aparatos urogenital y excretor. Samana vayu crea los orificios de la parte media del cuerpo, los del sistema digestivo, que se centran en el ombligo. Se abre a los canales de los intestinos y de los órganos, como el hígado y el páncreas, que secretan en ellos. Vyana vayu crea los canales que van a la periferia del cuerpo, los brazos y las piernas. Crea las venas y las arterias y también los músculos, tendones, articulaciones y huesos. Apana ayuda a vyana a crear las piernas, mientras que udana ayuda a crear los brazos.

En resumen, samana vayu crea el tronco del cuerpo (que está dominado por el tracto gastrointestinal), mientras que vyana vayu crea las extremidades. Prana y udana crean los orificios superiores u orificios corporales, especialmente en la cabeza, mientras que apana crea los orificios situados en la parte inferior del abdomen.

Prana rige la parte superior del cuerpo (la cabeza) y apana la parte inferior. Vyana rige la parte frontal del cuerpo, que conecta con las extremidades que se mueven principalmente hacia delante. Udana rige la espalda, que permite al cuerpo estar erguido. Samana conecta todas las partes del cuerpo en el ombligo.

---

23. *Satapatha Brahmana* VIII, 4.7.

Además, cada prana se relaciona con uno de los siete tejidos corporales. Prana crea el tejido nervioso, apana crea el tejido óseo, udana crea el músculo, samana crea la grasa o tejido adiposo y vyana crea el tejido conectivo, los tendones y los ligamentos (*snava*, en sánscrito).[24]

En lo que respecta a los órganos corporales, el propio prana actúa principalmente en el cerebro, los sentidos y el corazón. Udana actúa en el estómago, los pulmones y la garganta. Vyana actúa por medio de los pulmones y del corazón. Samana actúa por medio de los órganos digestivos, concretamente del intestino delgado, el hígado, el estómago y el páncreas. Apana actúa a través de los riñones, la vejiga urinaria y los órganos reproductores, es decir, los órganos inferiores.

Doshas, tejas y ojas

Los cinco pranas son formas de vata, pero todos los doshas dependen de ellos para su correcto funcionamiento, tanto por medio de la expresión como de la eliminación. Udana vayu se mueve hacia arriba para eliminar kapha o la mucosidad. Esto se produce por medio de la tos, la expectoración y el vómito, incluida la terapia emética del panchakarma. Apana vayu se mueve hacia abajo para eliminar pitta (bilis o calor tóxico) mediante la terapia purgativa, que es otro método del panchakarma.

Samana incrementa agni, el fuego digestivo, que ayuda a equilibrar los doshas. Es la esencia del shamana o metodología de pacificación del ayurveda. Prana, al aumentar la ingesta de nutrientes a través de la boca y los sentidos, calma los doshas, especialmente vata. Esto forma parte de la terapia de tonificación (*brimhana*). Vyana, con su movimiento hacia fuera, favorece la sudoración y libera las toxinas a través de la piel. Esto ayuda a abrir los canales para conducir las toxinas de vuelta al tracto digestivo para su eliminación.

---

24. *Satapatha Brahmana* X, 1.4. 1-7.

Los cinco pranas también tienen sus conexiones con tejas y ojas. Apana rige ojas, que se desarrolla por medio del tejido reproductivo. Samana rige tejas, no solo como el fuego digestivo, sino como todos los demás fuegos del cuerpo y la mente.

La enfermedad suele iniciarse en el nivel prana de la cabeza, con resfriados de cabeza. Luego pasa a la zona de udana con dolor de garganta. Después desciende a la zona de vyana con infección pulmonar. Después se producen problemas digestivos y metabólicos más profundos, ya que los patógenos se trasladan a la zona de samana, en el intestino delgado y el hígado. Por último, las toxinas se asientan en la zona de apana, en los riñones y los órganos reproductores, donde crean una debilidad a largo plazo.

Niveles más profundos de prana

El prana y la respiración

El prana se encuentra en el nivel de pranamaya kosha, que es su ámbito innato. Esto tiene un impacto en el cuerpo físico, ante todo mediante el proceso de la respiración, que es la principal forma de actividad pránica del cuerpo. En este sentido, prana rige la inhalación. Samana rige la absorción de oxígeno que se produce principalmente durante la retención de la respiración. Vyana rige su circulación. Apana rige la exhalación y la liberación de dióxido de carbono. Udana rige la liberación de energía positiva mediante la respiración, incluida el habla, que tiene lugar mediante la espiración. Trataremos este tema en el capítulo sobre pranayama.

El prana y la mente

La mente también tiene su energía o prana. Esta procede principalmente de la asimilación que hacemos de impresiones sensoriales, y se refleja en nuestras expresiones a través de las extremidades y el habla.

En el plano psicológico, prana rige nuestra receptividad a las fuentes mentales de nutrición, de sensaciones, emociones e ideas. Aporta energía, vitalidad y rapidez a la mente. Cuando prana se trastorna, provoca un deseo incorrecto y un anhelo insaciable. Nuestras motivaciones son equivocadas y están mal encauzadas. Perseguimos cosas en el mundo exterior, en lugar de seguir nuestra propia inspiración interior.

Psicológicamente, apana rige nuestra capacidad para eliminar los pensamientos y emociones negativos, que se convierten en toxinas en la mente. Nos aporta desapego y objetividad, actúa como nuestro sistema inmunitario mental. Cuando apana se desequilibra provoca miedo y depresión. Nos quedamos bloqueados con experiencias no digeridas que reducen nuestra calidad de vida, que hacen que nos sintamos reprimidos, agobiados y débiles.

Samana facilita la digestión mental, nos aporta alimento y satisfacción mental. Es el discernimiento, la concentración y el equilibrio mentales. Por medio de él, podemos unir lo que pensamos con la mente y lo que sentimos con el corazón. En desequilibrio, samana genera apego y codicia. Nos contraemos y limitamos en nuestro interior, aferrándonos a actitudes, creencias y emociones inadecuadas.

Vyana promueve la circulación mental, el libre flujo de ideas y emociones. Nos proporciona una visión global, agilidad e independencia mentales. Cuando se desequilibra, provoca separación, odio y distanciamiento. No somos capaces de unirnos con los demás ni de concentrarnos en lo que hacemos. Expandimos excesivamente nuestras energías hasta el punto que se disipan o desintegran.

Udana nos aporta energía mental positiva, voluntad y fuerza. Nos da felicidad y entusiasmo y nos ayuda a despertar nuestros potenciales creativos y espirituales superiores. Cuando se altera, provoca orgullo, testarudez y arrogancia. Nos desarraigamos, intentamos subir demasiado y perdemos de vista nuestras raíces.

Por lo tanto, prana es nuestra energía propulsora en la vida, nuestra capacidad para movernos y desarrollarnos. Apana es nuestra capacidad para retirar nuestra energía y eliminar las cosas. Vyana es nuestra capacidad de expandirnos, mientras que samana es nuestra habilidad para retener y contraer. Udana es nuestra capacidad para ascender, subir y crecer. Los cinco pranas no son más que las cinco expresiones de nuestra energía. Si aprendemos a usarlos, lograremos el control sobre todos los aspectos de nuestras vidas.

Aspectos espirituales de los pranas

Los pranas tienen muchas acciones especiales en las prácticas yóguicas. En el plano espiritual, samana vayu rige el espacio que hay dentro del corazón, donde mora el verdadero Yo, el Atman, en forma de fuego con siete llamas. También se llama el espacio interno o atmósfera, *antariksha*, el espacio oculto entre las cosas. Samana regula agni con combustible, que ha de arder de manera uniforme. Sin la paz y el equilibrio de samana, no se puede regresar a la esencia de nuestra existencia ni concentrar nuestra mente. Samana crea la concentración mental que conduce a samadhi.

Vyana rige el movimiento del prana a través de los nadis, manteniéndolos abiertos, limpios, despejados y estables en su funcionamiento. Se necesita un vyana fuerte para purificar los nadis. Expande la mente hasta el infinito. Apana nos protege de las entidades y experiencias negativas que encontramos en nuestro camino. Prana nos concede la aspiración y la motivación adecuadas para nuestro desarrollo espiritual.

Udana rige la expansión de nuestro crecimiento en la consciencia y también genera el movimiento de *sushumna*. La mente se mueve con udana vayu.[25] Nos conduce a los estados de sueño y sueño profundo. Tras la muerte, conduce el alma a los niveles

---

25. *Prashna Upanishad* III, 9-10.

astral y causal. Udana suele ser el prana más importante para el crecimiento espiritual.

A medida que practicamos yoga, los aspectos sutiles de estos pranas se van despertando. Esto puede provocar movimientos inusuales de la energía en el cuerpo y la mente, incluidos movimientos espontáneos o *kriyas*. Quizá sintamos nuevas expansiones de energía (vyana sutil), mucha paz (samana sutil), sensación de ligereza o levitación (udana sutil), enraizamiento profundo y estabilidad (apana sutil), o simplemente más vitalidad y sensibilidad (prana sutil).

10
La Kundalini y los chakras

Despertar el cuerpo sutil

Venero al nadi Sushumna, a la Kundalini,
al néctar que mana de la Luna, al estado en
el que se disuelve la mente, saludos a la Diosa,
a la Gran Shakti, que es el Yo de la Consciencia.
HATHA YOGA PRADIPIKA IV, 64

Los siete chakras

El verdadero yoga requiere despertar la energía Kundalini o de la serpiente. Kundalini es la fuerza evolutiva superior oculta en nuestro interior y que tiene la capacidad de desplegar nuestro potencial espiritual. Cuando está dormida, una mínima parte de su energía sirve para mantener nuestro funcionamiento psicofísico normal. Cuando se despierta revela nuestra capacidad de Consciencia cósmica, nos lleva más allá incluso de lo imaginable.

Estos potenciales evolutivos existen como centros de energía latente en el cuerpo sutil, los siete chakras, que activa Kundalini. *Chakra* significa «rueda o círculo en movimiento de las energías». Los chakras también son importantes en la sanación ayurvédica, especialmente con respecto al prana y la mente, pues actúa a través de ellos. Los chakras dirigen y guían el cuerpo físico a través del sistema nervioso.

Los siete chakras abarcan tres zonas primarias. Los tres chakras inferiores se encuentran muy juntos, desde la base de la columna vertebral hasta el ombligo, en una zona de unos quince o veinte centímetros. En conjunto se denominan *kanda* o bulbo y constituyen la región del fuego. El despertar de Kundalini enciende estos tres chakras juntos, como el fuego de un caldero. La proximidad entre estos chakras explica por qué en algunos textos se dice que Kundalini asciende desde el chakra raíz, en otros que lo hace desde el chakra sexual, y en otros desde el ombligo.

Asimismo, los tres chakras superiores –garganta, tercer ojo y corona– están estrechamente relacionados y forman la zona de la cabeza; rigen los centros superiores del cerebro. Tienen muchas cualidades en común y facultades de expresión y percepción elevadas. Se dice que es la zona de la Luna o *soma*, de las capacidades de reflexión y contemplación.

En el medio se encuentra el corazón, el chakra central que media entre estos dos grupos de tres chakras, que conecta ambos al ombligo, hacia abajo, y a la garganta, hacia arriba. Unas veces el corazón se incluye junto con los tres chakras superiores. Otras se coloca junto a los tres inferiores. Es la zona del Sol, que expande la luz del fuego y proyecta su luminosidad a la Luna. Se conecta con el plexo solar, entre el corazón y el ombligo.

Los chakras

El triple chakra de la cabeza – Sede de la Luna
Sahasrara – Chakra corona o consciencia/la Luna
Ajna –Tercer ojo o chakra de la mente/Órbita lunar
Vishuddha – Chakra de la garganta o de éter/Reflejo de la Luna

El corazón central – Sede del Sol
Anahata – Chakra del corazón o del aire

El triple kanda o bulbo – Sede del fuego
Manipura – Chakra del ombligo o de fuego

Svadhishtana – Chakra del sexo o de agua
Muladhara – Chakra raíz o de tierra
___

El grupo inferior de los tres chakras refleja más las funciones físicas y vitales, incluida la mayoría de los problemas de salud, a través los doshas. Vata tiene una relación especial con el chakra raíz o tierra, que sirve para estabilizarlo. Kapha conecta con el ckakra del agua. Pitta se relaciona con el fuego. El chakra del corazón refleja los problemas emocionales. Los chakras de la cabeza reflejan los asuntos espirituales. Asimismo, los chakras actúan en tres niveles en relación con la enfermedad física, la psicológica y el crecimiento espiritual.

1. Las enfermedades físicas se relacionan con desequilibrios en el funcionamiento externo de los chakras por medio de los distintos plexos nerviosos y órganos endocrinos, con los que se corresponden, y con los tres doshas: vata, pitta y kapha.

2. Las enfermedades psicológicas implican desequilibrios en el funcionamiento interno de los chakras, concretamente en lo que respecta a prana, tejas y ojas, que son las energías del cuerpo sutil, de la mente y su campo de impresiones.

3. El desarrollo espiritual o yóguico tiene como fin la apertura de los chakras. Para ello es necesario trascender sus funciones ordinarias, de nuestra naturaleza personal al nivel de lo cósmico. Los yoguis funden los chakras del cuerpo astral al cuerpo causal, invirtiendo todo el proceso de la creación. Funden la tierra en el agua, el agua en el fuego, el fuego en el aire, el aire en el éter, el éter en la mente, la mente en la inteligencia, y la inteligencia en el Ser Supremo.

En la actualidad, la mayor parte de las terapias para los chakras pone énfasis en métodos externos, como las gemas, las plantas, el trabajo corporal, el sonido, la cromoterapia y la curación vibracional. Además, los terapeutas psíquicos pueden actuar sobre los chakras por medio de su propio prana o chi, que emplean como fuerza curativa. El ayurveda emplea estas modalidades para tratar las enfermedades y favorecer la salud y la vitalidad. Estos métodos son muy importantes para las enfermedades crónicas, la debilidad inmunitaria y las enfermedades del sistema nervioso muy arraigadas.

La mayoría de los libros sobre chakras hoy en día los describen como centros de fuerza dentro del cuerpo físico, e identifican el *sushumna* o canal central con la columna vertebral. Relacionan los chakras con distintos centros en la médula espinal y los procesos fisiológicos que controlan, como la digestión, la respiración o la reproducción. Sin embargo, aunque los chakras tienen un impacto en el cuerpo físico, al que dan forma y vigorizan, no son materiales.

Algunos terapeutas dicen que trabajar con esos métodos externos sobre los chakras puede abrirlos o despertarlos. Hay que ir con cuidado con ese tipo de afirmaciones. Según el yoga, en el estado ordinario del ser humano, que es extraordinariamente difícil de superar salvo si se mantiene una práctica espiritual continuada, los chakras permanecen cerrados, es decir, no actúan directamente de ningún modo. El resultado de esto no es necesariamente la enfermedad, sino la ignorancia espiritual. Esto consiste en ver el mundo exterior como la verdadera realidad y vivir ignorando nuestro verdadero Ser, que no es ni el cuerpo ni la mente, sino la consciencia libre de pensamientos.

Aunque nuestros chakras estén cerrados en un nivel espiritual, podemos estar sanos, emocionalmente equilibrados, ser mentalmente creativos y triunfar en la vida. Esto depende del funcionamiento externo de los chakras, no del interno. Abrir los chakras no es un proceso para mejorar nuestra capacidad en el ámbito ordinario de la vida humana, aunque pueda ayudarnos, sino para trascender la condición humana ordinaria y alcanzar un nivel evolutivo superior. Los chakras solo pueden abrirse verdaderamente mediante prácticas internas de pranayama, mantra y meditación. Las ayudas externas, desde la dieta hasta las gemas, pueden ser útiles, pero deben quedar supeditadas a estas modalidades superiores para que su aplicación sea óptima.

Gran parte de la forma de pensar actual, incluso en el ámbito espiritual y de la Nueva Era, todavía sigue encasillada en el paradigma materialista en el que se pretende reducir todo a coordinadas específicas de espacio-tiempo. Esta mentalidad es utilizada para abordar fenómenos sutiles como el de los chakras, pranas y doshas. Sin embargo, resulta erróneo pensar que los chakras son como las extremidades y los órganos del cuerpo físico, que pueden variar poco en su forma, función o aspecto. Los chakras son centros energéticos y funcionales, no posiciones físicas. Los sentimos en determinadas partes del cuerpo físico más que en otras, pero su acción repercute en todo el cuerpo físico, la mente y también en lo que está más allá. El resultado es que los chakras trabajan de distintas formas en distintos momentos y en personas distintas. Se pueden relacionar con diversos fenómenos en distintos niveles, según como esté trabajando la energía por medio de ellos. Por esta razón, todos los libros sobre chakras, incluidos los textos yóguicos, no coinciden en todos los detalles. Tales opiniones pueden representar puntos de vista o métodos de trabajo diferentes con los chakras. No tienen por qué ser erróneos, pero debe darse prioridad a las enseñanzas tradicionales del yoga sobre los chakras, dada la larga tradición experimental que las respalda.

El cuerpo sutil es el cuerpo de nuestras impresiones y de nuestros pranas. ¿Se puede encerrar una impresión en una caja? Igual que el viento, el prana tiene su movimiento, pero no puede limitarse a un órgano determinado. ¿Se puede decir dónde está el viento o adónde va cuando deja de soplar? Las correlaciones son medios para establecer conexiones y como estas, en última instancia, son universales en el ámbito espiritual, tales correlaciones han de ser variables. Hemos de aprender a mirar el cuerpo sutil según su propia realidad, que abarca e impregna la realidad física en muchos niveles, no lo que solo es paralelo al funcionamiento físico. El cuerpo sutil crea su propio tiempo y espacio, como un sueño o una visión. No está limitado por factores y formas externos.

Es más, los chakras abiertos tampoco forman parte del funcionamiento normal del cuerpo astral. Se relacionan con su función superior o de despertar espiritual. Representan la absorción del cuerpo astral de nuevo en el cuerpo causal y en pura consciencia. Cuando los chakras se abren, el cuerpo astral se disuelve gradualmente. Aunque podamos correlacionar los componentes y las funciones del cuerpo físico y sutil, debemos tener en cuenta que los dos no son iguales, y que el cuerpo astral espiritualmente abierto es aún algo más, se asemeja más a una neblina de energías que se expande más allá de las galaxias que a algo que podamos definir en términos corporales.

Los chakras

Muladhara
Significado: raíz
Localización: base/Tierra
Pétalos: cuatro
Bija mantra: LAM
Elemento: Tierra
Símbolo: cuadrado amarillo
Animal: elefante
Órgano sensorial: nariz
Órgano motor: órganos excretores
Tanmatra: olfato
Color: rojo carmesí
Nadi: alambusha
Tejido: músculo
Dosha: kapha
Prana: apana

Svadhisthana
Significado: la propia morada
Localización: sexo/agua
Pétalos: seis
Bija mantra: VAM
Elemento: agua
Símbolo: Luna creciente blanca
Animal: cocodrilo
Órgano sensorial: lengua
Órgano motor: órganos reproductores
Tanmatra: gusto
Color: bermellón
Nadi: kuhu
Tejido: grasa
Dosha: kapha
Prana: apana

Manipura
Significado: ciudad de gemas
Localización: ombligo/fuego
Pétalos: diez
Bija mantra: RAM
Elemento: fuego
Símbolo: triángulo rojo
Animal: carnero
Órgano sensorial: ojo
Órgano motor: pies
Tanmatra: vista
Color: azul oscuro
Nadi: vishvodhara
Tejido: sangre
Dosha: pitta
Prana: samana

ANAHATA
Significado: no golpeado
Localización: corazón/aire
Pétalos: doce
Bija mantra: YAM
Elemento: aire
Símbolo: estrella de seis puntas gris
Animal: ciervo
Órgano sensorial: piel
Órgano motor: manos
Tanmatra: tacto
Color: rojo oscuro
Nadi: varuna
Tejido: plasma
Dosha: vata
Prana: vyana

VISSHUDDHA
Significado: muy puro
Localización: garganta/éter
Pétalos: dieciséis
Bija mantra: HAM
Elemento: éter
Símbolo: punto azul
Animal: elefante
Órgano sensorial: oídos
Órgano motor: boca
Tanmatra: sonido
Color: gris humo
Nadi: sarasvati
Tejido: prana
Dosha: vata
Prana: udana

AJNA
Significado: mando
Localización: tercer ojo
Pétalos: dos
Bija mantra: KSHAM
Elemento: espacio mental
Órgano sensorial: mente
Órgano motor: mente
Tanmatra: pensamiento
Color: blanco plateado
Nadi: ida, pingala
Tejido: prana sutil

SAHASRA PADMA
Significado: lotus de mil pétalos
Localización: coronilla
Pétalos: mil
Bija mantra: OM
Elemento: espacio de la consciencia
Órgano sensorial: consciencia
Órgano motor: consciencia
Tanmatra: consciencia
Color: sin color
Nadi: sushumna
Tejido: prana causal

Kundalini y los chakras

Los chakras forman parte de un sistema de energía muy superior al del cuerpo físico. Una analogía que puede ayudarnos a comprender esto es: activar cada chakra requiere duplicar la cantidad de energía que se necesita para mantener todas las funciones corporales y cerebrales ordinarias. Activar el primero, el chakra raíz o tierra, requiere casi el doble de energía que la necesaria para mantener nuestras funciones psicofísicas, el doble que el primero, para despertar el siguiente chakra, y así sucesivamente hasta la cabeza. Por lo tanto, el cambio de consciencia que se produce de un chakra a otro es mayor que el que se produce de la consciencia humana ordinaria al despertar del primer chakra.

El despertar de los chakras depende de una fuente de energía superior a la que puede proporcionar el cuerpo físico. Es el papel de la Kundalini shakti. Kundalini no es una fuerza física, ni algo que la mente ordinaria o el ego pueda controlar. Es la energía concentrada de la consciencia o de la atención. Kundalini solo puede entrar en funcionamiento armoniosamente en una persona cuya mente tenga la facultad de concentrarse. Kundalini no es una energía diferente de la consciencia, sino la energía de la consciencia que se manifiesta cuando la mente queda libre de las fragmentaciones de los pensamientos y las emociones que proceden del ego.

El despertar de Kundalini requiere que el prana o fuerza-vital entre en el sushumna o canal central. Esto ocurre cuando el prana se retrae de su proyección hacia el mundo exterior y se aparta de los sentidos. Mientras nuestra energía-vital se identifique con el cuerpo físico y con sus funciones, no puede entrar en el canal central. Por esta razón, el despertar de Kundalini requiere un estado de samadhi, donde abandonamos nuestro estado de consciencia ordinaria. Al principio, se experimenta en un estado de trance donde dejamos de ser conscientes del cuerpo físico. Luego puede suceder en el estado de vigilia, sin menoscabo de las acciones, pero el cuerpo físico ya no es vivido como nuestra verdadera identidad.

Desarrollar el prana despierto o energía Kundalini incrementa notablemente nuestras facultades y poderes sanadores. Kundalini es el poder curativo de la Madre Divina que nos conecta con la vida cósmica, con el amor y su poder curativo. Un sanador de este tipo puede curar tan solo con su tacto, con su voz o con su mera presencia. Por esta razón, hemos ser precavidos y no tratar de manipular esta fuerza pránica sutil, sino dejar que la divinidad la dirija por nosotros. Lo mejor es meditar en la Madre Divina y pensar que es ella la que maneja la fuerza pránica sanadora, en lugar de creer que somos nosotros. El poder siempre es una tentación para el ego y, como Kundalini quizá sea el poder más grande, es muy probable que el ego desee controlarlo. Pero es como pretender atrapar un rayo. Lo más probable es que terminemos abatidos.

Aspectos cósmicos de los chakras

Los chakras despiertos permiten acceder a las funciones cósmicas de sus respectivos elementos y facultades. Aportan el conocimiento de la unidad de los constituyentes objetivos del universo (elementos), los instrumentos de cognición (órganos sensoriales) y los instrumentos de acción (órganos de acción), que son los constituyentes subjetivos del universo. Cuando se abren los chakras, experimentamos la naturaleza cósmica de estos factores como parte de nuestra consciencia más profunda. Aprendemos los secretos de la creación y fusionamos el universo en nuestra mente.[26]

Cuando despertamos nuestras energías y facultades sutiles, podemos escuchar sonidos sutiles, ver luces o visiones de deidades en la zona del tercer ojo. Pero esas experiencias pueden tener lugar mucho antes de que se haya despertado ningún chakra. Para que los centros sutiles entren en acción, los centros gruesos o físicos han de estar en reposo o equilibrio. Por eso, en las prácticas yóguicas se trabaja la inmovilidad corporal, de la respiración, de los sentidos y de la mente, concretamente, por medio de pratyahara, para poder actuar sobre los chakras. Kundalini es una fuerza de introspección, es el proceso de invertir la creación para que podamos regresar a la Unidad. Por lo tanto, no puede actuar a menos que reduzcamos nuestros apegos y compromisos externos.

Para desarrollar adecuadamente el chakra tierra hay que estar desapegado del elemento tierra. Ya no deseamos acumular mate-

---

26. Véase mi análisis sobre los chakras en *Tantric Yoga and the Wisdom Goddesses*, Tercera parte, capítulos 1 y 2.

ria externamente, sino que aprendemos a apreciarla internamente como una forma de percepción. Aprendemos a disfrutar de los colores, texturas y sombras del elemento tierra como si visualizáramos una escena de majestuosas montañas, pero sin que se despertara en nosotros deseo alguno de poseerlas o retenerlas.

Abrir adecuadamente el chakra del elemento agua no es lo mismo que tener un deseo sexual muy fuerte o incluso más potencia. Por el contrario, lo que se necesita es que el órgano sexual físico entre en un estado de latencia y que el deseo sexual se sublime como una fuerza más de la Consciencia. Uno aprende a disfrutar del flujo y del sabor del elemento agua como un movimiento del placer, que cabalga sobre las olas de la percepción del mar cósmico.

Para despertar adecuadamente el chakra del elemento fuego no se necesita aumentar la voluntad o la determinación. Requiere despertar la energía cósmica del fuego (*tejas*) y dejar que resplandezca. Uno ha de convertirse en fuego y quemar todas las impurezas que hay en el cuerpo y la mente. Es como experimentar el fuego que destruye el universo al final del ciclo de los *yugas*, donde nuestras motivaciones personales son erradicadas.

Abrir el chakra del corazón o del elemento aire es muy distinto a encontrarse en un estado emocional de claridad, apertura o vulnerabilidad. Para despertar el chakra del corazón hemos de trascender las emociones personales y comprender la energía cósmica del amor más allá de las fluctuaciones emocionales. Esto requiere abrirse a los sentimientos universales de compasión y devoción y conectar con la fuerza vital universal. Es una experiencia de devoción pura, de transformarse en amor.

El chakra de la garganta o del elemento éter, no se abre refinando nuestra habla o expresión, sino permaneciendo en silencio en la magnitud del espacio cósmico, donde nuestra voz personal se pierde en la Palabra divina. Es fusionarse en el éter cósmico donde permanece la esencia del sonido como conocimiento eterno.

Para abrir el tercer ojo hay que aprender a vivir como puro entendimiento, sin necesidad de un cuerpo, ni tan siquiera de los sentidos. Despertar el chakra del corazón significa ser uno con la naturaleza eterna e infinita de la Existencia pura donde desaparece el yo individual.

El despertar de la consciencia que subyace al cuerpo sutil implica ser capaz de desprenderse del cuerpo físico y de sus funciones, como si fuera un pesado abrigo que ya no necesitamos en un cálido día de verano. Esto puede asustar a las personas apegadas al cuerpo, pero es un gozo para las personas que perciben la vida sin limitaciones.

Chakras, experiencias y poderes

Cada chakra proporciona un estado de consciencia que corresponde a distintos planos del universo o diferentes mundos (*lokas*) que trascienden el plano físico. Adquirimos una visión más profunda sobre la acción sutil de la Naturaleza (Prakriti), los sentidos y sus esencias sutiles (*tanmatras*), la fuerza-vital (*pranas*) y el proceso de creación cósmica.

Con el tercer ojo podemos ver los correspondientes subplanos del universo astral, que son maravillosos respecto a cualquier otro del mundo físico. Podemos ver hermosas montañas astrales, grandes extensiones de océanos astrales traslúcidos, centelleantes soles y vibrantes estrellas astrales. Podemos dejarnos llevar por los vientos astrales y visitar otros mundos o expandir nuestra mente por los interminables espacios astrales y sus múltiples universos de belleza y júbilo. Podemos reunirnos con sabios y deidades o con amigos de vidas pasadas, y renovar las conexiones del alma. En los chakras superiores podemos acceder a los reinos causales de la introspección pura, la percepción ideal y la consciencia infinita que trasciende las limitaciones personales. Podemos visitar el taller de la creación y ver cómo se forman los universos únicamente a partir de la mente y los pensamientos.

Sin embargo, no todos los yoguis eligen explorar los mundos o las facultades que se relacionan con los chakras. Muchos grandes *jnanis*, o yoguis del sendero del conocimiento, intentan sumirse directamente en la Unidad pura o lo Absoluto, que trasciende los cuerpos sutil y causal. En su despertar puede que apenas perciban la diferencia entre los chakras y sus funciones. De acuerdo con su experiencia –como la de Ramana Maharshi, que quizá sea el ejemplo más característico de esta visión– solo hay un centro o chakra que es el del Yo en el corazón, a partir del cual todos los fenómenos de los mundos físico y sutil y los cuerpos son como imágenes que se reflejan en un espejo o las burbujas de las olas del mar. Asimismo, muchos grandes devotos, simplemente pretenden fundirse con Dios o *Bhagavan* en el corazón y no les preocupan las distintas experiencias de los chakras, aunque no les sean desconocidas. Son estados muy elevados que pocos pueden alcanzar, pero hemos de tener en cuenta que los chakras son más bien una serie de estados que un fin en sí mismo y que si no somos precavidos pueden desviarnos de nuestro camino.

Los textos yóguicos hablan de los distintos *siddhis* o poderes psíquicos. Estos se asocian principalmente al cuerpo sutil y sus pranas, puesto que la materia sutil es totalmente maleable. Udana o aire ascendente sutil nos permite ser tan ligeros como deseemos, incluida la capacidad de levitar (*laghima*). Apana o aire descendente sutil nos permite ser tan pesados o estables como nos plazca (*garima*). Vyana o el aire expansivo sutil nos permite ser tan grandes como deseemos, expandirnos indefinidamente (*mahima*). Samana o aire que se contrae sutil nos permite hacernos tan pequeños como queramos, estar perfectamente concentrados (*anima*). El prana principal nos permite alcanzar todo lo que deseemos (*prapti*). A medida que se van abriendo los chakras vamos experimentando sus correspondientes poderes en el cuerpo sutil. A veces sus efectos también se pueden notar en el cuerpo físico.

Además, no deberíamos olvidar que hay muchos estados sutiles entre la consciencia física ordinaria y el verdadero despertar de la Kundalini y los chakras. No hemos de considerar ninguna experiencia extraordinaria como un estado de iluminación o como una experiencia de Kundalini. Las visiones, las experiencias extracorpóreas, los trances, la canalización, los sueños místicos, la genialidad, los diferentes tipos de inspiración y otros estados similares, aunque sean legítimos, pueden estar muy por debajo del verdadero estado de despertar de Kundalini y, sin lugar a dudas, no deben confundirse jamás con la autorrealización, para la cual se precisa el total desarrollo de nuestra consciencia, en lugar de entregarnos a alguna entidad o experiencia ajena a nosotros.

El despertar correcto de los chakras requiere la gracia divina. No se puede hacer mediante un acto de voluntad o forzándolo desde un estado de inestabilidad emocional. Los intentos de despertar Kundalini sin haber purificado previamente el cuerpo y la mente tienen efectos secundarios que trastornan la mente o la fuerza-vital y producen distintas experiencias ilusorias. Por esta razón los textos yóguicos tradicionales siempre han puesto énfasis en las actitudes correctas para vivir (*yamas* y *niyamas*), así como en las pautas de vida ayurvédicas como base para realizar las prácticas para despertar la Kundalini.

Aunque es posible tener experiencias anormales debidas a la Kundalini o a los chakras, la mayoría de estas son trastornos pránicos o mentales. Si la mente no está purificada puede producirse una mayor actividad en los chakras inferiores, con su correspondiente aumento de los instintos físicos y emocionales. Por esta razón, deberíamos trabajar en los chakras inferiores desde la perspectiva de los superiores, principalmente del chakra del corazón y del tercer ojo.

Además de los siete chakras, hay siete chakras inferiores debajo del muladhara que relacionan con el submundo, el bajo mundo astral o reino de los *asuras* (antidioses), son los poderes que actúan para mantenernos sumidos en la ignorancia y la ilusión. Si no tenemos cuidado podemos descender hasta la influencia de estos chakras inferiores y sufrir las experiencias negativas de la ira, el orgullo y el poder.

Si abordamos los chakras con cuidado y el guía correcto, no tenemos nada que temer, pero es mejor ser muy precavido, en vez de demasiado atrevidos cuando trabajamos con estas fuerzas que tienen el poder del rayo. Ante todo, hemos de entender que despertar los chakras no es un fin en sí mismo, sino una parte del proceso de autorrealización. Los chakras solo nos enseñan el camino; pero también indican los desvíos donde podemos extraviarnos. Aunque hemos de aprender a comprenderlos, hemos de hacerlo en función de sus conexiones cósmicas.

11
Los nadis

Los sistemas de canales de la mente y el prana

*Cuando todos los nudos del corazón se rompen,
entonces el mortal se vuelve inmortal.*
KATHA UPANISHAD VI, 15

El ayurveda contempla nuestro cuerpo como una serie de canales, desde el gran canal que es el tracto gastrointestinal hasta los canales sutiles del sistema nervioso. Asimismo, el yoga contempla el cuerpo sutil (ámbito de la mente-prana) como un sistema de canales (*nadis*) interconectados. Los canales del cuerpo físico se interconectan con los del cuerpo sutil.

Según la visión védica, Vayu, la fuerza cósmica aire, crea todos estos canales. Vayu se denomina *sutratman*, el Yo o Atman del sutra, que significa «hilo, conducto o canal». Vayu crea los canales para unir todas las cosas del universo como si fueran las cuentas ensartadas de un collar. Del mismo modo que hay canales en el cuerpo, la naturaleza externa está llena de diversos canales –desde ríos y arroyos hasta corrientes de energía en el espacio intergaláctico. En esta sección trataremos de los canales de la mente y del cuerpo sutil. Se pueden consultar otros libros de carácter general sobre ayurveda para más información sobre los canales físicos.

Nadi chitta, el canal de la mente o la consciencia

La mente tiene su propio nadi o canal denominado chitta o canal de la consciencia. En el ayurveda se hace referencia a su equivalente físico como *manovaha srotas*, el canal que transporta el pensamiento. Todos hemos experimentado el flujo de la mente, del pensamiento o la corriente de consciencia. Es el flujo del nadi chitta.

El nadi chitta se origina en el corazón espiritual, la sede del alma encarnada o yo individual, jivatman. En el corazón reside nuestra conexión con el Creador, del cual el nadi chitta obtiene su energía. Los impulsos profundos que surgen de nuestra mente profunda o corazón, nuestros samskaras, propulsan el movimiento a través de este nadi.

El nadi chitta es el flujo de nuestros samskaras, desde el corazón al mundo exterior. Primero asciende hacia la garganta, desde la cual nos expresamos, y luego pasa a la cabeza, donde conecta con los sentidos y los objetos externos. Desde la cabeza regresa a la garganta y de nuevo al corazón. Esta es la doble corriente del nadi chitta. Primero se dirige hacia el mundo exterior, desde el corazón hasta la cabeza, donde se exterioriza a través de los sentidos. Luego realiza un recorrido inverso, desde el mundo exterior de los sentidos hasta el mundo interior de la psique, vuelve a la cabeza y por último al corazón.

El flujo externo de este nadi da lugar a los impulsos externos de la mente, las emociones y la vida, lo que Samkhya denomina el ámbito de Manas y del cuerpo sutil. El flujo interno del nadi chitta genera la mente interior y la intuición, que Samkhya denomina buddhi o inteligencia interna.[27] El flujo externo sigue el movimiento de la fuerza repulsiva cósmica o ignorancia. El flujo interno refleja el movimiento de la atracción divina. El flujo externo nos conduce al cuerpo y crea el estado de vigilia, que está dominado por la actividad sensorial de la cabeza. El flujo interno nos conduce a la consciencia y crea los estados de sueño y sueño profundo. El sueño se produce en la zona de la garganta. El sueño profundo se produce donde se origina el corazón.

---

27. Véase el comentario de Vyasa en los *Yoga sutras* I, 12, que describe el nadi chitta y su flujo exterior en relación con los sentidos y su flujo interior en relación con el discernimiento.

El doble flujo del canal de la mente

Cabeza
Identidad del ego, ahamkara
Yo soy la idea de cuerpo
Prana diversificado

Flujo exterior	Flujo de entrada
Manas,	Buddhi,
la mente externa	inteligencia interna
Sensación	Conocimiento

Corazón, chitta
El Yo del alma (*jivatman*)
Núcleo de la mente, campo de samskaras
Prana original

Al morir, el nadi chitta fluye hacia el interior, como al dormir, y nos conduce al plano astral y a su experiencia onírica de los mundos celestiales e infernales. La experiencia del túnel que suelen narrar las personas que han tenido experiencias cercanas a la muerte muestra el funcionamiento de este nadi.

En la mente humana ordinaria, el flujo a través del nadi chitta es limitado y discontinuo. Nuestras mentes están distraídas, fragmentadas y se mueven en distintas direcciones. Sin embargo, siempre queda cierta conexión a través del canal de la mente, que experimentamos como nuestra propia identidad. El pensamiento dominante que fluye a través del nadi chitta es el pensamiento del Yo. La identificación de uno mismo con el cuerpo genera el flujo externo de este nadi. El reconocimiento del Yo como consciencia pura genera el flujo interno.

El ego (*ahamkara*) es el factor que restringe el paso por el nadi. Es el movimiento negativo del prana en la mente, mientras que el alma o consciencia del Yo divino es el movimiento positivo del

Yoga y ayurveda

prana en la mente. El ego es una manifestación del prana perturbado o basado en el deseo (apana en la mente), mientras que el alma refleja el prana equilibrado o basado en el amor.

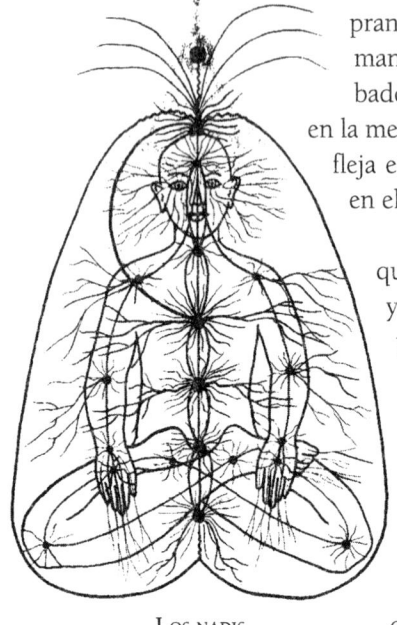

Cuando el nadi chitta se bloquea por el pensamiento del yo individual, quedamos atrapados en la mente externa, en las emociones y los sentidos. Cuando expandimos nuestro sentido del yo de lo personal a lo universal, aumenta el flujo por el nadi chitta. Cuando el nadi chitta fluye libremente completa su circuito y regresa al corazón.

LOS NADIS

En la práctica de la meditación podemos experimentar este flujo con mayor rapidez, libertad y de una forma más constante. Cuando el flujo se ha liberado por completo, nos funde de nuevo en el océano de la consciencia que reside en el corazón; ese flujo libre se vuelve uno con el silencio y la tranquilidad.

El ego hace que distintas toxinas, impurezas o materiales pesados (*malas*) se acumulen en el nadi chitta e inhiban su flujo. Estas toxinas proceden de los alimentos mal digeridos, de las impresiones y asociaciones erróneas, de una dieta inadecuada, del mal uso de los sentidos y de las relaciones inapropiadas. De ahí que el flujo por el nadi chitta se vea afectado por el estado del cuerpo, del prana y la mente. El nadi chitta está conectado con todos los sistemas de canales de los cuerpos físico y sutil.

A este respecto, el yoga habla de los nudos del corazón (*hridaya granthi*) que deben deshacerse para lograr la liberación o la iluminación. Estos nudos son las constricciones en el flujo de chitta, los bloqueos en el flujo de vayu o prana en el espacio de la mente. Nuestros samskaras, deseos profundos o impulsos, inhiben el flujo de la energía que procede del Yo a través del nadi chitta y se proyectan en el mundo externo como distintas identidades limitadas del ego. De ahí que abrir el corazón espiritual y abrir el *nadi chitta* sea lo mismo. Junto con el nadi chitta se abren también otros nadis sutiles periféricos relacionados, que aportan una experiencia de dicha al propio cuerpo físico.

De hecho, la mente no es diferente de este flujo. La vibración de la mente (*chitta-spanda*) es el flujo de la mente (*chitta nadi*). Cuando la mente alcanza un estado de silencio y calma, el flujo del canal de la mente también se apacigua, se funde en la paz y se expande en el espacio.

El nadi chitta y los otros canales

El nadi chitta es el canal del cuerpo causal, el ámbito de la mente profunda y del corazón. De él surge el prana original del alma, que es la esencia de toda forma de vida. Por consiguiente, el nadi chitta es tanto el flujo pránico original como el de la mente. El movimiento de la mente (*chitta-spanda*) siempre se refleja en el movimiento del prana (*prana-spanda*). Como tal, el nadi chitta gobierna el funcionamiento de todos los canales. Está íntimamente relacionado con el *sushumna*, el canal principal del cuerpo sutil, y con Kundalini, la energía de la serpiente, que es el flujo de energía despierta que circula por sushumna. El libre flujo a través del nadi chitta también hace que Kundalini fluya a través del sushumna. El nadi chitta se comunica con las regiones superiores del sushumna, desde el corazón hasta la cabeza.

El nadi chitta no solo gobierna el flujo del pensamiento, sino también el del prana que procede de él. El sushumna, como nadi pránico superior, está estrechamente relacionado con nadi chitta o canal de la mente en su fluir despierto. Cuando chitta fluye hacia fuera, Kundalini permanece dormida o latente. Cuando chitta fluye hacia dentro, Kundalini despierta y empieza a moverse.

El flujo interno de nadi chitta conduce a la purificación y activación de los demás nadis, que a su vez conduce a la apertura de los chakras y sus energías. Sin embargo, no todos los yoguis experimentan todos los chakras y sus energías. Algunos irán directamente al corazón, sin importarles otros tipo de experiencia.

El flujo del nadi chitta se basa en el deseo. El deseo hace que el nadi chitta fluya hacia el exterior. El desapego le permite fluir hacia dentro. Puesto que el deseo sexual es el deseo más fuerte, es el que tiene mayor movimiento hacia el exterior en este canal. Cuando chitta fluye hacia fuera, nuestra energía se dirige hacia el mundo exterior donde se acaba perdiendo. Cuando fluye hacia dentro, nuestra energía se dirige hacia dentro para la transformación interior.

En lo que respecta a las prácticas yóguicas, pratyahara (control de los sentidos) inhibe el flujo externo a través del nadi chitta para que se pueda desarrollar el flujo interno. Dharana es la concentración de la energía en el nadi chitta por medio de la atención directa. La meditación se produce cuando la energía fluye sistemáticamente por el nadi chitta. Samadhi se produce cuando el nadi chitta fluye sin obstrucciones. Quizá el mejor método sea seguir la corriente de pensamientos hasta su origen en el pensamiento del Yo en el corazón, el sagrado Yo-soy-Eso-Yo-soy, que es la esencia del yoga del conocimiento. Otra vía es adorar a Dios en el corazón bajo la forma que más nos atraiga. El mantra o cualquier otra cosa que cree una corriente constante de pensamientos elevados ayuda a abrir el nadi chitta. Cualquier cosa que expanda nuestra consciencia hará que su energía fluya más libremente. Es decir, todo en el yoga, especialmente sus prácticas más elevadas, está encaminado a desarrollar el nadi chitta.

Entre los doshas, el nadi chitta es el que está más estrechamente relacionado con vata, debido a la conexión de vata con prana y con la mente. La mente, prana y vata se mueven juntos. Un vata agravado produce un flujo anormal o alterado del nadi chitta. Sin embargo, kapha, como apego, puede bloquear su flujo. Pitta, como ira, también puede perturbar su flujo. Respecto a las tres esencias vitales, el prana surge del libre fluir del nadi chitta. Tejas es su energía luminosa. Ojas es la estabilidad de su flujo.

Los catorce canales del cuerpo sutil

El cuerpo sutil tiene setenta y dos mil nadis. De ellos, catorce son los más importantes y gobiernan todas las funciones mentales y corporales. Tres son los que determinan los flujos de energía primaria, y uno de ellos constituye la clave del desarrollo espiritual.

Sushumna
El más importante y central de estos nadis se llama sushumna o columna astral. Se sitúa en el conducto raquídeo del cuerpo físico. Controla las funciones de los distintos chakras que están colocados como flores de loto sobre él. El sushumna es de naturaleza sátvica y se activa cuando se despierta Kundalini o shakti prana. De lo contrario, su flujo de energía es muy limitado.

Ida y pingala
Ida y *pingala* junto con sushumna son los tres nadis más importantes. Cuando sushumna no está despierto, la energía fluye de manera alterna por uno de estos dos canales, cuyas funciones se complementan mutuamente. Recorren sushumna por la izquierda y por la derecha, como dos espirales entrelazadas, desde su origen en la base de la columna vertebral hasta la zona del tercer ojo, finalizando su recorrido en ambas fosas nasales.

Ida es el nadi izquierdo. Posee energía lunar, femenina, refrescante o kapha y es de cualidad tamásica. Ida aporta inspiración a la visión, al habla y a la imaginación y eleva nuestras inclinaciones devocionales haciéndonos más bondadosos. Pingala es el nadi derecho. Su energía es solar, masculina, caliente o pitta y de cualidad rajásica. Pingala aporta motivación, impulso y determinación y acceso a conocimientos y percepciones más profundos.

Normalmente, nuestra energía fluye más por un nadi que por otro; podemos comprobar esto observando por qué orificio nasal respiramos mejor. Los dos nadis están relacionados con el funcionamiento de ambos hemisferios cerebrales. El funcionamiento del hemisferio izquierdo se relaciona con el nadi opuesto o derecho y nos hace racionales, independientes y agresivos. El funcionamiento del hemisferio derecho se relaciona con el nadi opuesto o izquierdo y nos hace sensibles, emotivos y receptivos. Cuando respiramos más por el orificio izquierdo, el hemisferio derecho y sus funciones se activan. Cuando respiramos más por el lado derecho, se favorece el hemisferio izquierdo y sus funciones.

Cuando prana o fuerza-vital está equilibrado, la energía en los nadis solar y lunar está igualada, entonces Kundalini despierta y el prana entra en el sushumna. Esto activa el cuerpo sutil y nos conduce a un estado mental y a una percepción más elevados. La clave de la salud del cuerpo sutil reside en equilibrar el flujo de la energía a través de estos dos nadis. Véase el capítulo sobre pranayama para más información al respecto.

Si intentamos despertar Kundalini o abrir los chakras sin que los nadis estén equilibrados podemos atraer substancias tóxicas sutiles al sushumna o a ida y pingala. Si Kundalini pasa a ida provocará alucinaciones y emociones distorsionadas, una mente demasiado pasiva, junto con una posible pérdida de consciencia de otras entidades. A nivel físico suelen producirse trastornos kapha y de sobrepeso. Si pasa a pingala, la Kundalini provocará ira, engreimiento y una mente demasiado crítica, una persona egoísta que creerá que es muy espiritual. A nivel físico, se producirá fiebre, inflamación y calor interno de origen misterioso.

Los catorce nadis principales

Además de los tres nadis principales, hay otros once importantes, lo que suma catorce nadis principales. Cada nadi se identifica por el punto (abertura) en el cuerpo al que está conectado. Todos los nadis empiezan en el chakra raíz o base de la columna vertebral, siguen el curso del sushumna y se ramifican en ciertos puntos a lo largo de la columna vertebral. Ocho nadis siguen el predominio derecha-izquierda de ida y pingala. Seis se relacionan con los seis chakras.

Nadis del lado derecho (predominio de pingala)

1. <u>Pingala</u>: «el rojo» –se diversifica a partir del tercer ojo, se dirige a la fosa nasal derecha, la que le corresponde, y le proporciona prana; también rige el conducto nasal derecho.

2. <u>Pusha</u>: «el que nutre» –una forma del dios Sol, se diversifica a partir del tercer ojo, se dirige al ojo derecho, que es su orificio, y le proporciona prana. Está regido principalmente por prana. Es un nadi muy importante porque el alma (Atman) reside en el ojo derecho durante el estado de vigilia. La meditación sobre el Vidente del ojo derecho es una de las principales vías para alcanzar la autorrealización.

3. <u>Payasvini</u>: «lleno de zumo» –se diversifica a partir del tercer ojo, se dirige al oído derecho, que es su orificio, y le proporciona prana; también rige la trompa de Eustaquio derecha. Por el oído derecho escuchamos los sonidos internos o *nada*.

4. <u>Yashasvati</u>: «rebosante de gloria» –va desde el chakra raíz hasta el chakra del ombligo, donde se ramifica. Proporciona prana al pie derecho y la mano derecha. Su energía llega a un centro en medio de la mano y en medio del pie y desde allí irradia a los cinco dedos de la mano y del pie, terminando en el pulgar y en el dedo gordo del pie. Sus aberturas son la punta del dedo gordo del pie y del pulgar de la mano. En la palma de la mano derecha hay una fuerte energía curativa que, como el ojo derecho, suele relacionarse con el alma.

Nadis del lado izquierdo (predominio de ida)

1. <u>Ida:</u> «el inspirador» –se diversifica a partir del tercer ojo, se dirige hacia la fosa nasal izquierda, que es su orificio, y le proporciona

prana; también rige el conducto nasal izquierdo. Es responsable del habla inspirada o visionaria. Nutre todo el cuerpo por medio del prana.

2. Shankhini: «como una concha» –se diversifica a partir del tercer ojo, se dirige al oído izquierdo, que es su orificio, y le proporciona prana; también rige la trompa de Eustaquio izquierda. Nos hace receptivos a las influencias más elevadas.

3. Gandhari: una nota musical –se diversifica a partir del tercer ojo, se dirige al ojo izquierdo, que es su orificio, y le proporciona prana. También fomenta el sueño y la visión creativa.

4. Hastijihva: «lengua de elefante» –sale del chakra raíz y se dirige al chakra del ombligo, donde se ramifica. Aporta prana al pie izquierdo y la mano izquierda. Su energía llega al centro de la mano izquierda y del pie izquierdo, desde donde se irradia hacia los dedos de las manos y de los pies, y termina en el dedo gordo del pie y el pulgar de la mano. Sus aberturas son la punta del dedo gordo del pie y la punta del pulgar.

Nadis centrales

1. Alambusha: hace referencia a una barrera o límite –va desde la base de la columna vertebral o centro del chakra raíz hasta la punta del recto, y proporciona prana a los órganos de eliminación. Su abertura es el ano. Está relacionado con el chakra raíz o tierra y conectado con apana.

2. Kuhu: «la luna nueva u oculta» –va desde la base de la columna hasta el chakra del sexo y luego sigue hasta el final del pene o de la vagina; proporciona prana a los órganos reproductores, así como a los órganos urinarios con los que está conectado. Su abertura es el pene o la vagina. Se relaciona con el chakra del sexo o del elemento agua y está conectado con apana.

3. Vishvodhara: «el portador de todo» –va desde la base de la columna hasta el chakra del ombligo y se dirige al estómago; proporciona prana al sistema digestivo. Su abertura es el ombligo. Se relaciona con el chakra del ombligo o del fuego y está conectado con samana.

4. Varuna: «el omnipresente» –dios védico que controla el océano cósmico del espacio. Sale de la base de la columna y se dirige al chakra del corazón; proporciona prana a todo el cuerpo, en general a través de los aparatos respiratorio y circulatorio y las glándulas sebáceas. Su abertura es la piel. Está relacionado con el chakra del corazón o del aire y con vyana. Este nadi permite que se manifieste el sentimiento y el conocimiento más profundos del corazón.

5. Sarasvati: «la diosa del habla» –se diversifica a partir del chakra de la garganta, se dirige a la punta de la lengua y le suministra prana. También abarca la boca y la garganta. Se relaciona con el chakra de la garganta o del éter y con udana. Este nadi, como su nombre indica, da la facultad del habla, de la sabiduría y del mantra.

6. Sushumna: «el muy dichoso» –sale de la base de la columna o centro del chakra raíz y va hasta la coronilla. También suministra energía a la columna, el cerebro, el tejido nervioso y sostiene los huesos. En la zona del tercer ojo, recoge la energía de los otros nadis, concretamente de los ocho nadis con predominio derecha/izquierda. Está conectado con prana.

Ubicación de los nadis

El cuerpo tiene siete orificios en la cabeza: las fosas nasales izquierda y derecha, los oídos izquierdo y derecho, los ojos izquierdo y derecho y la boca. Se denominan los siete rishis o sabios, porque son las facultades que nos guían. También se denominan los siete pranas, porque rigen los distintos tipos de prana, y los siete soles (*adityas*), porque permiten distintas formas de iluminación. Se dice que son dioses o *devas* cuyo guru es *Brihaspati* (habla).

Hay dos orificios en la parte inferior del cuerpo, la uretra y el ano. Se dice que son los demonios o asuras cuyo guru es *Shukra* (reproducción). Junto con el ombligo, los orificios son diez. La coronilla es el undécimo y está relacionada con la mente o consciencia.

Estos son once de los catorce nadis. Los nadis de los pies y las manos tienen aberturas de energía hacia el mundo exterior por medio de las manos y los pies. La propia piel es una abertura del cuerpo. Esto completa el resto de los nadis hasta los catorce.

Cada uno de los catorce nadis termina en diferentes orificios corporales a los que aportan su energía. Surgen de la base de la columna vertebral. Solo dos, sushumna y alambusha, surgen directamente del centro del chakra raíz. Los otros surgen del pequeño triángulo que hay alrededor del centro. Solo cuando hay un verdadero despertar espiritual el prana entra directamente en el sushumna. De lo contrario, permanece en los doce nadis periféricos, dominados por ida y pingala y su predominio izquierdo/derecho.

Nuestra energía sube generalmente por sushumna y sarasvati. Es impelida hacia abajo por alambusha y kuhu. El prana puro sube por sushumna; el prana impuro se disipa a través de alambusha.

Pingala e ida giran el uno alrededor del otro de chakra en chakra, formando una espiral, hasta los orificios nasales derecho e izquierdo, transportando así las fuerzas solar y lunar; de este mismo modo, también payasvini y shankhini van a los oídos derecho e izquierdo, pusha y gandhari a los ojos derecho e izquierdo, mientras que yashavati y hastijihva van por los costados derecho e izquierdo del cuerpo. Estos ocho canales están conectados y suelen actuar todos juntos. Cuando el prana está en el lado derecho, fluyendo por pingala, también fluye en el oído derecho, el ojo derecho y el lado derecho del cuerpo a través de sus respectivos canales. Cuando fluye por ida, también llega al oído izquierdo, al ojo izquierdo y al lado derecho del cuerpo.

Los cinco sentidos tienen sus respectivos canales: para oír, los del oído derecho e izquierdo (*payasvini* y *shankhini*); para el tacto, el de la piel (*varuna*); para la vista, los de los ojos derecho e izquierdo (*pusha* y *gandhari*); para el gusto, el de la lengua (*sarasvati*); para el olfato, los de los orificios nasales derecho e izquierdo (*pingala* e *ida*). Los cinco órganos de acción tienen sus respectivos canales: para el habla (*sarasvati*), para las manos y los pies (*yashasvati* y *hastijihva*), para los órganos urogenitales (*kuhu*) y para el ano (*alambusha*).

El tratamiento de los catorce nadis

La mejor forma de tratar los nadis es tratar sus orificios o aberturas, que son los principales lugares de recepción y transmisión de la energía. Esto se puede hacer mediante masaje, terapia de calor (como la moxibustión) o aplicando plantas y aceites. Prana se mueve por los canales, entra y sale del cuerpo y crea estos orificios. Al tratar estos canales podemos influir en todos los pranas y energías del cuerpo y la mente.

El sushumna se puede tratar haciendo presión en la coronilla, masajeando el cráneo o aplicando plantas y aceites. El aceite de *brahmi* (gotu kola preparado en una base de aceite de coco) es específico para lubricar y tonificar el sushumna y el centro de la cabeza.

Los canales del oído (*payasvini* y *shankhini*) se pueden estimular presionando el lóbulo de la oreja o masajeando la oreja. Se pueden tonificar con aceite de masaje en el orificio auricular. El aceite de brahmi también es muy apropiado.

Los canales de los ojos (*pusha* y *gandhari*) se pueden estimular presionando los puntos alrededor de los ojos, concretamente el punto central y encima de los ojos. También va bien aplicar aceites y plantas medicinales en los ojos. El ghee de Triphala es el mejor. Los ojos se pueden equilibrar o estimular mediante presión o aplicando aceites en el tercer ojo, concretamente pasta o aceite de sándalo.

Los canales de la nariz (*pingala* e *ida*) se pueden estimular presionando los puntos que están justo a la derecha e izquierda de las fosas nasales. También se pueden tratar con la respiración alterna y la terapia *nasya* (principalmente con cálamo aromático), así como con aromaterapia (aceite con especias, como alcanfor, menta y canela). Por supuesto, estos dos canales son los más importantes del tratamiento porque podemos influir en ellos directamente por medio de la respiración.

Los canales de los pies y las manos (*yashasvati* y *hastijihva*) quizá sean los más importantes para el tratamiento, así como los más fáciles de manipular externamente. A través de ellos podemos equilibrar el flujo pránico en todo el cuerpo. Estos dos nadis conectan con varios chakras secundarios o pequeños o centros de nadis que irradian de ellos en las articulaciones (hombro, codo, muñeca y mano, cadera, rodilla, tobillo y pie). Se pueden tratar masajeando las manos y los pies, concretamente los dedos de las manos y de los pies, así como masajeando las extremidades, especialmente la región de las articulaciones. Va muy bien presionar el centro del pie o de la mano y las puntas de los dedos de las manos o los pies. Se pueden aplicar plantas y aceites medicinales en las palmas de las manos y las plantas de los pies, y trabajar en ellos.

El canal de la lengua (*sarasvati*) puede tratarse aplicando plantas y aceites medicinales en el cuello y la garganta. El ghee de cálamo cromático está especialmente indicado. Para conectar sarasvati con sushumna se coloca la lengua en el cielo del paladar.

El canal de todo el cuerpo (*varuna*) puede tratarse con un masaje corporal general y aplicando plantas y aceites medicinales sobre la piel, especialmente en la espalda, cerca de la zona del corazón.

El canal del estómago (*visvodhara*) puede tratarse mediante masaje en el abdomen, alrededor del ombligo, así como aplicando plantas y aceites medicinales en el ombligo (como pasta de jengibre). Otro método consiste en usar plantas para el sistema digestivo.

El canal reproductor (*kuhu*) puede tratarse aplicando masaje en el perineo o el punto anterior al pene, así como aplicando aceite en la uretra (en las mujeres también). El aceite de brahmi está indicado para controlar la función sexual.

El canal de eliminación (*alambusha*) puede tratarse mediante masaje en el recto o aplicando plantas y aceites medicinales en esta zona. Alambusha es el siguiente canal más importante después del sushumna. Aquí se trata vata mediante enemas medicinales (*basti*).

Los canales pueden tratarse por medio de los sentidos, de los órganos de acción o sistemas corporales que les corresponden, así como tratando los chakras donde se originan. Un buen método consiste en visualizar estos canales y dirigir el flujo del prana a través del pensamiento, visualizando el prana de color rojo o naranja. Aprender a visualizar los nadis y el flujo de energía a través de ellos es un importante método para la práctica de pranayama y pratyahara. Los canales también pueden tratarse mediante pranayama, donde se visualiza el prana recorriéndolos. Véase el capítulo sobre pranayama.

TERCERA PARTE

Las prácticas del yoga y el ayurveda

Técnicas de transformación interior

Obsérvese que esta sección describe distintas prácticas relacionadas con las constituciones vata, pitta y kapha. Si se da una combinación de estas constituciones debemos recordar que primero se tratará el dosha que esté desequilibrado en este momento.

12
Dietas yóguica y ayurvédica

Similitudes y diferencias

Y sabía que la comida era Brahman.
De la comida nacen todos los seres,
por la comida viven y a la comida regresan.
TAITTIRIYA UPANISHAD III, 2

La comida, *anna*, es la primera palabra sánscrita para Brahman, el Dios Supremo. En el universo todo es comida. El Yo interior, Atman, es el que ingiere los alimentos, que son todo. Todo lo que vemos es alimento para el alma. Nuestra evolución como almas depende de nuestra capacidad para comer y digerir el alimento, que es nuestra vida. La comida, anna, es la esencia de la vida, prana. Contiene la fuerza-vital y sustenta nuestro cuerpo.

El tipo de alimento que buscamos refleja nuestro nivel de evolución. El tipo de alimentos que busca una persona denota su estado de consciencia. El yoga y el ayurveda ponen énfasis en una dieta vegetariana pura –también denominada sátvica–, una dieta que fomente el desarrollo de sattva, las elevadas cualidades de paz, amor y consciencia. Comer es la primera interacción con nuestro entorno. Si esta no está basada en el amor y la compasión, el resto de nuestras acciones pagarán las consecuencias.

El ayurveda pone énfasis en seguir una dieta adecuada como punto de partida para todas las terapias curativas. La comida es la medicina más importante. Sin la comida adecuada, ningún otro método de tratamiento puede ser eficaz. El ayurveda recomienda alimentos sátvicos o puros, porque sattva crea equilibrio, elimina los factores perjudiciales y ayuda a reducir todos los doshas.

La esencia de sattva es la actitud de ahimsa (no-perjudicar). En primer lugar, la dieta sátvica es vegetariana y evita todo producto que implique matar o hacer daño a un animal. La dieta sátvica, además, da mucha importancia a los alimentos naturales, los que se han cultivado en armonía con la naturaleza, en buena tierra, madurados de forma natural, cocinados de la manera adecuada y con la actitud correcta de amor. Estos alimentos son portadores de prana y de consciencia.

Los yoguis son muy estrictos en lo que a su dieta se refiere. No solo son vegetarianos, sino que evitan los alimentos preparados comercialmente, los fritos y la comida rápida. Tampoco comen huevos ni ajo. Los yoguis suelen cocinarse su comida o viajar con sus cocineros, que conocen el arte de la cocina sátvica. Si usted invita a un verdadero yogui a su casa, es posible que le enseñe a cocinar; probablemente, lo primero que haga sea ir a comprar para asegurarse de que tiene los alimentos adecuados y luego preparará una maravillosa comida que será casi como un sacramento.

No obstante, una dieta yóguica tiene una finalidad distinta a la de una dieta ayurvédica y no deben equipararse. Esto es un reflejo de los distintos propósitos de las dos disciplinas: el ayurveda tiene como fin la curación y el equilibrio del cuerpo físico; el yoga pretende ayudarnos a trascender nuestra consciencia corporal. Mientras que el ayurveda actúa para mejorar la salud del cuerpo, el yoga nos ayuda a superar nuestras limitaciones corporales. Por esta razón, la mayoría de las disciplinas yóguicas tradicionales son de tipo ascético, e incluyen el ayuno y la dieta ligera, los alimentos crudos y los métodos de desintoxicación, así como el aislamiento sensorial, el pranayama y la meditación. Todas estas prácticas no solo tienden a reducir la consciencia física, sino que pueden agravar vata, que es el componente aéreo o no-físico de nuestra naturaleza. Por otra parte, el ayurveda tradicional da mucha importancia a los alimentos cocinados, a una dieta nutritiva y a protegernos de los elementos para conseguir fortaleza física y evitar que la acumulación de los doshas, especialmente vata.

Alimentos crudos o cocinados

Actualmente hay mucha confusión respecto al papel de las dietas de alimentos crudos en el yoga y el ayurveda, y en el vegetarianismo en general. Algunas personas identifican la dieta vegetariana únicamente con comer alimentos crudos. ¡Cocinar las verduras no las convierte en carne! La dieta vegetariana incluye todos los productos alimenticios que no son cárnicos, incluso los cocinados. Muchos alimentos, como el arroz y las patatas, han de ser cocinados para digerirlos.

El ayurveda en general no recomienda dietas de alimentos crudos para conservar la salud a largo plazo, sino solo para una desintoxicación a corto plazo. Esto se debe a que los alimentos crudos son más pesados de digerir y no nutren tanto como la comida cocinada. El ayurveda recomienda dietas específicas para contrarrestar nuestro dosha. Estas se basan principalmente en cereales integrales, legumbres, tubérculos, semillas y frutos secos, combinados con pequeñas dosis de alimentos crudos –lo que podría llamarse una dieta vegetariana equilibrada y nutritiva.

Sin embargo, esta visión ayurvédica de que es mejor la comida cocinada ha llevado a algunas personas a pensar que los alimentos crudos son malos desde el punto de vista ayurvédico. Debido a la conexión entre el ayurveda y el yoga, estas personas pueden considerar que las dietas crudívoras no son yóguicas. No obstante, si leemos textos yóguicos tradicionales veremos que dan mucha importancia a los alimentos crudos. La dieta yóguica se denomina tradicionalmente dieta de frutas y tubérculos (*phala mula*), aunque también incluye cereales y productos lácteos. Los yoguis que viven retirados en la naturaleza viven de alimentos silvestres como parte de su régimen espiritual y como medio para conectar con las fuerzas de la naturaleza.

Debemos tener en cuenta que los alimentos crudos aumentan los elementos aire y éter en el cuerpo y la mente, los componentes vata. Los alimentos cocinados son más apropiados para aumentar los elementos tierra y agua, que son los componentes de kapha, y también para aumentar el fuego, el factor pitta. Esto hace que los alimentos cocinados sean más fáciles de digerir y mejores para nuestro cuerpo, pero los alimentos crudos son mejores para favorecer nuestras sensibilidades sutiles, el prana y la mente.

La dieta yóguica pone énfasis en el desarrollo de los elementos aire y éter, no solo como medio de desintoxicación, sino también para abrir la mente, cuya naturaleza es principalmente aire y éter. Por esta razón, recomienda los alimentos crudos, así como el ayuno. Reducir el cuerpo permite a la mente expandirse y desarrollarse, reduciendo la consciencia corporal y fomentando el desapego.

La dieta yóguica no solo tiene en cuenta el papel de los doshas, que son el factor principal en la dieta ayurvédica, sino el papel del prana. Los alimentos crudos son ricos en prana, que el yogui intenta desarrollar por ser la energía elevada de la mente. Los alimentos crudos aportan fuerza pránica, no solo al cuerpo sino a la mente. Los alimentos crudos forman parte de la dieta tradicional yóguica para limpiar los nadis o canales, lo cual se produce aumentando el prana. Se dice que los grandes yoguis son capaces de vivir solo del aire o prana. Otros pueden vivir solo con agua, y otros solo con un poco de fruta, leche o ghee.

La estrategia yóguica consiste en aumentar agni (el fuego digestivo) mediante prácticas internas, para que vata no se agrave con la práctica del yoga. La práctica correcta del yoga, concretamente el pranayama, aumenta agni para que podamos digerir los alimentos crudos. Si nuestro calor interno es mayor, no dependemos tanto del calor de los alimentos y nos va mejor una dieta refrescante. El yogui con un fuego digestivo y un fuego pránico más fuertes tolera los alimentos crudos, las temperaturas extremas y otros desequilibrios físicos que suelen provocar enfermedades. Sin embargo, el ayurveda tiene como objeto la persona común y corriente que necesita protegerse de estas vicisitudes externas y de los aspectos más duros de la vida.

Sin embargo, los que solo somos yoguis a tiempo parcial y rara vez ascetas, podemos no tener la capacidad de digerir alimentos crudos, sobre todo durante largos períodos de tiempo. Esto es cierto principalmente para los tipos vata, que suelen tener una digestión débil o variable. Han de recordar las posibilidades de agravar vata que tienen las tradicionales dietas yóguicas. Pero las personas kapha, con su fuego digestivo bajo y su metabolismo lento, también pueden quedar muy debilitadas si toman demasiados alimentos crudos. Incluso los pitta encontrarán que la comida cruda es demasiado ligera para sustentar la energía y la vitalidad a largo plazo, sobre todo si realizan actividades físicas agotadoras.

No obstante, la mayoría de las personas puede beneficiarse de una dieta crudívora para desintoxicarse, en especial a finales de primavera, abril o mayo según el clima, que es la estación natural para la desintoxicación. También necesitamos cierta cantidad de alimentos crudos en nuestra dieta, generalmente entre un diez o un veinte por ciento, para conseguir las vitaminas, las enzimas y los minerales adecuados que abundan en estos alimentos. Los alimentos crudos apropiados para tomar con las comidas son pepinos, rábanos, zanahorias, tomates y varios tipos de germinados, así como cilantro y perejil.

Además, para los que deseen limpiar no solo el cuerpo físico, sino también el sutil, pueden hacerlo con la ayuda de dietas crudas combinadas con asanas, pranayama, mantras y meditación. Estas prácticas pueden realizarse de uno a tres meses, según la constitución de cada persona. Cualquiera que desee adentrarse seriamente en la práctica del yoga debería considerar hacer una desintoxicación preliminar, especialmente si está relacionada con el programa ayurvédico de desintoxicación panchakarma. Como la mayor parte de las personas en Occidente tiene sobrepeso y muchas toxinas en su organismo, estos métodos de desintoxicación suelen ser las primeras medidas para recuperar la salud.

Para evitar el peligro de una desintoxicación excesiva con alimentos crudos hay una prueba muy simple. Las dietas de alimentos crudos no han de apagar el fuego digestivo, dejarnos sin un apetito saludable que nos sustente. Junto con la dieta de alimentos crudos, procuraremos seguir un régimen para aumentar el fuego digestivo utilizando especias, como jengibre, cayena, canela y albahaca, o la fórmula ayurvédica Trikatu. Solo deberíamos tomar alimentos crudos en la medida en que nuestro fuego digestivo pueda digerirlos. No obstante, la importancia de los alimentos crudos para la purificación tampoco debe infravalorarse. A medida que avancemos en las prácticas espirituales, podremos asimilar más alimentos crudos e ingerir menos comida.

Los yoguis avanzados tienden de forma natural a ingerir alimentos crudos, así como cereales y lácteos. Prefieren vivir de alimentos pránicos, antes que tomar algo procesado o demasiado cocinado, y a la larga pueden renunciar por completo a los alimentos cocinados. Al considerar que la naturaleza es su madre, les desagradan los preparados comerciales y los alimentos cultivados. El progreso espiritual refleja una creciente sensibilidad hacia los alimentos y requiere comidas cuyos principales ingredientes sean el prana y el amor.

El yoga, la carne y ahimsa

Un estudiante de yoga debe reducir, cuando no evitar por completo, el consumo de carne, especialmente la roja. Por supuesto, la principal razón es que ser carnívoro viola el principio yóguico de ahimsa o no-violencia, que es el primero de los yamas o pautas de vida del yoga. Si nuestra práctica se basa en perjudicar a otras criaturas no avanzaremos mucho.

El cuerpo humano, los dientes y el sistema digestivo son los de un animal vegetariano. Los vegetales nos aportan la nutrición ideal para desarrollar nuestras sensibilidades humanas a través de un cuerpo físico y astral refinado. Nosotros no podemos descomponer fácilmente los tejidos animales en los componentes adecuados para crear tejidos humanos. En lugar de digerir y transformar la carne en tejido humano adecuado, se conservan sus energías animales y pasan a sustituir nuestros tejidos humanos.

La carne aumenta el fuego animal en el cuerpo y despierta los samskaras o tendencias de animales carnívoros que actúan dentro de nosotros. Esto fomenta la ira, la lujuria, el miedo y otras emociones negativas. La llama que crea una dieta carnívora es impura y proyecta un humo emocional que distorsiona la mente y el sistema nervioso. La dieta carnívora transmite la energía de la destrucción a las células, y esta a su vez favorece procesos de enfermedad y deterioro en su interior. Aporta una energía sutil de muerte a nuestro campo áurico, reduciendo el flujo de los pranas elevados en nuestro cuerpo. Las vidas de las criaturas que hemos comido pesan en el cuerpo astral, con sus impresiones y sentimientos negativos.

La carne produce un tipo de tejido pesado o tamásico que obstruye los canales y suele embotar la mente. Esto no significa que las prácticas espirituales no tendrán efecto en una persona que coma carne, sino que si tienen éxito, lo cual es menos probable, existe el peligro de que la carne que hay en el organismo, que es un tipo de combustible bruto, haga que la persona se sobrecaliente o cree una especie de humo que distorsione cualquier otra experiencia superior. No solo la violencia y el crimen han sido la manifestación más común de los carnívoros, sino también la intolerancia religiosa ha sido históricamente más común entre los grupos de carnívoros. No es solo una cuestión de moral, sino un tema energético para el cuerpo, la mente y el espíritu, tanto individual como colectivamente. Si a esto sumamos el daño que el consumo de carne está haciendo al planeta, por la destrucción de las selvas tropicales, la contaminación de la tierra y el agua y la creciente dificultad para que una población humana en constante crecimiento siga una dieta carnívora, la magnitud de este problema no puede pasarse por alto. No podemos evolucionar realmente como especie y trascender la guerra y la delincuencia hasta que renunciemos a comer la carne de nuestros hermanos animales.

Actualmente, hay muchas personas que no son estrictamente vegetarianas y comen pollo y pescado. Aunque la carne de estos animales es menos perjudicial que la carne roja, sigue siendo la vida de otro ser vivo. Estos productos no solo son perjudiciales para la práctica yóguica, sino también para el planeta y otras criaturas. La cantidad de aves que se crían actualmente en las granjas industriales asciende a miles de millones.

Otros vegetarianos comen huevos, son los denominados ovo-lácteovegetarianos. Incluso los vegetarianos que no comen huevos enteros pueden consumir huevo en otros productos alimenticios. Los huevos son un ingrediente habitual en panes, bollería, pasta, mayonesa y aliños para ensaladas. Es difícil evitar comer huevos, aunque no los tomemos directamente. Hay que mirar cuidadosamente las etiquetas de los productos para ver si llevan huevo. Aunque comer huevos sea menos perjudicial que comer pescado, pollo y carne roja, los huevos siguen siendo carne animal y provocan la explotación de estas criaturas. En muchos templos hindúes no se permite la entrada en sus santuarios interiores a las personas que comen huevos. La sofisticación de las granjas industriales y la ingeniería genética empleada en la cría de aves y en la producción de huevos son otras razones para evitar su consumo.

Por desgracia, muchos practicantes e incluso profesores de yoga occidentales siguen dietas carnívoras, a veces incluso sirven pollo y pescado en los retiros de yoga y meditación. Cuesta entender que se haga caso omiso a esto, teniendo en cuenta las tradiciones dhármicas de ahimsa, especialmente cuando es tan fácil conseguir productos vegetarianos.

El dilema moderno: la era de la mala alimentación

La dieta adecuada no es solo una cuestión del tipo de comida, sino de la calidad. En nuestra cultura, la calidad de la comida suele ser baja, como bien sabemos. ¡Si la comida es Dios, entonces nuestro

Dios sin duda ha muerto, o al menos se ha convertido en poco más que un acuerdo comercial para sacar el máximo beneficio! Nuestra comida se produce en serie, se prepara en serie y se consume en serie, se le prestan pocos cuidados y atención y, desde luego, muy poco amor o consciencia. La mala calidad de los alimentos empieza por los suelos pobres, los fertilizantes químicos y el uso de insecticidas y herbicidas en los cultivos, cuyos efectos a largo plazo son desconocidos. La mala calidad de la comida se agrava con la cosecha prematura, la maduración artificial, los transportes largos y la refrigeración, que muchas veces elimina la poca vitalidad real que ha conseguido sobrevivir en la planta. Por si fuera poco, luego viene el procesamiento de los alimentos, que puede incluir irradiación, congelación y envasado, a lo que hay que sumar aditivos y conservantes de todo tipo. Por si esto fuera poco, los procedimientos que utilizamos para cocinar incluyen hornos microondas, sobrecocción y un uso excesivo de aceites, azúcar, sal y especias. El resultado es que en lugar de ser nosotros los que comemos nuestra comida, es esta la que nos consume a nosotros, apenas nos nutre y es un terreno fértil para las toxinas.

Sin embargo, por mala que sea esta situación, es probable que empeore. Ahora la ingeniería genética añade genes de bacterias, virus y otras plantas y animales a los cultivos. Incluso las semillas que utilizamos para plantar están siendo modificadas genéticamente. En la soja hay genes de bacterias, frutos secos y flores. A los tomates se les añaden genes de cerdo y pescado. La principal razón para realizar estos cambios es que los alimentos tengan mejor aspecto, duren más tiempo o sean más resistentes a los herbicidas y pesticidas, a fin de que podamos consumirlos en mayor abundancia, pero no para hacer la comida más nutritiva.

Estos cambios genéticos no suelen venir especificados en las etiquetas. Casi toda la soja que se cultiva está modificada genéticamente, lo que todavía pone las cosas más difíciles a los vegetarianos, puesto que la soja es uno de los productos más consumidos en esa dieta. Como es natural para cualquiera que intente seguir una dieta yóguica pura, estos cambios son descorazonadores. Puesto que no podemos pasar sin comer, y si viajamos, podemos vernos obligados a comer fuera, lo único que podemos hacer es intentar reducir la cantidad de comida mala que ingerimos.

Este dilema actual sobre la comida nos está forzando a ser más conscientes de nuestra dieta. Hemos de aprender a cultivar nuestros propios alimentos, apoyar a los agricultores de alimentos orgánicos y ser más activos políticamente en las cuestiones medioambientales. La comida es la raíz sagrada de la vida. Si no la cuidados, ponemos en peligro nuestra propia salud y nuestra felicidad. Por desgracia, el siglo que viene no solo va a heredar la mala calidad de los alimentos, sino del agua y del aire. Al menos podemos conseguir agua embotellada de buena calidad. El aire y la comida son más precarios. Por consiguiente, elevar nuestra consciencia respecto a la comida y aprender a discriminarla es un aspecto muy importante de cualquier estrategia ecológica para salvar el planeta.

Un verdadero yogui debería estar en la vanguardia de los que trabajan para proteger los animales y la Tierra. Si actuamos ya, todavía podemos hacer mucho para mejorar, incluso cambiar desde su raíz estas condiciones negativas. La propia Tierra, al igual que el cuerpo humano, posee una gran capacidad de regeneración, si aprendemos a favorecer que esta fuerza curativa actúe sin obstrucción.

Los productos lácteos y el yoga

Las tradiciones yóguicas de India consideran que los productos lácteos son alimentos excelentes, sobre todo para las personas que están en el sendero espiritual. Aunque los lácteos no son recomendables para todas las constituciones, especialmente para los kapha, tienen un papel importante no solo para conservar la salud sino para favorecer la longevidad. La antigua civilización védica se desarrolló en torno a la vaca, que proporcionaba leche, nata, mantequilla y yogur. A lo largo de la historia, estos alimentos siempre han sido los favoritos de los yoguis que no consideraban los productos lácteos nocivos para su salud. En su niñez, el gran avatar Krishna, era conocido porque se tomaba toda la mantequilla recién batida que las amas de casa confiadas dejaban sin vigilar.

En ayurveda se utilizan los preparados lácteos con fines medicinales, sobre todo para aumentar la resistencia a la enfermedad y contribuir en la convalecencia y la regeneración. Entre ellos se incluyen las decocciones de leche, las mantequillas y ghees (mantequilla clarificada) medicados. Los lácteos no solo están recomendados para los jóvenes, sino también para los ancianos y para todo aquel que esté debilitado o que necesite fortalecerse. Muchos yoguis siguen una dieta basada principalmente en la leche durante largos períodos. La leche fresca hervida con especias y azúcar de caña integral se considera un alimento excelente.

Sin embargo, esto depende de la buena calidad de la leche y de cómo hayan sido tratadas las vacas, lo cual nos devuelve al dilema de nuestra vida moderna. Este tipo de leche es muy difícil de encontrar. De forma contraria, los productos lácteos mal preparados a partir de vacas maltratadas aumentan la mucosidad en nuestro organismo y favorecen las alergias alimentarias y sinusales, así como la aparición de cándidas.

Existe una serie de temas de salud relacionados con los productos lácteos que hemos de entender para poder utilizarlos adecuadamente. A algunas personas les faltan las enzimas necesarias para digerir los lácteos porque su grupo étnico no tiene antecedentes de ingestión de lácteos. Los adultos que no fueron amamantados de pequeños también pueden tener problemas para digerirlos. Otros problemas surgen, no de los propios productos lácteos, sino de su preparación incorrecta. Del mismo modo que la harina blanquada es muy distinta de la harina de trigo integral, los productos lácteos preparados de una forma natural son muy diferentes de los que suelen venderse en los supermercados.

En India se deja que la vaca alimente primero a su ternero. Solo la leche sobrante, que suele ser considerable, se dedica al consumo humano. Si se aleja a la cría de la vaca, su leche pierde muchas de sus cualidades nutritivas. La industria láctea aparta a las crías de sus madres y las mata. Matamos a la cría del animal y nos bebemos su leche. ¿Cómo se sentiría una madre humana en tales circunstancias? Cuando la vaca oye la llamada de su cría, inmediatamente empieza a secretar leche. La vaca sabe cuándo su ternero va a morir y su angustia produce toxinas en su leche.

Hay muchas otras formas de maltratar a las vacas, como confinarlas en establos y ordeñarlas con máquinas. Ahora son animales híbridos, producidos por inseminación artificial, diseñados genéticamente para producir más leche de la que es saludable para ellas. Son alimentadas con hormonas, antibióticos y cereales inorgánicos. Los residuos químicos son absorbidos en sus tejidos y se concentran en su leche. La pasteurización, la homogenización y la refrigeración a largo plazo de los productos lácteos también debilita sus propiedades beneficiosas.

Los textos ayurvédicos explican las propiedades de los diversos productos lácteos con todo detalle. Nos dicen que la calidad de la carne o de los lácteos de animales atados o confinados es muy inferior a la de los animales que han podido pastar libremente. Por lo tanto, no podemos equiparar las modernas granjas de productos lácteos con las de los textos ayurvédicos. Es evidente que deberíamos intentar conseguir productos lácteos orgánicos o naturales, o bien consumirlos con moderación.

La leche y el ghee son excelentes productos lácteos para la práctica del yoga. Es mejor tomar la leche recién hervida con especias, como jengibre, canela y cardamomo. El yogur es mejor si se mezcla con agua y se prepara como un batido (*lassi* o *buttermilk* o mazada india). De lo contrario, resulta un poco pesado, genera mucosidad y deja de ser el alimento para adelgazar que se cree que es.

La mayoría de los quesos se hacen con cuajo que procede de los intestinos de la vaca. Los vegetarianos estrictos solo consumen queso que se ha fabricado con enzimas vegetarianas. Estos quesos pueden encontrarse en la mayoría de tiendas de productos naturales. El requesón, el queso crema y el queso de granja (*paneer*) indio son los mejores.

El yoga y las especias

Como la mayor parte de la comida india es muy especiada, algunas personas suponen que la dieta yóguica también ha de tener muchas especias, incluidas la cayena y el chile. No es cierto. Las personas que han crecido con dietas muy especiadas, como los indios, pueden tolerarlas mejor, incluso aunque sigan una dieta yóguica. Sin embargo, la dieta yóguica no debería ser demasiado picante porque la mayoría de las especias son rajásicas e irritan los nervios. La dieta debería dar prioridad a las especias dulces, como el jengibre, la canela, el cardamomo, la albahaca y el hinojo, que son sátvicas.

Muchas comidas picantes, sobre todo en los restaurantes, se preparan con aceites de mala calidad. Esto no es una buena combinación. Si usted sigue una dieta muy especiada, debe asegurarse de que utiliza especias naturales de buena calidad y aceites buenos y naturales como el ghee. Se debe usar un buen ghee, fabricado con mantequilla orgánica o cruda, en lugar de la mantequilla comercial.

El yoga y el azúcar

Algunas personas piensan que en cualquier dieta espiritual debe evitarse totalmente el azúcar. Esto se debe principalmente a los peligros provocados por el azúcar blanco. El azúcar blanco es un alimento refinado y procesado y por ello debe evitarse. Sin embargo, todos necesitamos en la dieta una cierta cantidad de azúcares naturales, como la miel y el azúcar no refinado (*jaggery*), especialmente, los niños. Por lo tanto, a medida que Kundalini se va despertando con la práctica espiritual, los azúcares puros pueden ser necesarios para mantener el metabolismo equilibrado. Por esta razón, tomar dulces naturales con moderación forma parte de la dieta yóguica.

Dieta sátvica

Para seguir una dieta sátvica hay que entender los seis sabores. El dulce es el principal sabor sátvico porque nutre, equilibra y es agradable para la mente y los sentidos. No obstante, el ayurveda considera sabor dulce los dulces naturales, no los azúcares procesados, y mucho menos los edulcorantes artificiales. Esto incluye azúcares, almidones, hidratos de carbono y aceites, como los que se encuentran en la fruta, los cereales, las verduras, las semillas y los frutos secos.

Los sabores picante, ácido y salado suelen ser rajásicos porque tienen propiedades estimulantes. Aunque esto los hace aptos para mejorar la digestión y por otras propiedades terapéuticas, también los convierte en potencialmente irritantes para el sistema nervioso. El sabor picante o acre es de naturaleza caliente y expansiva y puede dispersar mucho nuestra energía y causar agotamiento si nos excedemos en su uso. La sal puede obstruir las arterias y los canales por su contenido mineral, como las sales que corroen las cañerías. El sabor ácido es como el alcohol, puede provocar fermentación en el cuerpo.

Los sabores amargo y astringente tienden a ser tamásicos por sus efectos reductores a largo plazo que, aunque son útiles para la desintoxicación y la reducción de peso, tienen posibles efectos secundarios. El sabor amargo, es frío y ligero y tiene un efecto desintoxicante que debilita agni y agrava vata (provocando nerviosismo). El sabor astringente, que constriñe, puede provocar la retención de desechos y también aumenta vata.

Cada sabor puede ser sátvico, rajásico o tamásico, dependiendo de cómo se use. Es una cuestión de proporciones. Necesitamos el correcto equilibrio de los seis sabores. Esto se consigue con una dieta predominantemente de sabor dulce, con el uso de los sabores picante, salado y ácido en los condimentos, y los sabores astringente y amargo para desintoxicar cuando sea necesario.

Los seis sabores

Dulce
Elemento: tierra y agua
Dosha: VP- K+
Guna: sattva

Salado
Elemento: agua y fuego
Dosha: V- KP+
Guna: rajas

Ácido *Elemento:* earth and fire *Dosha:* V- KP+ *Guna:* rajas	**Amargo** *Elemento:* aire y éter *Dosha:* PK- V+ *Guna:* tamas
Picante *Elemento:* fuego y aire *Dosha:* K- PV+ *Guna:* rajas	**Astringente** *Elemento:* tierra y aire *Dosha:* PK- V+ *Guna:* tamas

Demasiada comida dulce, aunque sea natural, se vuelve tamásica y embota, y llega a obstruir los canales. Los dulces preparados de modo artificial, o los procesados, tienden a provocar esto, incluso en poca cantidad. Las especias dulces, como el jengibre, la canela y la menta, son sátvicas, así como el limón y la lima. Algunas plantas amargas, como gotu kola, son sátvicas porque el sabor amargo con sus elementos aire y éter ayuda a expandir la mente. Comer cualquier tipo de alimento en exceso puede provocar tamas o estancamiento. Por otra parte, comer poco o seguir una dieta demasiado ligera o demasiado estimulante aumenta rajas. Solo es sátvico seguir la dieta correcta y la cantidad adecuada. La dieta sátvica es agradable y de sabor equilibrado, contiene una cierta cantidad de los seis sabores y se toma solo la cantidad necesaria para llenar la mitad del estómago.

Dietas sátvicas para los doshas

El ayurveda prescribe regímenes dietéticos para los distintos doshas. En este sentido, tres sabores disminuyen y otros tres aumentan cada uno de los doshas, tal como muestra la tabla anterior. Hay muchos libros de cocina ayurvédica para las personas que estén interesadas en profundizar en este tema.[28]

---

28. Entre los numerosos libros de cocina ayurvédica destacan especialmente los de Amadea Morningstar, autora también de *Ayurvedic Cooking for Westerners*. Para conocer en mayor profundidad los aspectos espirituales de la dieta ayurvédica, son valiosos los trabajos de Maya Tiwari.

El planteamiento de la cocina y la dietética ayurvédicas está principalmente relacionado con la salud física y no siempre hace referencia a sattva. Por lo que, podrían discutir que ciertos alimentos fueran de naturaleza sátvica. El yoga, por el contrario, pone énfasis en una dieta sátvica y puede incluir alimentos que agraven determinados doshas. Una dieta óptima debería combinar una dieta sátvica con la dieta apropiada para el dosha de cada persona. Hay muchos alimentos sátvicos para todas las constituciones. Podemos consultar la lista de alimentos sátvicos que figura más adelante y adaptarla a nuestra constitución.

La dieta sátvica se basa en el horario de las comidas y el tipo de alimentos. Por la mañana y por la noche, deben evitarse los alimentos pesados y que generan mucosidad, ya que a esas horas es más probable que se obstruya nuestro organismo. La comida de la mañana debe ser ligera y estimulante. La comida principal debe hacerse a mediodía, seguida de un rato de descanso o relajación, o hacerse a primera hora de la tarde. Comer tarde por la noche, salvo algunos alimentos como fruta y leche, embota el cuerpo y la mente.

También deberíamos recordar los desequilibrios concretos que pueden derivar de la práctica yóguica. Las prácticas como el pranayama y la meditación pueden agravar vata, por lo tanto cuando las realicemos deberíamos tomar alimentos que apaciguaran vata. Véase también la información respecto a ojas en el capítulo «Prana, tejas y ojas». Una dieta que aumente ojas es importante para muchos métodos de yoga.

Dieta pránica

La dieta yóguica no es simplemente una dieta sátvica, sino una dieta pránica, llena de la fuerza vital necesaria para aportar energía a la mente y al cuerpo sutil. En este sentido, los distintos alimentos se relacionan con los distintos pranas.

De los cinco pranas, los alimentos pránicos por excelencia son las verduras de hoja verde y los germinados que crecen rápidamente, sobre todo en primavera cuando abunda prana. Estos son estimulantes, refrescantes y purificadores. Las dietas de alimentos crudos a base de alimentos y plantas ricos en clorofila estimulan el prana, sobre todo si se combinan con especias aromáticas suaves como el jengibre, el cilantro y la menta.

Los alimentos de apana son los que crecen bajo tierra, principalmente los tubérculos, como las patatas, las zanahorias y los boniatos. Aquí se incluyen las setas, que surgen de la tierra. Estos alimentos proporcionan fuerza, resistencia y ojas, pero pueden ser un poco pesados. Como el alma o jiva de las plantas mora en la tierra, las raíces pueden contener mucha energía vital. En esta categoría se incluyen raíces especialmente potentes, como el ginseng o *shatavari*, incluidos tónicos para el aparato reproductor, que está regido por apana.

Los alimentos samana son principalmente los cereales integrales que tienen un efecto equilibrador (cuando se toleran bien), especialmente el arroz. Por esta razón, los cereales integrales deben ser la base de la mayoría de las dietas. Los productos lácteos, que son alimentos predigeridos, también incumben a samana, igual que la miel y los azúcares sin refinar. Estos alimentos son nutritivos, pero no pesados, salvo que se tomen en exceso, y son fáciles de digerir.

Los alimentos de vyana son los que se arrastran por la tierra, como calabazas, melones, fresas, tomates y legumbres. Fortalecen, estimulan y ayudan a que nuestra energía se expanda. Suelen tomarse con cereales o alimentos samana.

Los alimentos udana son las frutas y los frutos secos que crecen en los árboles. Contienen más elemento éter y nutren la mente y el corazón más profundos. Pueden tomarse solos y son muy sanos, ligeros y equilibradores.

El yoga pone énfasis en los alimentos con prana sátvico. Esto se suele encontrar en alimentos que crecen por encima del suelo como las frutas y los frutos secos. Los alimentos que crecen en el suelo, como los tomates y las fresas, tienden a crear rajas. Los alimentos que crecen o se desarrollan bajo tierra tienden a crear tamas, como el ajo, las cebollas y las setas. Pero estos son solo factores secundarios. Los tubérculos y las verduras sátvicos también son muy comunes.

La dieta yóguica consiste principalmente en alimentos de tipo udana, como las frutas, que ayudan aumentar prana, y los alimentos samana, como el arroz y la leche, para mantenernos en equilibrio; pero los alimentos para los otros pranas también son buenos. Deberíamos tomar alimentos para los cinco pranas, así como para los seis sabores.

Cuando tomamos alimentos pránicos debemos procurar mantener el equilibrio de sus doshas. Los tipos vata necesitan comida nutritiva que fortalezcan apana, por lo tanto han de comer más tubérculos o raíces. Todos los doshas se benefician de los alimentos relacionados con samana, como los cereales integrales, que son equilibradores por naturaleza. Además, las especias pueden ser necesarias para fortalecer el fuego digestivo y el fuego de prana (*pranagni*), sobre todo si nuestra dieta es de naturaleza fría, como tienden a ser los alimentos pránicos. Prana predomina en los elementos aire y éter, por lo tanto necesita el calor del fuego, el enraizamiento de la tierra y la cualidad húmeda del agua para mantener el equilibrio.

Alimentos recomendados para la práctica del yoga

- Todo tipo de fruta, especialmente la dulce, consumida fresca y entera.
- Todas las verduras; cebolla y ajo con moderación.
- Todo tipo de cereales integrales, especialmente el arroz, el trigo y la avena.
- Las legumbres con moderación, salvo las que no son de propiedades demasiado pesadas, como judías mung, azukis y tofu.
- Frutos secos y semillas, como almendras, coco, nueces, pecanas y sésamo, pero no demasiado tostados ni salados.
- Todo tipo de buenos aceites naturales vegetales, como los de sésamo, oliva y girasol; también mantequilla y ghee (mantequilla clarificada).
- Productos lácteos de vacas bien cuidadas, sobre todo leche, ghee, yogur y requesón.

- Azúcares naturales, como azúcar sin refinar (*jaggery*), miel, jarabe de arce y melaza.
- Especias dulces, como jengibre, canela, cardamomo, hinojo, comino, cilantro, cúrcuma, menta, albahaca y fenogreco.
- Infusiones de hierbas, agua natural y zumos de frutas (especialmente, agua con limón o lima).
- Alimentos preparados con amor y consciencia.

Alimentos que se deben reducir o evitar
- Carne y pescado de todo tipo, huevos tampoco.
- Todo tipo de alimentos artificiales, procesados y comida basura de cualquier clase.
- Comida en conserva, salvo la fruta y los tomates conservados de forma natural.
- Aceites de mala calidad, grasas animales y margarinas.
- Productos lácteos de granjas industriales.
- Ajo, cebollas y comida muy picante.
- Fritos de cualquier tipo.
- Azúcar blanco y harina blanca.
- Edulcorantes y condimentos artificiales.
- Cualquier alimento que esté muy cocinado, rancio, pasado o recalentado.
- Alcohol, tabaco y otros estimulantes.
- Agua del grifo y bebidas artificiales.
- Alimentos que hayan sido sometidos a radiaciones; los cocinados en microondas.
- Alimentos modificados genéticamente.
- Comer en un entorno ruidoso o comer demasiado rápido.

13
Preparar soma: plantas para la práctica del yoga

Plantas, Reinas del Soma, de infinidad de variedades,
con un centenar de poderes de percepción.
Yo os tomo porque sé que sois lo mejor
para satisfacer los deseos del corazón.
Plantas, Reinas del Soma, que estáis por toda la Tierra,
creadas por el Padre Divino, dad vigor a esta hierba.
RIG VEDA X, 97 18-19

Las plantas medicinales son una gran ayuda en la práctica del yoga. No solo son útiles para tratar enfermedades y para rejuvenecer, sino también para despertar nuestras facultades superiores. Cualquier persona que practique yoga debería considerar tomar plantas regularmente. Los yoguis siempre han tomado plantas que les ayuden en su práctica y que estimulen el prana y la mente superior.

Muchas plantas tónicas orientales se han popularizado actualmente en Estados Unidos, como ginseng y ashwagandha, que son excelentes para la práctica del yoga porque aumentan nuestras energías vitales más profundas (*chi* o *prana*). Estas plantas tienen en general un efecto fortalecedor para los músculos y los nervios, son especialmente útiles para los vegetarianos, que necesitan una forma de nutrición más profunda. Incluso las plantas y especias más comunes, como el jengibre, la cúrcuma y el regaliz, tienen un gran valor para el yoga. Las plantas son importantes complementos capaces de catalizar procesos que de otro modo serían difíciles de llevar a cabo.

Todos podemos beneficiarnos de tomar plantas a diario. Las plantas medicinales pueden ser tan importantes como nuestro pan. Sin embargo, sus efectos no se manifiestan inmediatamente. Al igual que la comida, sus beneficios se acumulan con el tiempo y precisan una dieta y un estilo de vida correctos para afianzaar sus efectos. Por esta razón, hemos de proporcionar a las plantas las circunstancias adecuadas para que puedan actuar, en vez de tratarlas como simples medicamentos. En este capítulo no hablaremos de los orígenes de la fitoterapia ayurvédica, ni de la preparación de las plantas, ni de otros temas relacionados. Esto puede encontrarse en otros libros sobre ayurveda.[29] Solo nos centraremos en las plantas que son importantes para la práctica del yoga.

Plantas medicinales y soma

Según el punto de vista védico, la savia de las plantas contiene una poderosa esencia vital denominada *soma*. El soma de las plantas se puede combinar con ojas, que es el soma o la esencia vital del cuerpo y aumentar su vitalidad. Esta esencia sanadora de las plantas reacciona con el plasma (*rasa*) del cuerpo, creando una forma superior de plasma que nutre y rejuvenece otros tejidos. Produce un efecto estimulante que favorece la curación y los procesos de transformación en todos los niveles.

Algunos botánicos han buscado una planta del soma, como si este se limitara a una planta en particular. Están cometiendo un error. Los textos védicos mencionan muchos tipos distintos de plantas de soma, el soma es la esencia de todas. Suelen equipararla a la miel (*madhu*), que se fabrica con la esencia de las plantas por medio de su polen. Por lo tanto, soma se refiere a varias esencias especiales (*soma rasas*) que están más presentes en unas plantas que en otras, pero que existen en todo el reino vegetal.

---
29. Véase *Yoga of Herbs* de David Frawley y Vasant Lad.

Los textos ayurvédicos clásicos, como el *Susruta Samhita*, mencionan veinticuatro plantas de soma y dieciocho con algo similar al soma.[30] *Atharva Veda*[31] menciona, entre las plantas que producen soma, cereales como la cebada, plantas como *durva* y tranquilizantes como el cáñamo (*bhang*). Kushta (*Saussurea lappa*) es otra de las plantas que a menudo se menciona junto a soma.[32] La efedra (*ma huang*) ha sido utilizada como sustituto del soma, especialmente por los antiguos persas, que seguían una religión similar a los *Vedas* hindúes. Soma es la esencia general de la planta, no una especie en particular. Los ingredientes similares a soma son más comunes en las plantas tranquilizantes y tónicas. Tradicionalmente, en India se usaban con este fin variedades de la familia de los lirios y las orquídeas por sus potentes propiedades nutritivas y tranquilizantes y por su abundante savia.

Los ingredientes soma predominan en las plantas que crecen en las montañas, concretamente junto a ríos y lagos. Cachemira y el lago Manasa (Dal), la zona del alto Indo, cerca de Ladakh, el monte Kailas y el lago Manasarovar, en Tíbet, eran consideradas las mejores regiones para el soma. La altitud confiere un prana especial a las plantas, que les permite transmitir las influencias cósmicas y astrales que están más accesibles en las regiones montañosas. Cualquier planta que haya crecido en la montaña tendrá más soma o savia vital. Esto no es ningún secreto para la mayoría de las medicinas tradicionales autóctonas.

No obstante, soma es una sustancia muy volátil. Se encuentra principalmente en las plantas silvestres recién cortadas. En el ayurveda siempre se ha considerado que el zumo fresco de la planta es el que tiene mayores propiedades terapéuticas. Esto se debe a que contiene la mayoría del soma. Incluso las plantas que contienen ingredientes soma pueden perderlos si no se toman frescas o se

---
30. *Susruta Samhita Chikitsa Sthanam* 29 y 30.4.
31. *Atharva Veda* XI, 6.15.
32. *Atharva Veda* XIX, 39.5.

preparan para que puedan conservarlos. Este es un tema importante en la tradición herbolaria actual porque es difícil conseguir plantas silvestres y, por lo tanto, también es difícil conservar sus propiedades. En lo que a soma se refiere, la calidad de las plantas es tan importante como su naturaleza específica.

Las plantas soma se preparaban extrayendo primero su zumo. Este se mezclaba o cocía con leche, ghee, yogur, cebada, miel o zumo de caña de azúcar, y algunas veces se fermentaba, puesto que había muchos preparados distintos de soma. En ocasiones se preparaba con metales, como el oro, como se hace con las plantas ayurvédicas aún hoy en India. Estos somas alquímicos eran la base para los posteriores medicamentos alquímicos y tántricos. Soma fue diseñado para transformar el metal básico de nuestra naturaleza mundana en el oro de la espiritualidad. Esto no es simplemente un símbolo. El metal básico es el cuerpo físico; el oro es el cuerpo sutil purificado. Soma se utilizaba para despertar y vigorizar el cuerpo sutil. Algunos preparados soma se utilizaban con fines espirituales, otros con fines sanadores y otros con ambas finalidades.

Las plantas contienen un tipo especial de agni o fuego vegetal que les permite digerir la luz por medio de la fotosíntesis. El agni de las plantas, que son criaturas pránicas, conecta con pranagni, el agni de prana del cuerpo humano, calentando y estimulando la fuerza-vital. Las plantas picantes, con su potencial natural caliente, contienen más energía agni, especialmente las tranquilizantes picantes, como cálamo aromático, pimienta larga y shankha pushpi. La combinación de plantas con mucho agni y plantas con mucho soma es perfecta para el desarrollo interior. Las plantas en las que domina agni ayudan a purificar, extraer y digerir las plantas soma.

Hay tantos tipos de soma como de agni. Cada kosha tiene su propio soma o néctar, que es el mejor alimento para él mismo. Las plantas aportan soma al cuerpo y al prana, crean una secreción especial del cerebro que proporciona satisfacción y nutre los centros superiores del cerebro. Esta secreción se refleja en un cierto tipo de saliva que se produce durante el pranayama.

La esencia soma de las plantas se transmite mejor si las plantas se preparan con un ritual, mantras y meditación, lo que crea un vehículo para la energía astral de la planta. El mantra es otra forma de agni que ayuda a catalizar los ingredientes soma de las plantas.

Plantas y prana
Las plantas actúan principalmente a nivel del pranamaya kosha, la energía vital o cuerpo pránico. Su efecto se produce en un nivel más sutil que el de la comida y en un nivel más pesado que el de las influencias mentales y sensoriales.

Las plantas, por tanto, vinculan el cuerpo y la mente por medio del prana. Estimulan la circulación del prana por los canales y los nadis. El cuerpo sutil con sus distintos chakras es como un árbol con distintas ramas. Las plantas facilitan el movimiento de la energía por dicho árbol. Catalizan los procesos pránicos de crecimiento y eliminación. Ayudan al prana en su función de mantenernos sanos, fuertes y conscientes.

Plantas para el cuerpo y hatha yoga
Todas las plantas que sirven para tratar trastornos físicos tienen algún potencial para la práctica del yoga. Aquí nos centraremos en las más importantes, que son las que se recomiendan para la práctica de las asanas.

1. Plantas para aumentar la flexibilidad, favorecer la circulación y estimular el movimiento de la energía. Este tipo de plantas ayudan a la correcta realización de las asanas mejorando la función músculo-esquelética y la coordinación. Se suelen clasificar como antirreumáticas o antiartríticas. Son las más importantes para el hatha yoga.

Plantas típicas: guggul, shallaki, mirra, nirgundi, cúrcuma, azafrán, ginseng siberiano, angélica, kava kava, Dasha Mula (fórmula ayurvédica).

Suelen tomarse con miel y agua caliente o con estimulantes picantes, como el jengibre y la canela, para aumentar su eficacia. Tienen un mayor efecto si además las complementamos con masajes con aceite, especialmente fórmulas de aceite de sésamo medicado, o si realizamos terapias de sudoración y saunas.

2. Plantas para aumentar la energía física y la vitalidad. Fortalecen ojas y, por medio de este, potencian soma, que es la forma superior de ojas o nuestra esencia vital. Suelen ser agentes tónicos y rejuvenecedores, tienen grandes propiedades nutritivas, también fortalecen el aparato reproductor. Aumentan el vigor y la resistencia, proporcionando estabilidad a las posturas yóguicas y el pranayama.

Plantas típicas: ashwagandha, amalaki, shatavari, bala, vidari, ginseng, dioscorea, kapikacchu, semillas de loto, regaliz, sabal, fo ti.

Suelen tomarse con leche, azúcar de caña, ghee y otros alimentos nutritivos para potenciar sus propiedades fortalecedoras. Combinan bien con miel cruda (que no ha sido calentada), especialmente si es fresca (menos de seis meses). Es mejor tomarlas con una dieta vegetariana nutritiva (como una dieta anti-vata). Se han de añadir unas cuantas especias, como jengibre y canela, para facilitar su digestión pues suelen ser un poco pesadas.

3. Plantas para enfriar y depurar el organismo. Estas plantas eliminan las toxinas de la sangre, los tejidos y los órganos internos. Suelen ser amargas o astringentes y contienen mucha clorofila.

Plantas típicas: gel de aloe, guduchi, genciana, agracejo, gotu kola, brahmi, plántago, diente de león, hoja de consuelda, ortigas, milenrama y acedera.

Estas plantas se toman con ghee, gel de aloe, miel y otros agentes reductores. Se suelen combinar con dietas de alimentos crudos, zumos de verduras y otras formas de desintoxicación.

Plantas para los cinco pranas

La clave para la sanación a nivel interno consiste en mantener en correcto movimiento los cinco pranas. Las plantas facilitan este proceso. A continuación mencionamos las plantas típicas para estimular los cinco pranas. Algunas son buenas para más de un prana. Esta clasificación coincide un poco con la de las plantas para el cuerpo y la mente, porque el prana actúa en ambos niveles.

Prana: plantas diaforéticas picantes que incrementan nuestra capacidad de inhalación, despejan la cabeza y los senos nasales, estimulan la mente y los sentidos y mejoran el apetito: canela, salvia, cálamo aromático, menta, tomillo, tulsi, eucalipto, efedra, clavo, pimienta larga, shilajit.

Apana: plantas laxantes suaves que favorecen la eliminación y limpian los canales inferiores, favorecen la absorción del prana en el intestino grueso: haritaki, zaragatona, semillas de lino, aceite de ricino, gel de aloe, cáscara sagrada, asafétida, Triphala y Hingashtak.

Samana: plantas picantes que favorecen la digestión y la absorción a través del intestino delgado: cardamomo, hinojo, jengibre, cayena, mostaza, comino, albahaca, pimienta negra, nuez moscada, Trikatu (fórmula ayurvédica).

Vyana: plantas picantes y amargas que favorecen la circulación por el corazón, la sangre y el sistema músculo-esquelético: canela, nirgundi, arjuna, helenio, guggul, azafrán, cúrcuma, guduchi, ginseng siberiano, angélica, kava kava.

Udana: principalmente picantes y astringentes que fortalecen la voz y calman la tos, aumentan la vitalidad y la resistencia. También pueden utilizarse muchas de las plantas para el prana, especialmente las que calman la tos: cálamo, mirto, helenio, lobelia, tulsi, haritaki, menta, gordolobo, vasa, tusílago, corteza de cerezo, regaliz.

Plantas para la mente y la meditación

Muchas plantas tienen propiedades tranquilizantes y actúan sobre la mente. Se pueden dividir en varias categorías principales y utilizarse en los yogas superiores.

1. Plantas para estimular la mente, los sentidos y mejorar la percepción. Abren los canales, favorecen el riego en el cerebro y eliminan la mucosidad en la cabeza. Aumentan la percepción y el discernimiento, facilitan el proceso de introspección y la meditación. Se parecen a las plantas que mueven el prana.

Plantas típicas: cálamo aromático, tulsi, albahaca, pimienta larga, mirto, efedra (ma huang), salvia, helenio.

Se toman con agua tibia y miel (especialmente vieja, porque tiene más propiedades secantes) para mejorar sus efectos. Estas son las plantas que suelen utilizarse en la terapia nasya.

2. Plantas para aguzar la consciencia y la inteligencia, fortalecen la mente. Son tónicas y reconstituyentes, especiales para la mente y el tejido nervioso, similares a las plantas tónicas para el cuerpo. Aumentan el soma en el sistema nervioso, favorecen la concentración, nos proporcionan satisfacción, felicidad y nos ayudan a superar el dolor.

Plantas típicas: shankha pushpi, brahmi, gotu kola, ashwagandha, haritaki, shatavari, bala, kapikacchu, arjuna, semilla de loto, shilajit.

Estas plantas, al igual que las tónicas para el cuerpo con las que comparten efectos, suelen tomarse con leche tibia, azúcar de caña, miel cruda, ghee y otros alimentos nutritivos para potenciar sus propiedades fortalecedoras.

3. Plantas para calmar la mente. Son sedantes y calman el dolor, pero también aquietan la mente para la meditación. Son menos nutritivas que las tónicas para la mente y mejores para reducir la ansiedad y calmar los nervios.

Plantas típicas: jatamamsi, valeriana, nuez moscada, pasiflora, kava kava, escutelaria, cypripedium, semillas de azufaifo.

Estas plantas se pueden tomar con otros agentes calmantes, como ghee y gel de aloe, para potenciar sus propiedades tranquilizantes. Jatamamsi es considerada la mejor de ellas.

Los doshas y la práctica del yoga

Vata: les falta flexibilidad, tienen sequedad y rigidez, suelen desarrollar artritis. Necesitan plantas que les ayuden a mejorar su flexibilidad, así como los masajes con aceite de sésamo y sus variedades medicadas. Los vata suelen tener la energía baja; para aumentarla les van bien las plantas tónicas, especialmente ashwagandha.

Los vata deben mantener el equilibrio de apana, por lo que con frecuencia necesitarán laxantes suaves como Triphala. Sin embargo, puesto que vata suele trastornar el prana, pueden serles útiles las plantas para los cinco pranas, especialmente las que regulan el prana, como tulsi (albahaca sagrada). Las personas vata suelen ser inestables y volubles. Para ellos están indicados todos los tónicos, especialmente los del sistema nervioso y las plantas sedantes para la mente, como jatamamsi y ashwagandha. Es mejor que tomen las plantas con leche tibia o miel cruda.

Pitta: suelen tener calor interno y sangre tóxica que han de ser eliminados del cuerpo para sanar. Necesitan plantas refrescantes y desintoxicantes, como gel de aloe, guduchi y agracejo, así como plantas y alimentos verdes.

La mente es la sede del fuego en el plano sutil. Por ello, la mente y el cerebro se recalientan fácilmente. Los pitta necesitan mantener frías su mente y sus emociones, y evitar la ira que recalienta la mente. Para este fin, las nervinas frías para el sistema nervioso, como gotu kola, brahmi, shatavari y jatamamsi, son las mejores. Es mejor que tomen las plantas con leche o gel de aloe.

Kapha: con su tendencia al estancamiento, los kapha necesitan plantas que mejoren la circulación, especialmente guggul, mirra y cúrcuma, que contrarrestan las dolencias habituales de kapha, como enfermedades cardíacas, diabetes, asma y obesidad. Las mejores plantas tónicas para ellos son las que no son demasiado pesadas, como shilajit, aunque también se pueden beneficiar de ashwagandha o ginseng si su energía está demasiado baja.

Kapha, en forma de mucosidad, bloquea los canales y los nadis de la cabeza y del cuerpo sutil. Necesitan plantas que estimulen la mente y los sentidos. Para ello están indicadas varias plantas picantes, como cálamo aromático, jengibre y pimienta larga, además del uso de la lota nasal y la terapia nasya. Como su prana se obstruye fácilmente debido a la mucosidad, los kapha necesitan plantas para los cinco pranas, con la posible excepción de las plantas para apana. Es mejor que tomen plantas con agua templada o miel (de más de seis meses).

Plantas especiales para la práctica del yoga

A continuación citamos las principales plantas indias para la práctica del yoga. Pueden conseguirse en muchas herboristerías y tiendas ayurvédicas. La planta se menciona con su sabor (*rasa*), su efecto de calentamiento (*virya*) y su acción postdigestiva (*vipaka*). VPK es el efecto sobre vata, pitta y kapha: + indica que aumenta, – indica que reduce, = indica que equilibra o es neutro. Para más información, incluidas la dosificación y preparación, consultar *Yoga of Herbs*.[33]

Agracejo
Picante – caliente – picante
KV- P+
El agracejo es una planta excelente para despejar kapha de la cabeza y la garganta y para estimular la mente y los sentidos. Fortalece prana y udana y sirve para paliar los resfriados, la gripe y el dolor de garganta. Se puede usar con cálamo aromático como sustituto de este para despejar la cabeza y los senos.

Aloe vera
Amargo, astringente, dulce – frío – dulce
PK- V+
El aloe es un botiquín completo por sí solo. En lo que al yoga respecta, es excelente para limpiar el plasma, la piel, la sangre y el hígado, los sistemas físicos y pránicos principales. Tiene efecto rejuvenecedor en el aparato reproductor femenino.

---

33. *Yoga of Herbs* de David Frawley y Vasant Lad.

Amalaki – *Emblica officinalis*
Todos los sabores excepto el salado – frío – dulce
VPK =
Amalaki es tónico y rejuvenecedor para todos los tejidos. Equilibra los doshas e incrementa ojas. Tomado en la mermelada llamada Chyavan Prash, es un alimento excelente para el yoga y un gran refuerzo energético. Es un tónico esencial para los niños, las mujeres embarazadas, los ancianos y todo aquel que necesite fuerza y resistencia extras.

Arjuna – *Terminalia arjuna*
Astringente – fría – picante
PK- V+
Arjuna es una planta tónica y rejuvenecedora para el corazón que favorece vyana vayu e incrementa prana. Ayuda a desarrollar la devoción y aporta el valor y la energía extras necesarios para la práctica espiritual, del mismo modo que Arjuna fue capaz de luchar por el dharma al lado de Krishna.

Ashwagandha – *Withania somnifera*
Amargo, dulce – caliente – dulce
VK- P+
Ashwagandha es el mejor tónico ayurvédico para el cuerpo y la mente. Fortalece y nutre músculos, tendones, huesos y nervios, aumenta ojas y tejas, fortaleciendo el sistema inmunitario. Está indicado para el dolor articular y los nervios y es específico para reducir la ansiedad. Sirve para paliar el insomnio, calmar la mente y favorecer la concentración, la meditación y el sueño profundo. Ashwagandha es excelente en la medicina deportiva, para aumentar la resistencia y proteger de las lesiones en huesos y articulaciones.

Cálamo aromático – *Acorus calamus*
Picante, amargo – caliente – picante
KV- P+
El cálamo o cálamo aromático es un estimulante para la mente y los sentidos. Despeja la mucosidad de la cabeza, la garganta y los pulmones. Mejora la digestión, pero en grandes dosis es emético. En el ayurveda se utiliza principalmente para despejar los canales sutiles de toxinas, flema y bloqueos. El cálamo potencia la capacidad del habla, del razonamiento y de la inteligencia y aguza el discernimiento. Es excelente para el mantra y la meditación. Es útil para el estudio espiritual y se dice que aumenta el conocimiento del Yo supremo.

Gotu kola – *Brahmi*
Amargo, dulce, astringente – frío – dulce
PK- V=
Brahmi es de la familia del gotu kola y es mejor que esta planta, pero se puede usar gotu kola como sustituto cuando no se puede conseguir brahmi. Es sedante, calmante, relajante muscular y alivia el dolor. Tiene propiedades diuréticas, hemostáticas y depurativas de la sangre cuando hay toxinas en esta; sirve para paliar la fatiga adrenal. Ayuda a controlar la ira y el apego, y enfría y calma la mente. Su nombre en sánscrito, brahmi, alude a su uso para favorecer el conocimiento de Brahman, la realidad cósmica.

Brahmi y otras plantas de la misma familia crecen salvajes en muchas zonas tropicales, como India y Hawái. El zumo de brahmi tomado con zumo de aloe es un excelente desintoxicante para el cuerpo y la mente. Preparado como ghee medicado es excelente para el hígado y los nervios. Las hojas frescas de brahmi conservadas en miel cruda son un buen agente para producir soma.

Guduchi (*amrit*) – *Tinospora cordifolia*
Amargo, astringente, dulce – caliente – dulce
VPK=
Guduchi elimina el calor y las toxinas desde los niveles más profundos de los tejidos y los nervios. También enfría y limpia la mente. Es rejuvenecedor para pitta y equilibra tejas. Es un tónico excelente para el sistema inmunitario, especialmente importante para mitigar las febrículas crónicas y las infecciones difíciles, desde el virus de Epstein Barre hasta el del sida. Aumenta nuestra energía positiva en estados de debilidad, como en el síndrome de fatiga crónica.

Guggul – *Commiphora mukul*
Picante, amargo, astringente, dulce – caliente – dulce
KV- P=
El guggul favorece la flexibilidad de músculos, ligamentos y huesos y es uno de los principales medicamentos para la artritis. También fortalece el corazón, baja el colesterol y previene los ataques de corazón. Mantiene la sangre limpia y sátvica para revitalizar todos los tejidos. El guggul regula la glucemia y combate la diabetes (enfermedad común en los yoguis, cuyo metabolismo puede sufrir fluctuaciones inusuales). Combina bien con Triphala y es un excelente depurador del plasma y de la sangre.

Jatamamsi – *Nardostachys jatamamsi*
Amargo, astringente, dulce – refrescante – dulce
VPK =
Jatamamsi es la mejor planta tranquilizante de la medicina ayurvédica, tiene propiedades relajantes y fortalecedoras para el cerebro y el tejido nervioso. Se puede combinar con ashwagandha como tónico cerebral para vata y con agentes limpiadores, como gotu kola, para enfriar la mente. Aunque relacionado con la valeriana, es una planta más equilibrada y fácil de tomar. Mejora el funcionamiento y agudeza mental, en vez de limitarse a sedarlos.

Kapikacchu – *Mucuna pruriens*
Amargo, dulce – templado – dulce
KV- P+
Kapikacchu es una planta tónica muy poderosa que fortalece ojas y tejas, así como los tejidos más profundos de los sistemas nervioso y reproductor. Calma vata, especialmente cuando hay temblores y parálisis a causa de la debilidad. Es una fuente natural de L-dopa, útil para tratar el Parkinson. Es una legumbre muy agradable y revitalizadora tomada con arroz.

Kava kava – *Piper methysticum*
Picante, amargo – caliente – picante
VK- P+
Kava kava mejora la circulación y alivia el dolor de los sistemas músculo-esquelético y nervioso. Mitiga vata, fomenta vyana y facilita el descanso, el sueño y la meditación profunda. Ayuda a lograr una gran flexibilidad y a desapegarse del cuerpo y la mente.

Mirra – *Commiphora myrrha*
Amarga, picante, astringente, dulce– caliente – dulce
KV- P+
La mirra, como el guggul y el shallaki, es excelente para favorecer la circulación en músculos, articulaciones y huesos, para calmar el dolor y curar heridas. También depura la sangre y el plasma, regula la menstruación y fortalece el aparato reproductor femenino.

Nirgundi – *Vitex negundo*
Amargo, picante – caliente – picante
VK- P+
Nirgundi es una planta excelente para los aceites de masaje ayurvédicos y para la terapia con vapor; estimula vyana vayu. Despega las toxinas de los huesos y ayuda a eliminarlas de nuestro cuerpo, mitiga el dolor

y la rigidez, y reduce la inflamación. Combina bien con guggul y otras plantas para aumentar la flexibilidad y la circulación.

Phyllanthus – *Phyllanthus niruri*
Amarga, astringente, dulce – fría – picante
VPK =
Phyllanthus es una planta tónica y rejuvenecedora para el hígado y la sangre y ha demostrado ser muy útil para tratar las hepatitis crónica y aguda. Está indicada para las toxinas que están profundamente arraigadas en los órganos y que nos afectan en un plano sutil provocando enfermedades crónicas.

Prawal – Coral rojo en polvo
Dulce– frío – dulce
PV- K+
Prawal es el coral rojo en polvo, preparado ya sea como un óxido (*bhasma*) o triturado con agua de rosas (*pishti*). Tiene propiedades excelentes para fortalecer huesos, dientes, encías y pelo. Mitiga pitta y forma ojas.

Sallaki – *Boswellia serrata*
Amargo, dulce, astringente – refrescante – picante
VPK=
Sallaki es una resina de la familia del guggul y la mirra, se utiliza con fines similares para depurar la sangre y mitigar el dolor y la rigidez provocados por la artritis. También sirve para curar las lesiones en los tejidos blandos. Su naturaleza fría es especialmente apropiada para las articulaciones inflamadas e hinchadas, en las que está implicado pitta.

Shankha Pushpi – *Evoluvus alsinodes*
Astringente – templado – dulce
VPK=
Shankha Pushpi es un estimulante y tónico excelente para la mente. Mejora la memoria, la concentración y la percepción, favorece el rejuvenecimiento del cerebro. Estimula nuestras funciones cerebrales superiores, mejora la inteligencia y la creatividad en general. Sarasvata Churna, un preparado en polvo de esta planta, se usa en el trastorno por déficit de atención y ayuda a prevenir la pérdida de memoria.

Shatavari – *Asparagus racemosus*
Dulce, amargo – frío – dulce
PV- K+
Shatavari tranquiliza el corazón y propicia el amor y la devoción. Al igual que ashwagandha, es uno de los principales tónicos para todos,

pero tiene una acción específica en el aparato reproductor femenino. Produce plasma de alta calidad y protege de la deshidratación. Baja la fiebre y la acidez.

Shilajit
Astringente, picante, amargo – templado – picante
KV- P+
Shilajit es una brea mineral del Himalaya y encierra la fuerza sanadora de estas grandes montañas. Shilajit posee grandes propiedades curativas y se le considera capaz de tratar muchas enfermedades, en particular las relacionadas con el proceso de envejecimiento. Es un importante rejuvenecedor y tónico, principalmente para kapha, vata y los riñones, y para las personas que tienen diabetes y asma crónicos. Se puede tomar para el mantenimiento general de la salud y está indicado para las personas que trabajan mucho con la mente y practican yoga.

Triphala
Todos los sabores excepto el salado – neutro – dulce
VPK=
Triphala es una importante fórmula laxante ayurvédica; en yoga tiene un uso importante. Controla apana vayu, el aire descendente, y favorece la absorción de prana en el intestino grueso. Ayuda a equilibrar el metabolismo y nutre los huesos y los nervios. Triphala facilita la absorción del prana puro de los alimentos, favoreciendo una práctica más completa de pranayama y el desarrollo de la fuerza-vital.

Tulsi (albahaca sagrada)/*Ocinum sanctum*
Picante, dulce – caliente – picante
KV- P+
Tulsi es un tipo de albahaca muy importante para despejar la mente y el cerebro y para aumentar la sabiduría y la devoción. Favorece nuestros pranas superiores y es excelente para los resfriados, la gripe y las alergias nasales. Es muy bueno poner un poco de tulsi en el agua que bebemos.

Tipos de ginseng

El ginseng siberiano (*Eleutherococcus senticosus*) se utiliza mucho para mejorar el rendimiento de los atletas; favorece la elasticidad de las articulaciones y tendones, evita lesiones durante el ejercicio y paliar la artritis, especialmente la crónica y degenerativa. Esto lo convierte en un remedio muy eficaz para la práctica de asanas.

El ginseng coreano genera chi (*prana* o capacidad respiratoria) y proporciona mayor resistencia, a la vez que aumenta la adaptabilidad del cuerpo y la mente. Favorece la longevidad y el rejuvenecimiento. Esto lo hace muy apropiado para las prácticas yóguicas profundas, pero para algunas personas es demasiado estimulante y deben tomarlo con precaución.

El ginseng americano puede ser más apropiado que los orientales puesto que no calienta tanto el organismo. Ayuda a prevenir la deshidratación y es un buen agente contra la fatiga. Se recomienda tomarlo en verano o para las constituciones pitta.

Fórmula de soma natural
- Una parte de cada una de las siguientes plantas: ashwagandha, shatavari, kapikacchu y arjuna
- Un cuarto de cada una de las siguientes plantas: brahmi, cálamo, tulsi y regaliz.

Cocer dos cucharaditas de las plantas en polvo en dos tazas de leche tibia con una cucharadita de azúcar de caña y una cucharadita de ghee. Tomar una taza por la mañana y otra por la noche con un cuarto de cucharadita de cardamomo en polvo. También se puede mezclar con miel cruda y dejarlo macerar durante una semana. Tomar media cucharadita por la mañana y por la noche o lo que se necesite para paliar la falta de energía y superar la fatiga.

Plantas aromáticas, aceites e inciensos

Las plantas aromáticas tienen poderosos efectos sobre la mente y el prana, y activan los centros superiores del cerebro. Otras plantas aromáticas ayudan a calmar la mente y abrir el corazón. Estas plantas aromáticas pueden utilizarse en infusiones, aceites esenciales, inhaladores, en la terapia nasya o como inciensos.[34]

---

34. Para más información sobre este fascinante tema, así como bibliografía relacionada con él, véase *Ayurveda and the Mind* del Dr. David Frawley.

Las aromáticas picantes como los jengibres, mentas y salvias son mejores para estimular la mente y favorecer la introspección y la percepción; están indicadas para la práctica del yoga del conocimiento o para el raja yoga. También ayudan a despejar la cabeza y los senos nasales y estimulan la circulación del prana. Aumentan pranagni o el agni de la envoltura pránica, lo cual es bueno para el pranayama.

Los aromas de flores, como el de jazmín y de rosa, son los mejores para abrir el corazón a la devoción. Las fragancias florales calman la mente exterior y su sobrecarga emocional y sensorial, nos conectan con un nivel más profundo de sentimiento. Forman ojas en un plano sutil.

Aromáticas picantes: alcanfor, eucalipto, menta, salvia, tomillo, canela, jengibre, aceite del árbol de té, gaulteria, tulsi.

Fragancias florales dulces: jazmín, rosa, azafrán, sándalo, champak, lirio, loto, frangipani, madreselva.

El aceite de masaje y el yoga

Además de las plantas, no hemos de olvidar el valor de la aplicación externa de aceites, especialmente el de sésamo, para combatir la rigidez de las articulaciones y los músculos y nutrir los tejidos profundos del cuerpo. Los aceites medicinales ayurvédicos, hechos con la cocción de plantas especiales en una base de aceite de sésamo, son especialmente importantes. No solo facilitan las posturas yóguicas sino que tratan enfermedades de los huesos y del tejido nervioso. El masaje con aceite nos permite practicar asanas que de lo contrario nos resultarían imposibles. Puede ayudar a afianzar el prana para que las prácticas de pranayama no sequen nuestro sistema nervioso. La mayoría de nosotros puede beneficiarse de masajes regulares con aceite como parte de nuestro estilo de vida, sobre todo los vata.

El aceite de sésamo tiene propiedades para equilibrar vata. Favorece la circulación del prana por los nadis y canales y aumenta ojas.

El aceite de coco tiene propiedades para equilibrar pitta. Es especialmente útil aplicado en la cabeza, puesto que en estas personas tiende a recalentarse.

El aceite de mostaza tiene propiedades para equilibrar kapha. Es muy útil aplicado en el pecho y en los pulmones donde se acumula kapha.

El ghee equilibra pitta y vata. Se utiliza principalmente para las erupciones cutáneas de naturaleza seca e inflamatoria que se agravarían con otros aceites que suelen ser de naturaleza caliente.

Nasya y la lota

La lota es una vasija con una boquilla estrecha que se utiliza para verter el agua por los orificios nasales, tras inclinar la cabeza hacia atrás. Se añade una pequeña cantidad de sal al agua templada, un octavo de cucharadita aproximadamente. También se pueden añadir a la lota plantas y aceites para conseguir un efecto especial más potente. Se puede echar aceite de sésamo y plantas nervinas, como brahmi, cálamo, tulsi y jengibre.

También podemos inhalar plantas en polvo, como jengibre y cálamo, para despejar los senos nasales. Se pueden aplicar aceites ayurvédicos, como los aceites de sésamo medicados, en las fosas nasales. Probablemente, los aceites medicados sean los mejores. Pueden curar muchas alergias nasales y mitigar los dolores de cabeza por sinusitis, mareos, vértigos y fatiga mental. Los practicantes de yoga pueden usar aceites ayurvédicos para nasya diariamente. Pueden aplicárselos después de usar la lota o en lugar de ella.

Panchakarma

Panchakarma significa «las cinco prácticas de purificación». Consta de: enemas terapéuticos (*basti*), purgantes (*virechana*), eméticos (*vamana*), medicaciones nasales (*nasya*) y depuración de la sangre (*rakta moksha*) para eliminar el exceso de doshas. Se realizan tras una preparación hecha con masaje con aceite (*snehana*) y terapia con vapor (*svedana*) para desprender las toxinas y conducirlas al tracto digestivo para su eliminación.

Los purgantes incrementan apana (movimiento descendente) para reducir pitta. Los eméticos estimulan udana (movimiento ascendente) para reducir kapha. Nasya despeja la cabeza para estimular prana. La limpieza de sangre estimula su circulación a través de vyana para reducir pitta. Basti o enemas calman apana, a fin de equilibrar vata. De este modo el panchakarma actúa sobre los cinco pranas.

El panchakarma elimina radicalmente las toxinas no solo del cuerpo físico sino también del cuerpo sutil. Tiene un poderoso efecto depurativo y rejuvenecedor en huesos, músculos, nervios, sentidos y mente. Por ello, el panchakarma es un procedimiento muy recomendable para cualquiera que esté en el camino del yoga, no solo para las asanas, sino para pranayama y meditación. El panchakarma puede realizarse como parte de un programa de desintoxicación, para empezar en un nivel de práctica más profundo o como medida habitual para evitar la acumulación de toxinas.[35]

---

35. Para más información, véase *Ayurveda and Pancha Karma* del Dr. Sunil Joshi.

14
Asana

Posturas de yoga para la salud y la consciencia

De la asana emana la firmeza del cuerpo y la mente,
la ausencia de la enfermedad y la ligereza de las extremidades.
HATHA YOGA PRADIPIKA I, 17

Las posturas de yoga o asanas son uno de los sistemas de cultura física más importantes que se han inventado. Reflejan una extraordinaria comprensión del funcionamiento del cuerpo, y especialmente de cómo liberar tensiones en los niveles profundos de los tejidos, órganos y articulaciones.

Las asanas nos ayudan a mantener el cuerpo en un estado de salud óptimo. Son posturas y movimientos específicos diseñados para fortalecer y estirar la musculatura, para evitar que nuestro cuerpo sufra pequeños dolores y enfermedades y recobre un equilibrio perfecto y normal. Mantienen sana la columna vertebral para que la energía circule de manera óptima a través de los nervios que inervan los órganos y los sistemas glandulares. Y quizás lo más importante sea que inician una limpieza sistemática de los tejidos preparando nuestro cuerpo para prácticas yóguicas más avanzadas.

Las asanas forman parte de una ciencia sagrada que abarca todos los aspectos de la consciencia. No solo son significativas en sí mismas, sino que son una preparación para el pranayama y la meditación. Reflejan un conocimiento profundo del cuerpo, del prana, la mente y el espíritu, de los cuales el cuerpo no es más que una imagen o manifestación externa. En este capítulo exploraremos el papel de las asanas en el yoga y el ayurveda.

Asana y el gran sistema del yoga

Asana, en su origen, forma parte de prácticas yóguicas más profundas, pero también puede realizarse como una gimnasia o terapia. La mayoría de los occidentales practicamos asanas como una forma más de hacer ejercicio. Esto es en lo que se ha convertido el yoga en Occidente, el cual se suele identificar únicamente con las posturas yóguicas. Aunque asana puede ser una disciplina en sí misma, la asana como ejercicio o terapia no debe confundirse con su papel en el yoga clásico, que es mucho más profundo. El yoga no debe reducirse a las asanas, que no son más que una pequeñísima parte de un sistema más amplio.

Las asanas están principalmente diseñadas para reducir rajas o el estado de perturbación que altera la mente (que es la razón por la que realizar las asanas con mucho dinamismo y energía es contraproducente desde una perspectiva yóguica más profunda). Sin la asana apropiada para asentar el prana, no podemos practicar el pranayama suavemente. Sin la asana adecuada para estabilizar los sentidos, pratyhara o el control de los sentidos es prácticamente imposible. Sin la asana adecuada para asentar la mente, la concentración y la meditación (*dharana* y *dhyana*) son muy difíciles. Las personas interesadas en los aspectos más profundos del yoga no deberían descuidar las asanas. Pueden beneficiarse de un período de práctica intensa de asanas durante unos años como parte de la purificación física. Entonces su cuerpo no les pondrá tantos obstáculos cuando intenten profundizar en la mente.

El yoga en el verdadero sentido de meditación profunda suele producirse cuando el cuerpo está en reposo en una postura sedente. Cuando se produce la meditación profunda, nos olvidamos de la asana; olvidamos el cuerpo físico y su postura. No obstante, cabe señalar que muchos grandes yoguis no han sido grandes practicantes de asanas. Swami Vivekananda, por ejemplo, que fue el primero en traer el yoga a Occidente a principios del siglo xx, no era muy experto en asanas, salvo unas pocas posturas sentado. Del mismo modo, muchas personas que son expertas en asanas, quizá no se hayan adentrado en prácticas yóguicas de meditación más profundas.

De los diferentes senderos del yoga, el yoga del conocimiento (*jnana yoga*) es el que menos énfasis pone en este aspecto. Desde su perspectiva, lo más importante es trabajar la atención. Asimismo, el yoga de la devoción (*bhakti yoga*) tampoco está orientado a las asanas. Pone énfasis en el amor divino y la actitud del corazón. El raja yoga prioriza la meditación y da importancia a las asanas solo como un preliminar. El hatha yoga es el yoga por excelencia que utiliza la asana como instrumento principal. Sin embargo, en el hatha yoga, el prana es más importante que la práctica de asanas.

Muchos grandes yoguis aprendieron sus asanas a partir del despertar de su propio prana, no de una práctica física. De hecho, el prana es el maestro original de las posturas de yoga, no los maestros humanos. El verdadero maestro de asanas lo hace despertando el prana de sus alumnos, no solo enseñándoles diferentes posturas corporales. Deberíamos aprender a utilizar la energía del prana para dirigir nuestra práctica de asanas desde dentro, convirtiéndolo en un proceso creativo. Cuando es el prana el que dirige la postura, su energía sanadora es mucho mayor. Cuando el prana es el objetivo de la práctica de asanas y los movimientos (*asanas*) se hacen siguiendo el flujo de la respiración (*prana*) como perlas ensartadas en un hilo, entonces estamos practicando el yoga que enseñó Patanjali en sus *Yoga Sutras*.

Asana y ayurveda

El ayurveda recomienda las asanas como la forma de ejercicio más importante en nuestro estilo de vida. También prescribe las asanas como tratamiento eficaz para varias enfermedades. La mitad del tratamiento ayurvédico se basa en lo que entra en el cuerpo, que es principalmente comida. La otra mitad es lo que hace el cuerpo para expresarse, que es principalmente ejercicio. Las asanas se encargan de esa parte. Asanas y alimentos son, por lo tanto, las dos medidas terapéuticas físicas más importantes del ayurveda.

En lo que a prana se refiere, las plantas son el alimento y el pranayama es el ejercicio. Para que ambos funcionen adecuadamente, es necesario tener una buena base postural y seguir una dieta adecuada. Se necesita una gran variedad de asanas para cubrir los ejercicios y necesidades terapéuticas de cada constitución y sus desequilibrios temporales.

Las asanas ayudan a tratar las enfermedades, pero rara vez son un tratamiento completo en sí mismas. Su acción suele ser indirecta, salvo cuando hay problemas músculo-esqueléticos o estructurales. Las asanas mejoran la circulación en las zonas afectadas por la enfermedad, para liberar toxinas y mejorar la curación y la regeneración de los tejidos. Esto cataliza los procesos curativos del cuerpo en varios niveles.

Propósito de las asanas

La asana es la principal herramienta yóguica para equilibrar el cuerpo físico. Consiste en varias posturas estáticas y movimientos físicos que se realizan para liberar la tensión, mejorar la flexibilidad, optimizar la circulación de la energía y eliminar las fricciones. El propósito de las asanas es crear un buen flujo de energía que nos ayude a dirigir nuestra atención hacia dentro. Pero este flujo de energía también se puede concentrar en el cuerpo para tratar sus dolencias.

Nuestra postura física afecta a nuestra salud, nuestra vitalidad y nuestra consciencia. El complejo cuerpo-mente está formado por varios canales interconectados: desde los que transportan comida hasta los que transportan pensamientos. Estos conductos están unidos, en un nivel físico, por el sistema músculo-esquelético, cuya forma está determinada por nuestra postura.

Las posturas inadecuadas generan diferentes tensiones y provocan contracciones que desequilibran o bloquean la correcta circulación por los canales. Inhiben la circulación de energía y de nutrientes y permiten la acumulación de toxinas y desechos. Estos bloqueos provocan malestar y reducen las funciones de nuestro organismo, lo que tiene como consecuencia el dolor y la enfermedad. Como cuerpo y mente están interconectados, los bloqueos físicos se entrelazan con los bloqueos emocionales y mentales y crean las adicciones, las compulsiones y los apegos.

El cuerpo físico

El cuerpo físico (*annamaya kosha*) se centra en el tracto digestivo. Si nuestra postura es incorrecta se obstruye el movimiento a través del tracto digestivo. Esto altera o reduce el funcionamiento de agni, el fuego digestivo, que a su vez debilita o dificulta la digestión, lo que produce diversas enfermedades.

La tensión en la parte superior de la espalda y en el pecho debilita el apetito, que viene determinado por el prana de la cabeza y la boca. La tensión en la zona media de la espalda y en la mitad del abdomen debilita el fuego digestivo en el intestino delgado, que puede contraerse por la tensión acumulada, provocando la malabsorción de los alimentos. La tensión o debilidad en la zona lumbar y en el abdomen constriñe y debilita el colon. Esto genera gases y distensión y altera la eliminación, lo que a su vez produce estreñimiento o diarrea y otros problemas de apana vayu.

El cuerpo pránico

El cuerpo pránico (*pranamaya kosha*) actúa principalmente por medio de los aparatos respiratorio y circulatorio del cuerpo físico. El oxígeno, el homólogo físico del prana, es transportado por la sangre para vigorizar los tejidos. Si la postura es inadecuada, los pulmones no funcionan correctamente. La respiración se vuelve superficial y se reduce la absorción de oxígeno. En los pulmones prolifera la mucosidad y el aire estancado, lo que produce congestión, infecciones y alergias. Se reduce nuestra resistencia a los patógenos ambientales y nuestra función inmune se debilita. Como es natural, la postura que adoptemos en la zona alta y media de la espalda afecta profundamente a los pulmones y la circulación, especialmente a vyana vayu.

Una postura incorrecta impide el flujo natural ascendente del prana (udana vayu) por medio del cual nos mantenemos erguidos, nos sentimos felices y positivos y nos esforzamos por crecer y evolucionar en la vida. Hace que aumente apana, la energía descendente, y nos invaden sentimientos de pesadez y depresión, al tiempo que se reduce la energía.

La mente y el sistema nervioso

El cuerpo mental actúa principalmente a través de la cabeza, el cerebro y el sistema nervioso. Si tenemos una mala postura se alteran los impulsos nerviosos. La tensión en el cuello reduce la circulación de la sangre hacia la cabeza y nuestra energía mental baja. Esto provoca dolores de cabeza y alergias nasales, así como otros problemas no solo mentales sino del cuerpo pránico.

El sistema nervioso está íntimamente relacionado con el esquelético y, en el pensamiento ayurvédico, el tejido nervioso se desarrolla a partir del tejido óseo. El prana está en los nervios y apana en los huesos. El sistema nervioso conecta específicamente con el dosha vata, el humor biológico aire, que es el dosha principal y el guía de los otros dos.

Por lo tanto, la postura incorrecta agrava principalmente vata y altera todo el complejo cuerpo-mente. Vata se acumula en forma de frío y sequedad en los huesos y las articulaciones, lo que provoca rigidez y limitación de movimiento o temblores y movimientos anómalos. Esta tensión se transfiere a los nervios y produce insomnio, ansiedad e inestabilidad emocional. El sistema nervioso está regido por la columna vertebral, de modo que todas las alteraciones en ella provocarán su correspondiente tensión nerviosa y problemas de índole vata principalmente. Al aflojar las articulaciones gracias a las posturas yóguicas, se alivia el vata acumulado, mejorando la salud y la consciencia en todos los niveles. Se puede observar fácilmente cómo el miedo y el estrés hacen que el cuerpo se endurezca. Estas emociones se almacenan en los huesos e impiden la libre circulación de nuestra energía.

La importancia de las asanas

Las asanas tienen un gran efecto terapéutico sobre el cuerpo, el prana y la mente, en la estructura física, la energía vital y la inteligencia creativa. Desafortunadamente, en la actualidad, la mayoría se olvida de la postura y hace muy poco para trabajar la flexibilidad. Cualquiera que sea el ejercicio que practiquemos, este suele requerir esfuerzo o producir estrés; así por ejemplo, los ejercicios aeróbicos, como correr y el levantamiento de pesas, nos hacen acumular incluso más tensión y, en el mejor de los casos, solo producen un desarrollo desigual.

Cualquier persona que trabaje sentada en una oficina, especialmente en nuestro mundo actual de ordenadores, suele adoptar una mala postura. Cualquiera que tenga un trabajo que requiera un solo tipo de actividad física, tendrá una postura distorsionada según la tarea que desempeñe. A menudo, nuestras butacas más confortables también distorsionan nuestra postura durante las horas de descanso y al mirar la televisión.

Los intelectuales, que suelen ser de constitución vata, descuidan sus cuerpos y los mantienen en posturas rígidas que les hacen perder flexibilidad. Esto puede hacer que se vuelvan hipersensibles debido a la cantidad de vata acumulado en sus huesos. Viajar también agrava el vata de las personas cuyo trabajo implica volar o conducir con frecuencia.

Sin embargo, incluso las personas que practican asanas a diario quizá lo hagan de una manera que no es la más conveniente. Las asanas forzadas o realizadas para lograr una meta, en lugar de hacerlas concentrándose en el proceso o en el viaje –el intento de colocar al cuerpo en una postura que no es natural para él– pueden provocar lesiones. Las asanas realizadas sin cultivar el desapego, aunque sean útiles en el plano físico, pueden dar lugar a una mayor obsesión por el cuerpo y a una rigidez mental y emocional.

Tampoco es bueno poner demasiado énfasis en las asanas. Eso puede aumentar la consciencia corporal y reforzar el ego físico. Si realmente queremos adentrarnos en el sistema del yoga integral, el tiempo que pasamos practicando asanas no debe sustituir al que dedicamos a prácticas más profundas, como pranayama, mantra y meditación.

Las asanas y la edad

Los bebés son flexibles por naturaleza y pueden hacer movimientos que los adultos, incluso los que tienen mucha flexibilidad, son incapaces de hacer. Los niños son activos y atléticos físicamente por naturaleza, les gusta jugar y correr, exploran todos los potenciales del movimiento corporal. La infancia es la etapa de la vida en la que deberíamos comenzar la práctica de asanas, a fin de crear una buena base de por vida para mantener la postura correcta y flexibilidad.

La vejez, que empieza alrededor de los sesenta y cinco años, es la edad vata. Nuestros fluidos corporales se van secando gradualmente, a la vez que baja nuestra vitalidad. Las articulaciones empiezan a volverse rígidas, pierden flexibilidad, lo que deriva en artritis. Las asanas son uno de los mejores remedios para paliar los efectos del envejecimiento y prevenir la acumulación de vata.

Las asanas dinámicas (*vinyasas*) son principalmente para los jóvenes, en quienes prevalece su estado rajas o de acción. Han de desarrollar sus cuerpos y sus mentes, puesto que todavía son inmaduros. Después de los veinticuatro años, estas asanas dinámicas deben sustituirse gradualmente por otras más internas que pongan énfasis en el desarrollo de la mente, sobre todo el estudio de las enseñanzas espirituales. Después de los cuarenta y ocho años, se pasa a una etapa en que se desarrolla la mente interior a medida que se van retirando las energías físicas. Durante esta etapa, la meditación se vuelve más importante que las asanas. Tras cumplir los setenta y dos, la mente se desarrolla más y la energía física empieza a declinar. Esta ha de ser una etapa de meditación profunda, pero hay que seguir practicando asanas para mitigar el proceso de envejecimiento. Deben formar parte de nuestros hábitos en cualquier etapa de la vida, incluso cuando dejan de ser nuestra principal preocupación en el yoga.

Las asanas y el masaje

El masaje es una gran herramienta para eliminar las toxinas del sistema músculo-esquelético. El aceite para masaje relaja las articulaciones y nutre los huesos y los nervios. Las terapias relacionadas con el masaje, como la terapia con vapor, las saunas y los temazcales, mejoran la flexibilidad y eliminan las toxinas a través de la piel. Después de un masaje con aceite, es más fácil practicar asanas. El masaje con aceite y las terapias de vapor combinados son una buena ayuda para practicar asanas. Un programa completo de desintoxicación ayurvédica por medio del panchakarma y usando estos procedimientos puede elevar nuestra práctica de las asanas a un nuevo nivel. Sin embargo, un masaje nunca podrá sustituir una asana. Practicar asanas regularmente es esencial para mantener la salud a largo plazo. Es como darnos un masaje y se pueden practicar de forma más regular y durante períodos más largos.

Las asanas y la constitución

Las asanas son útiles para todas las constituciones, aunque de distintas formas, y realizadas correctamente equilibran todos los doshas. Todos deberíamos practicar al menos media hora al día de asanas para evitar los excesos en los doshas. Las asanas son más necesarias para los vata, que son los que más tienden a las deformaciones posturales. Los kapha, que suelen ser sedentarios y se mueven con lentitud, se benefician de ejercicios más activos, incluidas las asanas dinámicas (*vinyasas*) o saltos, que son más rajásicos. Los pitta necesitan principalmente asanas que les ayuden a enfriar su temperamento fogoso y perfeccionista.

¿Qué asana practicar o cómo prácticarla?

Hay dos factores principales que tener en cuenta en la práctica de las asanas. El primero es el modo y la actitud con la que se realizan. El segundo es el tipo de asanas que elegimos. El primer factor es el más significativo. Es más importante cómo practicamos una asana que el tipo de asana que realicemos. Una asana correcta realizada de la manera incorrecta no servirá de nada. Por otra parte, quizá una asana no sea la más indicada para nuestra constitución, pero si la realizamos de la manera correcta y como parte de un sistema de asanas completo, puede beneficiarnos.

La impresión que puede desprenderse de los libros sobre ayurveda es que la naturaleza de cierta asana en particular es más importante que la manera en que se realiza. En ellos se citan varias asanas para las distintas constituciones y enfermedades, como si la práctica de la asana adecuada pudiera corregir ese estado. Aunque ciertas asanas específicas puedan asociarse a las distintas constituciones, para que sean beneficiosas han de realizarse correctamente.

A veces los libros sobre ayurveda recomiendan asanas que son muy difíciles de practicar, salvo para un practicante avanzado. En estos casos, nunca debe olvidarse el nivel del alumno. Un principiante puede tener problemas al intentar realizar una postura difícil –aunque esté supuestamente indicada para su constitución– porque le falta flexibilidad para realizarla adecuadamente. Al realizar una asana nueva, nuestro cuerpo ha de prepararse para los nuevos movimientos y las distintas cargas musculares que aplicamos. Por ejemplo, la postura sobre la cabeza, que tiene muchos beneficios, puede ser peligrosa si no la hacemos correctamente o si el cuerpo no está bien preparado. Forzar las asanas es una imprudencia.

Las asanas no son una mera cuestión de constitución. Por ejemplo, la postura sobre la cabeza es buena para los kapha, pero una persona kapha con sobrepeso y con un cuello débil puede lesionarse. Estas particularidades de la estructura corporal individual y su condición orgánica no deben olvidarse. Es mejor prescribir asanas de acuerdo con el estado de cada persona y modificarlas según los criterios ayurvédicos, antes que prescribir asanas según la constitución ayurvédica como factor principal.

Además, todos podemos padecer enfermedades debidas a un dosha distinto al nuestro. Una persona vata puede tener una afección kapha, por ejemplo, un resfriado común. O una persona pitta puede padecer una afección vata, como el insomnio, por exceso de trabajo o de viajes. En tales casos, el tratamiento tiene como objetivo el dosha desequilibrado más que la constitución propia del paciente.

Es más importante cómo abordamos y mantenemos la postura que cualquier perfección técnica formal que podamos alcanzar mientras la practicamos. Lo más importante es utilizar la asana como vehículo para dirigir el prana a la parte del cuerpo que pretendemos beneficiar. ¡Es el prana el que tiene un efecto curativo, no la asana! Para que el prana fluya en la postura debemos sintonizarla con la respiración, lo que en general requiere acentuar un poco más la exhalación.

Adoptar y adaptar la postura mientras nos concentramos en la respiración es una práctica mucho más profunda que simplemente concentrarse en la técnica corporal. Esto requiere moverse con el prana, lo que significa concentrar nuestra atención en la libre circulación de la energía, no en forzar el cuerpo a adoptar una postura en particular. Las asanas estáticas deben surgir de la relajación del esfuerzo, no de mantener una postura de forma artificial.[36]

---

36. Por este motivo el *Yoga sutras* II, 47 pone énfasis en la relajación del esfuerzo y en la orientación de la mente hacia el infinito por medio de asana.

Las mismas asanas pueden adaptarse a los diferentes doshas. Las asanas realizadas despacio, con firmeza y suavidad, suelen reducir vata. Las que se realizan con serenidad, dispersando la energía y relajadamente, reducen pitta. Las que se realizan con rapidez, calor y esfuerzo, reducen kapha. Podemos aplicar diferentes tipos de pranayama a las asanas para que sean más tonificantes o refrescantes, para aumentar o reducir, y que puedan modificar su efecto en los doshas. Por lo tanto, aplicar las asanas a las diferentes constituciones requiere una adaptación y no puede limitarse a unas normas rígidas.

Las asanas rara vez se hacen aisladamente, más bien forman parte de una secuencia. Durante la secuencia de asanas podemos realizar varias posturas porque son beneficiosas para ejercitar distintos músculos y articulaciones, aunque no todas ellas sean ideales para nuestra constitución. La secuencia entera debe reducir el dosha. Por ejemplo, los pitta pueden hacer algunas asanas que calienten, incluso la postura sobre la cabeza, pero deben realizar una práctica que termine con asanas enfriantes. Una práctica completa abarcaría toda la gama de movimientos corporales y todos los tipos principales de asanas, aunque cada dosha necesite poner énfasis en unas asanas más que en otras y realizarlas de manera que reduzcan su dosha.

Posturas yóguicas para la constitución vata

Los vata suelen tener una constitución ligera, huesos pequeños y cuerpos delgados. Tienen mucha flexibilidad y agilidad cuando son jóvenes, pero carecen de energía y resistencia. Con los años se vuelven anquilosados y rígidos. Vata rige los huesos, por ello los vata son los que más sufren de artritis, especialmente después de los cincuenta. Suelen tener frío, la piel seca, articulaciones que crujen y mala circulación. Los vata son nerviosos y miedosos. Suelen adoptar una postura defensiva con los hombros encogidos y la espalda encorvada. También tienen tendencia a la escoliosis. Las asanas son imprescindibles para los vata. Sin ellas, es difícil que estén sanos o tranquilos para meditar.

Si observamos diferentes practicantes de asana, veremos que tanto los mejores como los peores son de constitución vata. Los vata que conservan su flexibilidad a lo largo de toda su actividad física serán los mejores (aunque tienen demasiada flexibilidad, lo que les provoca inestabilidad si se exceden con el ejercicio físico). Es importante que los vata recuerden que han de mantener flexible la columna vertebral. Los vata que descuidan su cuerpo y se centran demasiado en su mente, seguramente serán los peores en la práctica de asana. Los vata, al ser un poco frágiles y con tendencia a moverse demasiado, también son los que tienen más probabilidades de lesionarse con una mala práctica y con asanas demasiado difíciles. Han de abordar las asanas con cuidado, ya que pueden hacerse daño con facilidad.

Vata tiene que hacer las asanas de modo que reduzcan su vata, con lo que deberán empezar por adoptar la actitud mental adecuada. Nunca deben correr o apresurarse en la práctica de asana. Primero han de tranquilizar su mente y reposar sus emociones. Han de relajarse y profundizar en la respiración antes de empezar a hacer las posturas. Los vata tienen que calentar su cuerpo gradualmente, para mejorar su circulación y relajar sus articulaciones. Han de ser conscientes y no excederse ni intentar hacer posturas antes de que su cuerpo esté preparado. Deben practicarlas hasta empezar a sudar un poco y asegurarse de que beben suficiente durante su sesión de ejercicio. Para ellos, lo mejor es una actitud de suavidad y hacer movimientos que fluyan gradualmente.

La práctica de asanas para los vata debe poner énfasis en la zona de la pelvis y el colon, las sedes principales de vata. Su objetivo debe ser liberar la tensión de las articulaciones de las caderas, de las zonas lumbares y las sacroilíacas. En general, las asanas que les convienen deberían restringir el movimiento para contrarrestar la tendencia de vata al exceso de actividad. Demasiado movimiento y muchos estiramientos pueden provocar una sobrecarga en los ligamentos y hacer que estos pierdan su fuerza. Sin embargo, cuando vata provoca rigidez, las asanas se practicarán de forma que incrementen el movimiento y la circulación del prana en las zonas más rígidas, pero de una manera gradual y contínua.

Las posturas sedentes son buenas para vata, especialmente las que fortalecen y calman la parta baja del abdomen en reposo, como Padmasana (postura del Loto) y Vajrasana. Estas posturas fomentan la calma, afianzan y controlan apana vayu

Puesto que vata tiende a acumularse en la columna vertebral volviéndola rígida, los vata han de centrarse en mantenerla flexible mediante la práctica de posturas de flexión de la columna en todas direcciones. Las torsiones, como Matsyedrasana, son excelentes, eliminan vata del sistema nervioso. Sin embargo, las torsiones son beneficiosas solo cuando la respiración es completa –si la respiración se reduce, aunque solo sea un poco debido al cierre parcial de uno de los pulmones, lo que puede ocurrir en la torsión, vata aumenta rápidamente.

Las flexiones hacia delante alivian inmediatamente el exceso de vata, aportando calma y tranquilidad. Son excelentes para liberar vata en la espalda, donde este se acumula en forma de rigidez y tensión. Eliminan el exceso de vata del cuerpo a través de las articulaciones, pero no pueden eliminarlo todo si no se combinan con las flexiones hacia atrás.

Las flexiones hacia atrás son excelentes para reducir vata, pero han de realizarse despacio y con suavidad para que sean eficaces. Vata suele provocar cifosis y curvatura de los hombros. Si se ataca esta rigidez con demasiada agresividad, puede provocar dolor o lesiones. Las flexiones intensas hacia atrás estimulan el sistema simpático –la química corporal del instinto de volar o huir– por lo que tienen un efecto parecido al de estar flotando. Las flexiones hacia atrás, si están bien fundamentadas y ejecutadas con suavidad, refuerzan el sentimiento de seguridad y tienen un efecto de calentamiento que fortalece apana y el colon. Las flexiones suaves hacia atrás, como la Cobra y el Saltamontes, son las más seguras en este sentido. Cuando se dominan las más sencillas se pueden practicar otras flexiones hacia atrás más complejas.

Las posturas de pie, que ejercitan la fuerza, la estabilidad y la calma, están muy indicadas para vata, especialmente las destinadas a fomentar la estabilidad y el equilibrio, como la postura del Árbol (*Vrksasana*). Pero los vata tendrán que trabajar su paciencia y su concentración para poder apreciarlas.

Las personas vata necesitan prácticas de yoga suaves que no les agoten. Solo deben esforzarse con moderación. Siempre que practiquen asanas dinámicas deberán contrarrestarlas manteniendo durante más rato posturas sedentes. Para controlar vata deben practicar pranayama y meditación en esas posturas.

Al final de la práctica de las asanas, descansarán y se relajarán con la postura del Cadáver. No terminarán la práctica bruscamente ni se apresurarán en realizar una actividad que les perturbe. Los vata deben terminar su práctica sintiéndose estables, calientes y tranquilos, y habiendo liberado la tensión de la parte inferior del abdomen. Su mente debe sentirse tranquila y sus emociones estables y afianzadas, con espacio y energía para meditar.

Posturas yóguicas para la constitución pitta

Los tipos pitta son de constitución media o normal. No son ni muy altos ni muy bajos, ni muy gruesos ni muy delgados. Suelen tener una buena musculatura y flexibilidad, gracias a su buena circulación y a la naturaleza oleosa de pitta que lubrica sus articulaciones. Cuando se dedican a la práctica de las asanas, los pittan llegan a ser bastante buenos. Sin embargo, quizá les falte la habilidad de las constituciones vata de huesos largos para realizar ciertas posturas. Sus articulaciones también pueden volverse demasiado laxas debido a un exceso de práctica, lo que les creará problemas importantes, como la rigidez excesiva en las articulaciones.

Psicológicamente, los tipos pitta son agresivos, les gusta destacar y brillar en todo lo que hacen. Pueden trasladar su mentalidad de conseguir grandes logros a la práctica de las asanas, donde no es apropiada. Esto quizás les haga destacar en el aspecto técnico de la asana, pero pueden perder el efecto espiritual de la práctica, que depende de la paz mental. Los pitta suelen ser ambiciosos, irritables o impulsivos. Deberían usar las posturas yóguicas para refrescarse, tanto física como emocionalmente. Esto les ayudará a dirigir su inteligencia hacia dentro, donde podrán utilizarla para comprenderse.

Los tipos pitta realizarán asanas de manera que les enfríen, les tonifiquen, expandan y relajen. Esto requiere respiraciones relajantes y posturas sedentes y estáticas, entre las asanas fuertes, para liberar cualquier estrés que puedan estar acumulando. Han de procurar no convertir su práctica en un entrenamiento fuerte que genere calor extra o que les haga sudar demasiado. Deben evitar el sobrecalentamiento de la sangre y llevar demasiado calor a la cabeza. Esto no significa que no puedan realizar una práctica intensa, pero deben compensar todo el calor que generan concluyendo la sesión con posturas y pranayamas refrescantes.

Según la visión yóguica del cuerpo, el principio solar se centra alrededor del ombligo, la sede del fuego digestivo que aporta calor al cuerpo. El principio lunar está localizado en el paladar blando, donde siempre se están produciendo secreciones salivares que tienen un efecto refrescante y humectante. El movimiento ascendente del calor del sol en el ombligo reduce la actividad de la luna en el paladar blando. Colocarse regularmente en la postura sobre los hombros o en la postura del Arado protege el principio lunar del calor abrasador del principio solar y genera frescor. Estas posturas ayudan a compensar las posturas solares y lunares en el cuerpo y aportan equilibrio. Esto beneficia especialmente a los pitta. Las torsiones de la columna, como Matsyedrasana, están muy indicadas para proteger el principio lunar sin reducir agni ni la fuerza digestiva.

A los pitta les benefician las posturas destinadas a aliviar la tensión de la zona media del abdomen, el intestino delgado y el hígado, donde se acumula pitta; posturas como el Arco, la Cobra, la Barca y el Pez. Estas posturas permiten eliminar del cuerpo el exceso de pitta, especialmente por el flujo descendente del tracto digestivo. Las posturas sobre la cabeza crean pitta y no deben hacerse salvo que uno sepa cómo compensar el calor que generan.

Las flexiones hacia delante son buenas en general para los pitta, porque aportan más energía a la zona media del abdomen y tienen un efecto enfriador y de arraigo si se hacen con suavidad. Las flexiones hacia atrás tienden a calentar, por lo que deben realizarse con moderación y seguidas de posturas enfriadoras. Las torsiones en posición sedente ayudan a limpiar el hígado y a desintoxicar pitta. Los pitta han de finalizar su práctica de asanas con una sensación de frescor, satisfacción y calma, habiendo liberado la tensión de la zona media del abdomen. Su mente debe estar despejada y relajada, sus emociones en paz, sin sentimientos de competitividad ni de irritación. Su consciencia debe estar en un estado meditativo, ligeramente disperso y no excesivamente concentrado.

Posturas yóguicas para la constitución kapha

Los kapha poseen constituciones fuertes y aumentan de peso con facilidad. Suelen ser más bajos que la media, pero a veces son altos. No obstante, su constitución siempre es corpulenta, con huesos cortos y, en general, poco flexibles. Por esta razón los kapha no deberían forzar posturas como la del Loto, que no son apropiadas para sus articulaciones, puesto que pueden lesionarse. Los kapha no han de pretender ser yoguis altos y delgados. Esa no es su constitución y no podrán mantenerla, aunque lo consigan temporalmente.

Las mujeres kapha, aunque sean delgadas de jóvenes, suelen engordar cuando se hacen mayores, principalmente después del parto. Esto suele afectarles e impulsarles a seguir programas de adelgazamiento, posturas de yoga incluidas, en los que rara vez tienen éxito. Han de aprender a aceptar su tipo y no forzar su cuerpo a tener una forma que no es la natural. Sin embargo, los kapha también han de hacer todo lo posible por evitar el sobrepeso, lo que implica mantener un peso moderado, sin pasar hambre.

El sobrepeso en kapha supone una acumulación de grasa, especialmente en el estómago y los muslos. Esto cambia el centro de gravedad hacia abajo, lo que provoca diversos tipos de problemas posturales, como los hombros caídos. Kapha también genera mucosidad en la zona del pecho, desde donde se traslada a otras zonas del cuerpo, especialmente las inferiores. Bloquea la circulación por los canales debido a su naturaleza pesada y húmeda. Aumenta la grasa en las articulaciones y en la superficie del cuerpo. Se acumula en las articulaciones, como un exceso de fluido sinovial. Este exceso de kapha provoca inflamación en las glándulas, quistes benignos y espolones óseos. Muchos kapha desarrollan artritis, una complicación debida a su sobrepeso o a la mala circulación.

Los kapha tienden al sedentarismo y rara vez hacen ejercicio, salvo que les animen o les inciten a hacerlo, sobre todo después de la infancia. Necesitan un ejercicio más activo, que estimule su metabolismo e incremente su circulación. Sin embargo, los kapha deberían aumentar gradual y lentamente el ejercicio físico, sobre todo si tienen mucho sobrepeso. Puesto que los kapha son propensos a las enfermedades cardíacas y al colesterol alto, deben tener cuidado y no fatigar su corazón con ningún programa de ejercicios.

Kapha es como un río helado. Su movimiento está bloqueado por el frío. Cuando se aplica calor, por medio de los ejercicios y la respiración profunda, el hielo empieza a derretirse. Entonces, se rompe en pedazos y fluye río abajo. Ese kapha, a medida que avanza por las zonas de estancamiento, puede provocar problemas en otras partes si se empuja con demasiada fuerza.

A los tipos kapha les beneficia el ejercicio que les haga sudar, incluso con profusión, y que los lleve a traspasar el punto que consideran su límite de agotamiento (salvo que tengan mucho sobrepeso, en cuyo caso deberán tener precaución). Los kapha, en general, tienen que hacer más ejercicio de lo que les gustaría y han de aprender a ponerse retos.

Las posturas sedentes, al igual que cualquier otra situación de movimiento reducido, incrementan kapha. Los kapha suelen sentirse cansados fácilmente o les entra sueño cuando adoptan posturas sedentes. Para beneficiarse de estas posturas, que son necesarias para la meditación, han de practicar pranayama de calentamiento.

Las vinyasas, como el Saludo al Sol, que requiere una actividad constante, son estimulantes para la constitución kapha. Las posturas de pie también suelen ser apropiadas para ellos, especialmente cuando se combinan con movimientos y estiramientos. Virabhadrasana y sus variantes están muy indicadas para ellos, porque están destinadas a abrir el pecho, la zona del cuerpo donde se acumula kapha. Las flexiones hacia atrás también suelen ser adecuadas, porque abren el pecho y aumentan la circulación en la cabeza, donde, en su caso, se acumula fácilmente la mucosidad, bloqueando los sentidos y embotando la mente. Las flexiones hacia delante, que tienden a contraer el pecho, no son tan buenas para ellos, salvo cuando están atravesando algún problema emocional y necesitan calmarse a corto plazo.

Los tipos kapha suelen tener la digestión y el metabolismo lentos. Para estimular su capacidad digestiva, las prácticas que actúan en la zona del ombligo (donde está situado agni) son muy eficaces (como *nauli*). La postura del Arco es una de las más beneficiosas para ellos. Para compensar la congestión o estancamiento, los tipos kapha deberán combinar las posturas correctas con el pranayama. Esto incrementa la circulación en el cuerpo y en la mente, de modo que puedan orientar sus vidas positivamente. La postura del Arado es una de las mejores para abrir los pulmones de kapha.

Los tipos kapha han de terminar la sesión de asanas sintiéndose revitalizados, con calor, ligeros, con su circulación activada y el pecho y los pulmones abiertos. Su mente y sus sentidos estarán despiertos y claros, y se sentirán liberados de su pesadumbre.

Asanas apropiadas para cada dosha

A continuación mencionamos posturas que, en general, son buenas para cada uno de los doshas, pero una vez más hemos de recordar que en la práctica de asanas las particularidades de la constitución física y la naturaleza de cada persona son más importantes que el tipo de dosha al que pertenezcan.

Vata

Palabras clave para su práctica:
- Calma, lentitud, estabilidad, arraigo, fortalecimiento y consistencia.

Asanas

- Posturas sedentes, como el Loto (*Padmasana*), postura del Diamante (*Vajrasana*), postura del León, Virasana.
- Saludo al Sol hecho despacio y conscientemente.
- Posturas de pie, como Vrksasana (postura del Árbol), Trikonasana (postura del Triángulo) Virabhadrasana (postura del Guerrero), Parighasana (postura de la Barra) y todas las flexiones de pie hacia delante.
- Posturas invertidas, como la postura sobre la cabeza y Viparitakarani (una postura invertida relajante).
- Cobra y Saltamontes (flexiones hacia atrás sencillas), ejecutadas con cuidado y con concentración.
- Flexiones hacia delante de todo tipo, especialmente Janu Sirsasana (flexión parcial hacia delante con una pierna extendida) y Paschimottanasana (flexión completa hacia delante).
- Postura del Niño, Kurmasana (la Tortuga), Parivrtta Janu Sirsasana (flexión parcial hacia delante con torsión del tronco), Navasana (postura de la Barca), Yoga Mudra (Sello Yóguico).
- Torsiones, especialmente las que se realizan estirados, Bharadvajasana II (torsión del Sabio), Pasasana (torsión del Lazo).
- Postura del Cadáver: los vata necesitan una larga y cómoda relajación de al menos veinte minutos.

Pitta

Palabras clave para la práctica:
- Enfriar, relajar, entrega, perdón, suavidad, dispersión.

Asanas

- Todas las posturas sedentes, excepto el León.
- Saludo a la Luna (Chandra Namaskar).
- Posturas de pie, especialmente posturas con las caderas abiertas como el Árbol, Trikonasana (postura del Triángulo) y Ardha Chandrasana (postura de la Media Luna).
- Piernas abiertas de pie con flexión hacia delante como Prasarita Padottanasana I (piernas abiertas y estiradas).
- Postura sobre los hombros, Viparitakarani, la Barca, el Pez, la Cobra, el Arco, el Niño.
- Todas las flexiones hacia delante en posición sedente, especialmente Upavistha Konasana y Kurmasana (Tortuga), Paschimottanassana.
- Torsiones como Ardha Matsyendrasana II y Marichyasana.
- Yoga Mudra (el Sello Yóguico), postura del Cadáver.

Kapha

Palabras clave para la práctica:
- Estimular, mover, calentar, aligerar, vigorizar, liberar.

Asanas

- Postura del León o posturas sedentes con pranayama.
- Saludo al Sol, vinyasas o «saltos» potentes.
- Virabhadrasana, Utthita Hasta Padangusthasana (pierna y mano extendida en alto con sujeción del dedo gordo del pie), Urdhva Prasarita Ekapadasana (flexión de pie hacia delante con una pierna extendida hacia arriba), Ardha Chandrasana (Media Luna).
- Perro hacia abajo (Adho Mukha Svanasana), Perro hacia arriba (Urdhva Mukha Svanasana).
- Posturas invertidas y de equilibrio, como las posturas sobre las manos Adho Mukha Vrksasana (postura del Pino), Pincha Mayurasana (postura de las Plumas del Pavo Real).
- Las posturas sobre la cabeza y sobre los hombros con sus variantes.

- Postura del Arado, todas las flexiones hacia atrás como la postura del Arco elevado, postura del Camello (Ustrasana) y postura del Saltamontes, Jathara Parivartanasana (torsión del Cocodrilo) o Marichyasana, seguidas de una breve Savasana.

Descripción de las asanas

Las siguientes descripciones son principalmente para ayudar a los que ya conocen las asanas y orientar su práctica bajo la visión ayurvédica. Las personas que no estén familiarizadas con las asanas deberían consultar libros sobre yoga y profesores, para obtener una descripción más completa de cómo realizarlas. En caso de tener alguna duda, no intente realizar ningún movimiento que pueda provocar torcedura o tensión. Las indicaciones ayurvédicas para las asanas son de carácter general. Tan importante es la forma y la secuencia en que se realiza la asana, como la naturaleza misma de la asana. En algunos casos hay variaciones de la postura y no todas ellas son igualmente buenas para cada persona. Hemos intentado evitar posturas difíciles o avanzadas.

1. Posturas sedentes

Las posturas sedentes son las más importantes en yoga. Todas las demás posturas tienen como finalidad llevarnos al punto de ser capaces de mantener las posturas sentados. El yoga clásico, cuyo objetivo principal es la meditación, pone énfasis en cuatro asanas sedentes: postura del Loto, Siddhasana, Vajrasana y postura del León. Son buenas para el pranayama y la meditación. Cualquier postura cómoda, sentados en una silla o en el suelo, puede sustituir estas asanas.

Yoga y ayurveda

Postura del Bastón (*Dandasana*)

Es la postura sedente básica. Todas las demás posturas de esta categoría empiezan y terminan en Dandasana. Siéntese en el suelo, colchoneta o alfombra con las piernas estiradas hacia delante. Lleve las nalgas hacia atrás y hacia los lados para sentarse directamente sobre los isquiones. Inhale y estire más las piernas, como si quisiera extenderlas por los talones, mueva el dorso de los pies hacia la cara. Coloque las manos en el suelo junto a la parte posterior de las caderas (con los dedos mirando hacia delante) y haga presión en el suelo para elevar el pecho y proyectarlo hacia delante. La columna estará erguida y la espalda se elevará con cada exhalación. Con las manos en el mismo lugar, saque ahora el peso de ellas y siga elevando el tronco y extendiendo las piernas. Mantenga esta postura respirando cómodamente.

Esta postura es especialmente eficaz para calmar vata y pitta; también reduce kapha. Ayuda a reforzar udana.

Postura fácil (*Sukhasana*)

Siéntese en Dandasana con las piernas estiradas hacia delante. Luego flexione las piernas y cruce la espinilla derecha sobre la izquierda, doblando los pies por debajo de las piernas. En esta postura sencilla de piernas cruzadas deberá mantener la columna erguida. Coloque las manos (separadas) sobre las rodillas. O bien coloque la mano izquierda (hacia arriba) sobre la derecha, los pulgares se tocarán, y déjalas reposar sobre el regazo.

Esta postura es para los que no pueden realizar posturas sedentes más difíciles. Sus efectos son similares a las otras, pues facilita el pranayama y la meditación.

Postura del Loto (*Padmasana*)

Siéntese en Sukhasana. Sujete el pie derecho con ambas manos y levántelo suavemente para colocarlo encima del muslo izquierdo, de modo que el talón derecho quede cerca de la ingle izquierda. Luego, tome el pie izquierdo y levántelo pasándolo sobre la pierna derecha, colóquelo suavemente sobre el muslo derecho. Las plantas de los pies quedarán giradas hacia arriba, mientras los empeines descansan sobre los muslos. Mantenga la columna erguida y cierre los ojos. Coloque la palma de la mano izquierda sobre la palma de la mano derecha, mantenga las manos unidas entre los talones.

La postura del Loto regula vata, controla apana vayu y permite que el prana ascienda por el sushumna. Es la mejor postura para practicar pranayama y pratyahara; es excelente para la meditación.

Siddhasana

Siéntese sobre una colchoneta con las piernas estiradas. Flexione la rodilla derecha y coloque el talón del pie derecho debajo del perineo. Ahora doble la pierna izquierda y coloque el talón izquierdo encima del talón derecho, ambos contra el hueso púbico. Mantenga la cabeza, el cuello y la columna erguidos. Fije la mirada en el tercer ojo. Colocando los dorsos de las manos sobre las rodillas haga Jnana Mudra (gesto del conocimiento) uniendo los pulgares con sus correspondientes índices. Mantenga los tres otros dedos estirados con las palmas hacia arriba.

Siddhasana quizá sea la mejor postura para la concentración y la meditación; fomenta el conocimiento espiritual. Calma vata, controla apana y hace que ascienda el prana. No agrava los otros doshas.

Postura del Diamante (*Vajrasana*)

Siéntese flexionando las rodillas, de modo que las pantorrillas toquen los muslos. Junte los talones y siéntese sobre los mismos. Coloque las palmas de las manos sobre las respectivas rodillas. Mantenga el cuerpo erguido y la mirada al frente.

La postura del Diamante es excelente para el pranayama, especialmente para los que producen calor, como la respiración alterna por el orificio derecho, bhastrika y *kapalabhati*. Ayuda a despertar el prana y Kundalini y es excelente para estimular pranagni.

Postura del León (*Simhasana*)

Siéntese colocando el pie izquierdo debajo de la nalga derecha y el pie derecho debajo de la izquierda. Abra los dedos de las manos como si fueran las garras de un león y colóquelas sobre las rodillas. Meta el estómago y saque el pecho. Abra la boca y saque la lengua todo lo que pueda. Con los ojos bien abiertos mire fijamente hacia el tercer ojo.

Esta postura incrementa agni y pitta en todos los niveles, conduce la energía hacia la cabeza, los ojos, la garganta y el sistema digestivo. Reduce kapha y vata, mitiga el frío y la falta de energía.

2. Posturas de pie

Postura de la Montaña (*Tadasana*)

Tadasana es la postura de pie básica. Es la posición inicial de cualquier postura de pie y también a la que se vuelve una vez finalizada. De pie, ponga los pies paralelos y separados, en línea con las caderas. Sienta el contacto de ambos pies sobre el suelo y reparta bien el peso de su cuerpo entre el antepié, la zona plantar justo debajo de los dedos de los pies y los talones (los dedos permanecen relajados). Contraiga los músculos de las piernas y levante las rodillas. Proyecte las caderas hacia delante hundiendo el vientre y girando la pelvis. Continúe estirando la columna hacia arriba, desde el coxis hasta la parte superior de la cabeza. Los hombros estarán relajados, hacia atrás y hacia abajo. Los brazos y las manos colgarán relajados en los costados.

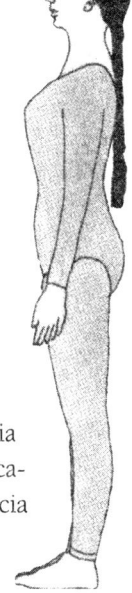

Tadasana es una postura que arraiga, que equilibra todos los doshas si se realiza adecuadamente. La postura de pie correcta nos aporta el tono muscular básico para nuestra postura corporal, especialmente para el movimiento.

Postura del Triángulo (*Trikonasana*)

De pie en Tadasana. Separe los pies algo más de un metro. Gire 90º la pierna derecha, el pie también gira hacia la derecha. Gire ligeramente el pie izquierdo hacia dentro, manteniendo recta la pierna izquierda. Reparta bien el peso del cuerpo entre las dos piernas, llevándolo hacia la cara externa de los pies. Inspire y eleve ambos brazos hasta la altura de los hombros. Espire y flexione todo el tronco hacia la derecha, manteniendo recta la columna y los hombros en línea vertical sobre la pierna derecha. El pecho se abrirá hacia el techo mientras la columna sigue girando y abriéndose hacia la derecha. Practique la respiración completa mientras mantiene la postura. Inhale para regresar a la postura inicial de pie, al exhalar, vuelva a Tadasana. Repítala del lado izquierdo.

Trikonasana es buena para todos los doshas, sobre todo para vata y vyana.

Postura del Guerrero II (*Virabhadrasana*)

Colóquese en Tadasana. Separe los pies, aproximadamente un metro y medio. Inhale y levante los brazos lateralmente hasta la altura de los hombros. Exhale y gire el pie, la rodilla y la pierna derechos 90º hacia la derecha. Gire el pie izquierdo ligeramente hacia dentro, dejando el talón hacia afuera. Reparta bien el peso entre ambos pies, con los arcos levantados. Al exhalar, flexione la rodilla derecha 90º, la pierna quedará perpendicular al suelo, las caderas mirando hacia delante (en la medida de lo posible, mientras la rodilla derecha se mantiene en línea con el talón). La pierna y la rodilla izquierdas se mantendrán muy estiradas, una vez adoptada la postura y mientras se mantiene. La zona lumbar se estira hacia abajo, mientras el pecho se abre y se eleva. Estire los brazos y las manos sin elevar los hombros hacia las orejas. Mantenga esta postura respirando cómodamente y de forma regular. Al exhalar, regrese a Tadasana. Repítala del otro lado.

Virabhadrasana abre el pecho y los pulmones. Aumenta pranagni y vyana, y reduce kapha. Es una postura que afianza y estabiliza a los vata.

Postura del Ángulo extendido
(*Utthita Parsvakonasana*)

Colóquese en Tadasana. Separe los pies aproximadamente un metro y medio. Inhale, levante los brazos lateralmente a la altura de los hombros. Exhale y gire el pie derecho 90° hacia la derecha. Gire el pie izquierdo ligeramente hacia dentro, con el talón hacia fuera. Reparta el peso entre ambos pies, con los arcos levantados. Al exhalar, flexione la rodilla derecha 90° y adopte la postura de Virabhadrasana II. Mantenga la pierna izquierda bien estirada. Estire y flexione el tronco lateralmente hacia la derecha y coloque la mano derecha en el suelo, en el lado externo del pie derecho. El costado derecho del tronco debe quedar alineado con el muslo derecho y el pecho en dirección hacia el techo. Gire la cabeza y mire hacia arriba; el brazo izquierdo permanece estirado por encima de la oreja. Respire con normalidad mientras mantiene la postura; cuando vaya a finalizar, inhale y regrese a Virabhadrasana II. Exhale y vuelva a Tadasana. Repítala del otro lado.

Uttitha Parsvakonasana es una postura que nos da estabilidad, reduce principalmente vata y kapha.

3. Posturas invertidas

Postura del Perro hacia abajo (*Adho Mukha Svanasana*)

Empiece de rodillas en el suelo, colocando las manos debajo de los hombros y las rodillas separadas, en línea con las caderas. Inspire y eleve las nalgas estirando los brazos y las piernas. Cada vez que inspire mantenga los brazos estirados. Al espirar eleve las nalgas hacia el techo estirando las piernas. Apóyese sobre el antepié (los talones estarán levantados), deje caer la cabeza para que quede mirando hacia los pies. El cuerpo estará en línea recta desde las muñecas hasta el coxis. Con el coxis mirando hacia arriba, siga estirando los brazos y el tronco, a medida que va bajando los talones hacia el suelo. No fuerce la respiración mientras mantiene la postura. Luego flexione las rodillas, siéntese sobre los talones coloque la cabeza en el suelo y descanse en la postura fetal.

La postura del Perro está especialmente indicada para activar la energía de los kapha; a los vata les ayuda a arraigarse. Ayuda a equilibrar todos los doshas.

Postura sobre los hombros con apoyo (*Salamba Sarvangasana*)

Estírese en el suelo boca arriba. Flexione las rodillas apoyando los pies en el suelo, tome impulso y eleve el tronco y las piernas a la vertical, hasta quedar apoyado sobre los hombros y el cuello. Coloque las manos detrás de la espalda apoyando los codos en el suelo. El peso del cuerpo descansará sobre los hombros y los codos (antes de levantar las piernas quizá necesite usar una manta doblada debajo del tronco y de los hombros, que colocará de modo que la cabeza y el cuello queden apoyados sobre el suelo, para aliviar la presión sobre el cuello). Mantenga la postura sin mover el cuerpo y respire cómodamente. Para bajar, flexione las piernas y coloque los brazos en el suelo, detrás de la espalda para apoyarse; vaya bajando lenta y gradualmente la columna hasta que tanto esta como los pies vuelvan a quedar apoyados en el suelo.

La postura sobre los hombros regula udana vayu y kapha en la zona del pecho. Reduce pitta (salvo que la mantengamos mucho rato) e invierte apana vayu. Es una buena depuradora de la sangre y nutre el cerebro, la garganta y los pulmones. Está indicada para el hipotiroidismo, alivia los dolores de cabeza y mitiga el estreñimiento.

Inversión restauradora (*Viparitakarani*)

Coloque una almohada cilíndrica –bolster– o unas mantas bien dobladas formando un grosor de unos 25-30 centímetros en el suelo y contra una pared. Siéntese lateralmente en el borde de las mantas, apoyando un isquión sobre ellas y el otro en contacto con la pared. Coloque las manos en el suelo para apoyarse, flexione las piernas, elévelas apoyándolas sobre la pared y gire sobre su espalda estirándose en el suelo y sobre las mantas. Las piernas quedarán apoyadas sobre la pared en posición vertical. Mantenga los isquiones pegados a la pared y apoye las caderas y la zona lumbar sobre las mantas. Los hombros, el cuello y la cabeza quedarán en el suelo y los brazos relajados por encima de la cabeza. Mantenga la postura mientras le resulte cómodo, para deshacerla flexione las rodillas y gire suavemente sobre su costado y sepárese de las mantas.

Viparitakarani es una postura relajante que nos ayuda a abrir el pecho y a respirar relajadamente mientras fluye la sangre a la cabeza y a los hombros. Reduce el exceso de tensión en el cerebro y la mente. Es excelente para los dolores de cabeza, migrañas y congestiones nasales; mejora la circulación en la cabeza. Se puede usar para equilibrar todos los doshas.

4. Flexiones hacia atrás

Postura sencilla de la Cobra (*Bhujangasana*)

Estírese boca abajo sobre la colchoneta. Junte las piernas, apoye la frente en el suelo, las plantas de los pies mirarán hacia el techo. Apoye las palmas de las manos planas debajo de los hombros, los codos flexionados y pegados al cuerpo. Primero empiece a girar lentamente la cara hacia arriba, luego la cabeza y el cuello, después los hombros y el esternón. Luego gire la parte superior de su tronco y siga levantando la cabeza (sin levantar la barbilla). En esta fase no apoye todavía el peso sobre las manos, pues en la fase inicial se están fortaleciendo los músculos de la espalda. Tras mantener la postura durante un tiempo, baje el pecho y vaya estirando la columna hasta regresar a la posición inicial boca abajo.

Esta postura armoniza pitta y regula samana vayu, estimulando agni. Calma el vata del colon y mejora la circulación en la zona digestiva. También estimula Kundalini, cuya energía es como una cobra.

Postura del Pez (*Matsyasana*)

Estírese en el suelo sobre la espalda, levante el tronco flexionando los codos y apoyándose sobre ellos, que estarán pegados al tronco y en línea con el hombro, los dedos de las manos hacia abajo debajo de las caderas. Arquee hacia atrás la zona alta de su columna, trasladando el peso de su cuerpo hacia la cabeza. Apoye suavemente la parte posterior de la cabeza en el suelo, bajando un poco los brazos, pero manteniendo todavía el peso en los brazos y las manos. Inhale y siga arqueando la columna y el cuello. Cuando note que tiene suficiente fuerza en la espalda y los hombros, podrá liberar el peso de los brazos y colocarlos debajo de sus caderas. Mantenga este arco durante unos momentos, luego saque los brazos de debajo de las caderas y vuelva a girar la cabeza y el resto de la columna lentamente en sentido contrario, hasta volver a la postura de decúbito supino.

La postura del Pez fortalece agni y ayuda a eliminar pitta del sistema digestivo y del hígado. También está indicada para la garganta y los pulmones.

5. Flexiones hacia delante

Ángulo sentado (*Upavistha Konasana*)

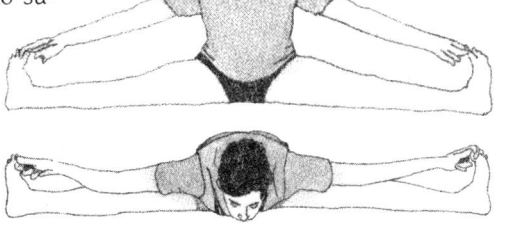

Siéntese en Dandasana con las piernas estiradas hacia delante. Inhale y abra las piernas hacia los lados todo lo que pueda. Exhale, estire bien las piernas hasta los talones, las puntas de los pies se extenderán hacia atrás, en dirección a la cara. Las rótulas quedarán mirando al techo, no deben estar flexionadas. Coloque las manos detrás de las caderas para ayudarse a abrir el pecho y enderezar la columna. Mantenga la columna erguida (incluido el cuello), estirándose desde la punta de la cabeza flexione el tronco hacia el suelo sujetándose los dedos gordos de los pies con las manos. Respire con normalidad durante la ejecución de la postura. Cuando desee deshacerla, inhale de nuevo y regrese a Dandasana. Esta postura reduce pitta y vata, da tranquilidad y firmeza.

Flexión completa hacia delante (*Paschimotanasana*)

Siéntese en Dandasana con la columna erguida y las piernas y los talones estirados. Inhale y levante los brazos hacia el techo, estirando bien la columna. Mantenga recta la columna al exhalar y flexione la espalda hacia delante llevando el bajo vientre hacia los muslos. Mantenga siempre los hombros y el pecho bien abiertos, siga respirando y bajando el tronco lentamente hacia delante, hasta que llegue a agarrarse las piernas o los pies. Al inhalar, siga estirando las piernas y bajando hacia delante, hacia los talones. Al exhalar, no deje de estirar la columna y procure que su tronco quede paralelo a los muslos (la columna y el cuello deberán estar rectos y alineados) y su rostro se desplaza hacia las espinillas. Mantenga la postura acoplando los movimientos de estiramiento con la respiración, durante uno o dos minutos; luego regrese a Dandasana.

Paschimotanasana regula apana vayu, fortalece el sistema digestivo y enfría la cabeza. También se puede usar para abrir el pecho y eliminar kapha. Como la mayoría de las flexiones hacia delante, regula el desequilibrio de vata y es excelente para reducir pitta.

6. Torsiones

Torsión del Cocodrilo (*Jathara Parivartanasana*)

Hay cuatro posiciones en esta torsión fácil y cómoda. Las instrucciones son las mismas para cada postura, a excepción de las posiciones del pie y de la pierna. Todas ellas empiezan estirados en el suelo boca arriba.

Posición 1: mantenga las piernas y los pies juntos y estirados (centro). Estírese boca arriba. Extienda los brazos lateralmente hasta que formen un ángulo recto con el cuerpo. Inhale y estire bien las piernas hasta los talones. Exhale y gire las caderas y las piernas hacia la derecha, mientras la cabeza gira hacia la izquierda. Permanezca en esta torsión de columna durante unos momentos, luego inhale y regrese al centro. Exhale y gire las caderas hacia la izquierda y la cabeza hacia la derecha. Respire normalmente manteniendo la postura unos momentos; luego regrese al centro inhalando.

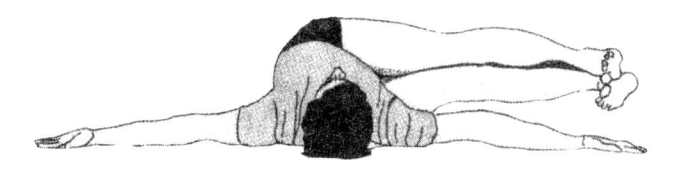

Posición 2: realice la postura flexionando una pierna y apoyando el pie en la contraria, que estará estirada. Siga las mismas instrucciones de respiración y de giro que en la posición 1.

Posición 3: realice la postura con ambas rodillas flexionadas por encima del pecho. Siga las mismas instrucciones de respiración y de giro que en la posición 1.

Posición 4: realice la postura completa con ambas piernas estiradas y levantadas perpendiculares al tronco. Siga las mismas instrucciones de respiración y de giro que en la posición 1.

Esta sencilla torsión es muy buena para mejorar la circulación en la columna y en los nadis; está especialmente indicada para vyana vayu, vata y pitta.

Torsión completa de la columna (*Ardha Matsyedrasana*)

Siéntese en Dandasana. Flexione la pierna izquierda y coloque el pie debajo de las nalgas. Coloque una manta doblada debajo del pie para estar más cómodo. Con el dorso del pie izquierdo apoyado en el suelo y formando un ángulo recto con el tobillo, siéntese sobre el talón izquierdo, de modo que el isquión derecho encaje en el arco del talón. (Esto tiene un efecto de reflexología podal sobre la columna).

La rodilla izquierda mira hacia el frente. Ahora cruce la pierna derecha por encima de la rodilla izquierda y apoye el pie en el suelo, en la cara externa de la pierna izquierda. La rodilla derecha mirará al techo. Coloque las manos en el suelo a ambos lados del tronco, haga presión en el suelo con los dedos para estirar la columna hacia arriba. Manteniendo esta postura, sentado sobre el pie izquierdo, empiece a girar lentamente hacia la derecha (la rotación comienza desde la base de la columna). Levante el brazo izquierdo y empiece a girar hacia la derecha, desde el abdomen, con el pecho bien abierto. Coloque el brazo izquierdo en la cara externa de la rodilla derecha, el brazo y la mano estarán estirados. (La mano derecha seguirá apoyada en el suelo para favorecer la torsión y mantener el equilibrio). La postura se completa colocando la axila izquierda en contacto con la rodilla derecha, rodeándola con el brazo; la mano derecha se levantará del suelo e irá a buscar la muñeca izquierda por detrás de la espalda. Es de suma importancia que respire profundamente y de forma regular durante toda la ejecución de las torsiones. Permanezca en la postura de 20 a 40 segundos; para deshacerla suelte la muñeca al exhalar, gire lentamente hacia el centro y cambie la posición de las piernas para realizar la postura del otro lado.

Esta torsión fortalece la columna, corrige la escoliosis, mejora la digestión y reduce vata. Ayuda a desintoxicar el hígado, elimina el calor del intestino delgado, reduce pitta.

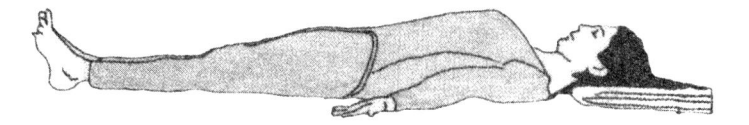

Postura final para toda sesión de asanas

Postura del Cadáver (*Savasana*)

Estírese cómodamente boca arriba con las piernas estiradas y ligeramente separadas. Asegúrese de que no va a tener frío. Baje los hombros y procure que reposen sobre el suelo, estire los brazos con las palmas boca arriba. Brazos y manos estarán ligeramente separados del tronco. Estire el cuello y la cabeza. Inspire profundamente. Al espirar afloje y relaje todo el cuerpo. Libere sistemáticamente la tensión de todas las partes del cuerpo. Luego, despreocúpese de la mente y concéntrese en la respiración y en el movimiento que genera en todo el cuerpo. Relájese por completo de este modo durante 20 minutos.

Savasana está considerada la postura más importante y siempre es la que completa cualquier sesión de asanas. Ayuda a eliminar vata o estrés acumulado, especialmente al final de la sesión; también enfría pitta.

15
Métodos de pranayama

La sílaba sagrada Om, el fuego del Prana,
el Yo Supremo, rodeado de los cinco Pranas;
es el regente de todo el universo.
BRIHADYOGI YAJNAVALKYA SMRITI IX, 10

Tanto si somos conscientes de ello como si no, nuestra principal actividad en la vida es la búsqueda de prana. La felicidad humana se debe únicamente al poder del prana. El placer que experimentamos al comer, en las relaciones sexuales, viendo una película, corriendo, esquiando, saltando o realizando cualquier otra actividad sensorial o de los órganos motores, se debe únicamente al prana. Sin embargo, puesto que no controlamos nuestro prana, solo podemos producir placeres pránicos en función de los factores externos, que son limitados y que acaban agotándonos.

El yoga nos enseña a dominar el prana y a desplegar sus poderes más profundos. El yogui aprende a cabalgar sobre las olas del prana y así puede experimentar la dicha de prana en su propia consciencia. Puede conducir su mente a un estado de gran velocidad (*prana*), de expansión infinita (*vyana*), de ascensión ilimitada (*udana*), de calma inmutable (*samana*) o de resistencia inquebrantable (*apana*). Cuando aprendemos a dominar el prana ya no necesitamos formas externas de placer. Conseguimos poder sobre la mente y los sentidos. Esta misma fuerza pránica puede usarse para curar el cuerpo y la mente. Un verdadero médico ayurvédico es un sanador pránico que sabe cómo dirigir el prana a voluntad en beneficio del paciente, así como utilizar la comida, las plantas y otras sustancias curativas como vehículos del prana.

Según los *Vedas*, el prana que hay en el cuerpo humano corresponde al Sol del mundo exterior.[37] Del mismo modo que el Sol gira por el espacio, el prana recorre el sistema de canales del cuerpo y de la mente. Igual que el Sol nos sirve para medir el tiempo externamente, el prana lo controla internamente. Por consiguiente, la clave para el movimiento en nuestra vida y para superar el límite del tiempo reside en nuestra destreza para controlar nuestro prana. Así como aprender a aprovechar la energía solar puede transformar el mundo exterior, el desarrollo de la energía pránica es la clave para la transformación interior.

El pranayama es una de las prácticas más importantes del yoga, es la cuarta de las ocho ramas del yoga clásico. Es el puntal sobre el que descansa todo el sistema del yoga. El prana purifica y vigoriza el cuerpo y la mente para realizar prácticas meditativas elevadas, sin las cuales nos faltaría la energía para ejecutarlas adecuadamente. Ya hemos hablado del tema del prana, de sus cinco subtipos y de las tres esencias vitales: prana, tejas y ojas. En este capítulo examinaremos prácticas específicas de pranayama, incluidas las de los cinco pranas.

Advertencia: el pranayama, sobre todo las prácticas más potentes, deben aprenderse con un profesor. La información que presentamos aquí no pretende en modo alguno sustituir la enseñanza personal.

Prana significa «fuerza vital» y *ayama* significa «expansión». Por lo tanto, pranayama significa «expansión de la fuerza vital». Sin embargo, algunos lo describen como «retención del aliento». Aunque la retención de la respiración, si se realiza correctamente, quizá sea el método más poderoso para expandir la fuerza vital, tampoco es el único. Si se realiza incorrectamente puede contraer la fuerza vital y agravar muchas enfermedades, del mismo modo que dejar de respirar puede provocarnos un desmayo. Por medio del pranayama respiramos más despacio y alargamos la respiración, para que el prana

---

37. *Maitriyani Upanishad* VI.1.

interior o la fuerza vital superior puedan manifestarse. Esto nos ayuda a desacelerarnos y a calmar la mente, y facilita la meditación.

El pranayama forma parte integral de los métodos de tratamiento y estilos de vida ayurvédicos. Es más eficaz para tratar las enfermedades respiratorias, circulatorias y del sistema nervioso, cuya función depende de que el prana fluya adecuadamente. Sin embargo, es excelente para todos los estados de debilidad, falta de energía, fatiga crónica, inmunidad débil y convalecencias. Probablemente, sea la práctica que más nos puede aportar para mejorar nuestra salud. Una vida sin pranayama es una vida sin verdadero prana.

El pranayama no solo ejercita los pulmones, sino todos los órganos del cuerpo por medio del masaje interno de la inhalación y la exhalación. Este efecto masaje mejora la circulación en los órganos y elimina toxinas, conduciendo el exceso de doshas al tracto digestivo para su eliminación. Establece un ritmo orgánico profundo y potente para mantener no solo la salud y la fuerza, sino la tranquilidad mental.

El pranayama es una herramienta importante para tratar los trastornos psicológicos y emocionales. Es excelente para tratar la depresión, liberar el dolor y el apego, y reducir el estrés y la tensión. Es mucho más eficaz para elevar nuestro espíritu que ningún otro estimulante o fármaco. El pranayama incrementa el poder de las terapias con plantas tónicas para aumentar la vitalidad, como ginseng, ashwagandha y shatavari.

Trabajar el prana

Hay muchas formas de trabajar el prana. Una nutrición adecuada aumenta el prana en el cuerpo físico. Esto también requiere la eliminación adecuada. Según el ayurveda, el prana de los alimentos se absorbe en el intestino grueso, concretamente en los dos tercios superiores, que no son simplemente un órgano de eliminación. Apana vayu, que reside en este órgano, es el prana más importante para la salud física, garantiza que no se formen toxinas en nuestro organismo. Las plantas laxantes, especialmente el compuesto Triphala, ayudan a la correcta absorción del prana de los alimentos y a que este se instaure en nuestro cuerpo, eliminando así la causa de las enfermedades físicas.

Los *Vedas* dicen que los mortales comen alimentos con apana (la fuerza vital del bajo vientre), mientras que los dioses comen alimentos con prana (la fuerza vital de la cabeza).[38] Los mortales son los tejidos físicos; los inmortales son los sentidos que absorben el alimento directamente a través de los orificios de los órganos sensoriales de la cabeza. Mientras una buena dieta mantiene el apana, las impresiones adecuadas son necesarias para nutrir el prana. Para ello es importante el contacto con la naturaleza, realizar rituales, visualizaciones y terapias sensoriales que incluyan colores, sonidos y aromas. A medida que crecemos espiritualmente aprendemos a absorber más prana para alimentar a los dioses o energías espirituales que hay en nuestro interior. Hemos de controlar apana, especialmente el impulso sexual, para no perder la energía vital descendente.

Los mantras, especialmente los de una sílaba o *bija mantras* como Om o Hrim, crean vibraciones (*nada*) que dirigen la energía pránica a todo el campo mental, incluido el subconsciente. La meditación por sí sola, al crear espacio en la mente, genera prana en la mente. Cuando la mente entra en un estado de silencio y receptividad, como la expansión del cielo, se genera un nuevo prana en ella que sana e integra nuestra consciencia. Allí donde se crea espacio y quietud, fluye el prana o la energía. No obstante, el método principal para trabajar el prana y el pranamaya kosha son los ejercicios yóguicos de respiración o pranayama.

Equilibrar prana y apana

Apana, que está conectado con la fuerza de la gravedad, tiene un movimiento descendente que se traduce en enfermedad, envejecimiento, muerte y disminución de la consciencia. Prana, que está

---

38. *Satapatha Brahmana* X.1.4.12.

conectado con el aire y los elementos del espacio, se dispersa hacia arriba a través de la mente y los sentidos. Esto conduce a la pérdida de la coordinación cuerpo-mente y a la desvitalización. La unión de estos dos pranas primordiales fortalece nuestra energía y el despertar de nuestras facultades más elevadas. Las prácticas yóguicas tienen la función de elevar apana para unirlo con prana, y hacer descender prana para unirlo con apana, lo que se produce en la zona del ombligo –el centro pránico del cuerpo.

Pranayama y pranagni

El pranayama desarrolla pranagni o el agni de prana, que es el responsable de la digestión del prana en el cuerpo. Pranagni se desarrolla principalmente por medio de la correcta retención de la respiración que sigue a la inhalación profunda. El oxígeno inhalado es alimento para pranagni; el dióxido de carbono exhalado es desecho. Del mismo modo que el ayuno purifica el cuerpo físico, la retención del aliento purifica el cuerpo sutil. Pranagni crea una forma especial de sudor que elimina las toxinas que bloquean los diversos nadis.

El ombligo donde se unen todos los pranas es también el centro de pranagni en el cuerpo físico, el agni de prana, que se enciende a través de la unión de prana y apana. El ombligo es el chakra superior de los tres inferiores que están interconectados. Pranagni da lugar a la fuerza Kundalini, que despierta estos chakras y en su camino ascendente se lleva a prana y apana con ella.

Prana, tejas y ojas

Para practicar pranayama correctamente, primero hemos de crear ojas, la esencia vital de kapha. Ojas es el fluido que contiene el prana, sin el cual este se dispersaría. Es el hilo a través del cual puede fluir la corriente pránica. Practicar pranayama sin desarrollar ojas puede provocar trastornos vata, ansiedad, insomnio e inestabilidad. Si no hay suficiente ojas, el pranayama secaría el sistema nervioso.

A la inversa, prana da energía a ojas y lo purifica. El prana extra que se absorbe durante el pranayama seca y evapora ojas para conducirlo hacia los centros superiores de la cabeza. Si acumulamos ojas, sobre todo mediante la abstinencia sexual, hemos de practicar pranayama para transformarlo. De lo contrario, se acumulará, se volverá pesado y, por la fuerza de la gravedad, su energía se dispersará hacia abajo.

Prana también da energía a tejas, como el viento se la da al fuego. Esto nos aporta una energía vital fogosa, valor y audacia. Si no desarrollamos prana, la energía de tejas tampoco puede durar. El pranayama ayuda a desarrollar tejas, que es la expresión de pranagni, el fuego de prana. Véase el capítulo de prana, tejas y ojas.

El pranayama y los cinco pranas

Aunque pranayama se suele definir como el equilibrio entre prana y apana, al final hemos de tener en cuenta los cinco pranas. Vyana y samana se relacionan con la retención. Samana es la etapa inicial de la retención donde se consolida el aire en los pulmones, donde el oxígeno se absorbe a través de los tejidos de los pulmones. Vyana es la segunda etapa de la retención, donde el oxígeno que se ha absorbido pasa a la sangre y es transportado por el resto del cuerpo.

Udana y apana están relacionados con la exhalación. Udana es la primera etapa de la exhalación, que crea energía positiva y esfuerzo, lo que faculta el habla. Apana es la segunda etapa, que empuja el aire residual y el dióxido de carbono hacia afuera. Por medio del pranayama podemos equilibrar y regular los cinco pranas.

LOS CINCO PRANAS Y LA RESPIRACIÓN

Prana – Inhalación
Samana – Retención/contracción
Vyana – Retención/expansión
Udana – Exhalación/expresión
Apana – Exhalación/eliminación

El pranayama y los doshas

El pranayama trata todos los doshas. La práctica correcta de pranayama normaliza vata, el dosha maestro y la expresión de prana. Pranayama es una de las principales prácticas para reducir kapha, que tiene tendencia a estancarse y a producir mucosidad. Ayuda a reducir kapha en la cabeza y en los pulmones. Además, los pranayamas enfriadores especiales mitigan pitta y eliminan el calor. El uso del prana para sanar es un aspecto importante del ayurveda que jamás debe descuidarse en un tratamiento.

La inhalación, igual que comer, se relaciona con kapha y tiene un efecto constructor. La retención, como la digestión, se relaciona con pitta y tiene un efecto transformador. La exhalación, como la eliminación, se relaciona con vata y tiene un efecto reductor o de agotamiento.

También hemos de tener en cuenta el predominio de la respiración por la fosa nasal derecha, que tiene su acción dóshica. La respiración por la fosa nasal derecha dinamiza pingala o nadi solar y aumenta pitta y el fuego. La respiración por la fosa nasal izquierda activa ida o el nadi lunar y aumenta kapha y el agua. Equilibrar la respiración por ambas fosas nasales favorece vata.

Kapha aumenta al respirar por la boca, lo que tiene un efecto enfriador. Sin embargo, la respiración por la boca tiende a crear exceso de kapha o mucosidad. Por esta razón, no suele recomendarse, aunque algunos pranayamas yóguicos especiales la utilicen. La respiración por la boca puede mantener el prana en el canal central o sushumna, o en el nadi sarasvati, los canales de la boca y la garganta, y actúa sobre udana vayu, favoreciendo el movimiento ascendente del prana.

Tonificación y reducción en el pranayama

Los métodos de tratamiento ayurvédicos pueden ser tonificantes y constructores, en cuyo caso se denominan *brimhana*, y reductores y purificadores, o *langhana*. Las terapias de tonificación incrementan la fuerza corporal y el peso y tratan las enfermedades debilitantes y las que causan desgaste. Las terapias reductoras reducen el peso corporal y eliminan toxinas, tratan las fiebres y las toxinas.

La retención del aliento tras una inhalación profunda aumenta brimhana o el efecto tonificante del pranayama. Es útil para calmar vata y crear ojas. Tiene un efecto estabilizador y de arraigo, fortalece el cuerpo y la mente.

La retención después de la exhalación aumenta langhana o el aspecto reductor del pranayama. Está indicada para reducir kapha y aumentar prana, y tiene un efecto desintoxicante. Estimula la naturaleza etérica o espacial de la mente, facilita la meditación, pero puede agravar vata si se retiene la respiración mucho tiempo.

Tipos de pranayama

Para practicar pranayama, siéntese en una postura cómoda como Padmasana (Loto), Siddhasana o Sukhasana, o siéntese en una silla. Colóquese mirando al Norte o al Este. La habitación debe estar bien ventilada, pero sin exposición directa al viento o a los cambios de temperatura. El mejor momento para practicar pranayama es dos horas antes del amanecer. También son buenos el amanecer y el atardecer y justo antes de acostarse (solo para una práctica suave).

Respiración natural y pranayama So-Ham

Lo primero para iniciar un pranayama es la respiración simple y natural. Deje que su respiración se haga más profunda gradualmente y sin esfuerzo. Repita mentalmente el mantra So al inhalar y Ham al exhalar, lo que significa «Eso (el Espíritu Consciente) soy yo». Familiarícese con esta práctica antes de intentar modificar la respiración. El pranayama So-Ham debe realizarse con la respiración Ujjayi, produciendo un ruido con la parte posterior de la garganta al respirar.

Pranayama Ujjayi

La mayoría de los pranayamas se realizan con la respiración Ujjayi. Respire profundamente, haciendo que el aire emita un sonido a su paso por la garganta. Ujjayi produce calor. Reduce kapha y vata y mejora agni, estimula el prana en la cabeza, la garganta y el corazón. No debe practicarse en la respiración alterna, que debe centrarse en la respiración por la nariz.

La respiración alterna: equilibrar prana y apana

Prana y apana están cenectados con las fosas nasales derecha e izquierda y con sus canales, ida y pingala. Se pueden equilibrar igualando el flujo entre los dos orificios. Para esto se taparán los orificios nasales de manera alterna durante la práctica. Primero extienda la palma de su mano derecha, doble los dedos índice y corazón. Extienda los otros dos dedos y el pulgar. Colóquelos en el puente de la nariz, con el pulgar sobre el lado derecho y los dedos extendidos sobre el izquierdo. Utilícelos para tapar las fosas nasales cuando sea oportuno. En la primera versión o respiración solar, inhale por la fosa nasal derecha o solar y exhale por la izquierda o lunar. Aumente gradualmente el período de retención hasta que empiece a sudar. En la respiración lunar, inhale por la fosa izquierda y exhale por la derecha. Esto baja la temperatura corporal y enfría.

La respiración alterna es la técnica de pranayama más importante utilizada en el ayurveda. Ida y pingala aportan la energía principal al cuerpo y a sus órganos en los lados derecho e izquierdo. En el costado derecho se encuentran los órganos principales responsables de la digestión, el hígado, la vesícula biliar y el riñón derecho, incluido un chakra solar secundario en la zona del hígado. El costado derecho del cuerpo –con el ojo, el oído, la fosa nasal, la mano y el pie derechos– transmite una energía caliente similar, que proporciona agudeza sensorial y destreza.

Los órganos responsables de la nutrición, el corazón y el estómago, así como el riñón izquierdo, se sitúan en el costado izquierdo del tronco, incluido un chakra lunar secundario en la zona del estómago. El ojo, el oído, la fosa nasal, la mano y el pie izquierdos transportan una energía enfriadora similar, que proporciona sensibilidad emocional, receptividad a la nutrición y descanso.

Siempre respiramos más por una fosa nasal que por la otra, y estas se alternan según la hora del día. Cuando respiremos por la fosa nasal derecha notaremos un efecto de calor, siempre que el entorno o las condiciones corporales sean frías, o después de comer, cuando el cuerpo ha de producir calor para digerir los alimentos. Cuando las condiciones corporales y exteriores son calientes, se produce la respiración por la fosa izquierda, que tiene un efecto enfriador, como cuando dormimos o descansamos. Por lo tanto, los pacientes que tienen enfermedades de frío como obesidad, edema, rigidez muscular y parálisis deben poner énfasis en la respiración por la fosa nasal derecha.

Por otra parte, los pacientes que padecen enfermedades de calor, como fiebres, enfermedades debilitantes y parálisis con pérdida de peso corporal, deben poner énfasis en respirar por la fosa nasal izquierda. Respirar por la fosa nasal izquierda también es eficaz en condiciones de hiperactividad mental, incluidos el insomnio, la inquietud y la agitación nerviosa. Respirar por la fosa nasal derecha sirve para tratar los estados de hipoactividad mental, como la somnolencia, la apatía y la fatiga.

Otro método utilizado en el tratamiento ayurvédico consiste en taponar completamente una fosa nasal con un trocito de algodón. Para empezar, realice esta práctica solo durante unos minutos. Aumente gradualmente el tiempo durante varias semanas, hasta llegar a una hora o dos. Sin embargo, si es capaz de realizar el esfuerzo es preferible la respiración alterna.

La respiración alterna tiene el beneficio adicional de que es más fácil controlar la respiración y alargarla o acortarla. La fosa nasal se puede utilizar como si fuera una cañita para sorber el aire lentamente, algo que no se puede hacer respirando normalmente por la nariz o por la boca. Para adquirir el control de la respiración y la purificación de los canales no hay mejor método que la respiración alterna.

La respiración alterna concentra la respiración en las propias fosas nasales, ejercitando los músculos y aumentando la absorción de prana en la cabeza. En la respiración pranayama Ujjayi, se respira por la parte posterior de los senos nasales, mientras que en la respiración por la boca, el aire pasa por la garganta.

Las cinco respiraciones pránicas

A continuación describimos unos pocos ejercicios sencillos para desarrollar los cinco pranas. Todo el mundo puede practicarlos. Ayudan a equilibrar los pranas.

1. Trabajar con el prana o respiración energética

La respiración pránica es la respiración en la cabeza. Se activa por medio de la inhalación profunda, captando la energía de arriba en la parte superior de la cabeza y los centros del cerebro que se centran en el tercer ojo.

Incrementar la respiración pránica: inhale profunda y sostenidamente unas cuantas veces, extrayendo la energía del cielo y del espacio que le rodean y canalícela a través de la cabeza y los sentidos en el tercer ojo. Mantenga esa energía en el tercer ojo durante la contención del aliento, como si fuera una bola de luz, y exhale a través de dicho centro, difundiendo la energía por todos los sentidos. También puede realizar esta práctica con la respiración alterna, centrándose cada vez en un hemisferio de la cabeza.

Visualice el prana entrando no solo por las fosas nasales, sino también por los ojos, los oídos y la mente, abriendo y purificando los canales y vigorizando todo el cerebro y la mente. Procure conectar con el prana que está actuando en la cabeza. Aprenda a ver sus centelleantes destellos eléctricos y mantenga la mente siempre pensando y los sentidos siempre activos. Más específicamente, visualice el prana como si fuera una rueda dorada con radios que está siempre girando en la zona de la cabeza, desencadenando corrientes de relámpagos que emergen por las aberturas sensoriales de la cabeza y la boca.

La respiración prana es útil para tratar todas las enfermedades de la mente, los sentidos, la cabeza, el cerebro y el sistema nervioso.

Está especialmente indicada para las alergias nasales, los resfriados y los dolores de cabeza. Está indicada para el agotamiento nervioso y la fatiga cerebral. Proporciona un baño pránico al cerebro, refrescándolo y revitalizándolo para una actividad mental más productiva.

2. Trabajar con udana o la respiración ascendente

La respiración udana es la respiración por la boca. Está asociada al pensamiento, al sonido o mantra y al movimiento ascendente de la voluntad.

Para incrementar la respiración udana, respire profundamente por la boca y lleve la energía al chakra de la garganta, manténgala durante la retención del aliento. Al exhalar cante con fuerza Om. Sienta cómo aumenta su energía y se expande como una bola de luz desde el sonido Om en la boca, como si fuera una bola de luz, para abarcar todo el horizonte y el universo. Sienta que su garganta es el centro del sonido cósmico, del habla y de la vibración. Visualice udana como si fuera un loto azul oscuro o un soporte en forma de loto que se encuentra en la zona de la garganta y el cuello, mantenga su energía y permita que ascienda.

La respiración udana trata todas las enfermedades de la zona de la garganta y las cuerdas vocales. Nos protege del dolor de garganta, aclara la voz, nos otorga vitalidad y fuerza. Es muy útil para todas las personas que necesitan mayor capacidad de articulación y expresión.

3. Trabajar con vyana o la respiración expansiva

La respiración vyana es la respiración en el corazón, que impregna todo el cuerpo y se expande hacia afuera. La respiración vyana tiene como objetivo abrir la zona del pulmón y del corazón, y desde allí expandirse al resto del cuerpo, el mundo externo y la vida entera.

Para incrementar la respiración vyana, respire profundamente, preferiblemente de pie, extienda los brazos todo lo que pueda y llene el corazón y los pulmones de energía. Mantenga los brazos bien separados durante la retención, visualice su energía expandiéndose desde el corazón hacia todo el cuerpo y las extremidades a través del flujo sanguíneo, saliendo por las manos y los pies hacia el exterior, expandiéndose por todo el horizonte. Cierre los brazos al exhalar, retornando toda la energía a su fuente en el corazón. Sienta que su corazón es el centro vital de toda la creación. Visualice vyana como si fuera una rueda de color naranja que gira formando una espiral hacia afuera con sus múltiples radios.

La respiración vyana trata todas las enfermedades del sistema circulatorio y músculo-esquelético. Está indicada para los problemas de pulmón, la enfermedades de corazón, la artritis, el asma y el estrés. Es muy eficaz para las personas que necesitan más energía y coordinación para realizar esfuerzo físico o movimientos.

4. Trabajar con samana o la respiración central

La respiración samana es la respiración en el ombligo o abdomen. Esta respiración está indicada para centrar y equilibrar nuestra energía.

Para incrementar la respiración samana, visualice la energía de todo el universo y de sus múltiples galaxias, estrellas y planetas, girando en espiral alrededor de su cuerpo desde un lejano horizonte. Respire profundamente, llevando la respiración hasta el ombligo al inhalar, alimentando el fuego digestivo. Mantenga la respiración firmemente en el ombligo durante la retención, para que prenda el fuego digestivo. Al exhalar, deje que la respiración se extienda hacia fuera desde el ombligo y nutra todos los tejidos de su cuerpo y todas las capas de la mente y el corazón. Visualice samana como si fuera una espiral de energía multicolor que gira hacia dentro en el ombligo y que se va haciendo más pequeña, concentrada y luminosa, aportándole más estabilidad y concentración.

La respiración samana trata todas las enfermedades del sistema digestivo, del hígado, la vesícula biliar, el estómago y el intestino delgado. Está especialmente indicada para la falta de apetito, la malabsorción y las úlceras. Favorece la homeostasis, equilibra el metabolismo y tiene un efecto equilibrador en el cuerpo y la mente.

5. Trabajar con apana o la respiración descendente

La respiración apana se realiza a través del chakra raíz que nos conecta con la tierra y nos arraiga.

Para incrementar la respiración apana, respire profundamente llevando su energía hacia abajo, a la base de la columna vertebral sienta su cuerpo como si fuera una montaña grande y estable. Mantenga ahí su energía al retener el aliento. Al exhalar, enraice la energía en la tierra a través de sus pies y libere en el suelo todas las toxinas físicas o mentales. Visualice apana como si fuera un triángulo azul oscuro invertido situado en la zona del bajo vientre, desde el cual la energía desciende en forma de rayos y se asienta en el centro de la tierra, que está bajo usted, donde existe un fuego especial de fortaleza y resistencia.

La respiración apana trata todas las enfermedades de los sistemas reproductor, urinario y excretor. Está indicada para el estreñimiento, la diarrea, los problemas menstruales y la debilidad sexual. Refuerza el sistema inmunitario, mantiene ojas y ayuda a prevenir las enfermedades.

6. Trabajar con los cinco pranas

Haga los ejercicios para los cinco pranas en orden, unas diez respiraciones para cada prana. Luego repita todo el ciclo desde la respiración apana hasta la respiración prana.

Tipos de pranayamas para los nadis

Podemos canalizar la respiración a través de cualquiera de los catorce nadis, no solo de sushumna, ida o pingala. Para purificar los sentidos podemos dirigir la respiración por cualquiera de los nadis sensoriales. También podemos practicar la respiración para el prana centrándonos en cualquiera de los nadis de la cabeza. Para canalizar bien el prana, hemos de hacerlo con una mente receptiva, abierta al prana cósmico, no meramente a través del esfuerzo personal.

Se puede canalizar específicamente la energía utilizando la fosa nasal derecha, para los nadis derechos, y la fosa nasal izquierda, para los nadis izquierdos. Por ejemplo, inhale por la fosa nasal derecha, visualizando la energía que entra por el ojo derecho y su nadi pusha. Exhale por la fosa nasal izquierda, visualizando la energía que sale por el ojo izquierdo y su nadi gandhari. Esto purifica los ojos y es bueno para todas las enfermedades oculares.

Asimismo, inhale por la fosa nasal derecha, visualizando la energía que entra por el oído derecho y su nadi payasvini. Exhale por la fosa nasal izquierda, visualizando la energía que sale por el oído izquierdo y su nadi shankhini. Esto purifica los oídos y está recomendado para todas las enfermedades del oído.

Podemos practicar la respiración vyana del mismo modo. Respiremos profundamente por la fosa nasal derecha y llenemos el corazón y los pulmones con la energía captada por la mano derecha, la pierna derecha y el nadi yashasvati. Exhale por la fosa nasal izquierda y por todo el brazo y la pierna izquierdos, hasta la palma de la mano izquierda y la planta del pie izquierdo, el nadi hastijihva.

Para los nadis centrales podemos respirar por ambas fosas nasales. Para el nadi sarasvati, se puede realizar la respiración udana llevando la energía hacia abajo, desde la punta de la lengua hasta el chakra de la garganta al inhalar, y desde el chakra de la garganta hasta la punta de la lengua al exhalar. Igualmente, podemos practicar la respiración vyana por el nadi del corazón o varuna. Al inhalar sacamos la energía de toda la piel para que regrese al corazón con la inhalación y la liberamos al exhalar.

Podemos practicar la respiración samana centrándonos en el nadi vishvodhara, que abastece todos los órganos del sistema digestivo. Al inhalar, extraemos la energía de los órganos digestivos en el ombligo y volvemos a sacarla durante la exhalación. Podemos practicar la respiración apana centrándonos en los nadis kuhu o alambusha para purificar los órganos urogenital y excretor. De nuevo, al inhalar, conducimos la energía hacia abajo por el canal durante la inhalación y la sacamos al exhalar.

La respiración por el sushumna

La respiración por el sushumna tiene lugar cuando el prana permanece en el sushumna o canal central. Aunque esto es muy difícil de conseguir, podemos simularla a fin de ponerla en marcha gradualmente. La respiración por el sushumna se produce principalmente por medio de udana, que permite que la energía se mueva hacia arriba por los chakras. La respiración udana está relacionada con la respiración en la columna vertebral, que se mueve en sentido ascendente y descendente. La respiración por la columna estimula la respiración por el sushumna. Para incrementar la respiración por la columna, haga una serie de respiraciones profundas visualizando el prana subiendo por la columna al inhalar, con una energía fría, y descendiendo por la columna al exhalar, con una energía caliente. Repita el mantra So al inhalar y Ham al exhalar. Vaya subiendo gradualmente la energía por los diferentes centros pránicos –desde apana, en la base de la columna vertebral, hasta prana en el tercer ojo. Potenciar la respiración por la columna es la clave para despertar la Kundalini. Otro método es hacer subir el prana por la columna por medio de udana, durante la inhalación, y extenderlo por encima de la cabeza, durante la exhalación.

La respiración samadhi

La respiración samadhi es muy sutil y surge cuando prana y apana están equilibrados. La respiración ordinaria queda suspendida y una fuerza interior de prana sereno sustenta el cuerpo y la mente. En la respiración samadhi, la inhalación y la exhalación se vuelven casi imperceptibles. Esto se produce principalmente por medio de samana vayu, que actúa en la región del corazón y de la mente. La respiración samana sustenta el metabolismo y la homeostasis en todos los niveles, incluido el celular. Samana permite la hibernación, es decir, la suspensión de las funciones corporales sin perder la vida. En el estado de samadhi tiene una acción similar.

Método para la respiración samadhi: tras un período de respiración profunda prolongada, cuando la respiración se ha vuelto completa, descanse en el estado de calma respiratoria en el que ya no es necesario respirar. Tome consciencia del corazón, en el centro de su ser, y deje que todas sus energías regresen a él, a su fuente. Permita que la respiración fluya de forma imperceptible, como un suave oleaje marino. Sienta la paz mental que acompaña a una respiración tranquila. No obstruya el flujo respiratorio natural. Si necesita inhalar o exhalar, deje que ocurra sin esfuerzo ni interferencias. La respiración samadhi es la culminación de la práctica yóguica y nos proporciona el conocimiento del Yo y la paz suprema de Brahman.

Pranayamas que calientan

Kapalabhati

Es uno de los procedimientos para limpiar los conductos nasales de la cabeza. Su significado literal es «lo que hace brillar la cabeza». Primero realice una exhalación forzada, un poco más larga que la habitual. Al mismo tiempo, contraiga de golpe los músculos abdominales frontales con un poco de fuerza. Luego inhale simplemente relajando los músculos abdominales. En este proceso, no retenga el aliento. El principiante debe empezar con series de once expulsiones seguidas. Cada expulsión estimula el centro del abdomen y activa el prana. Kapalabhati también mejora la digestión y fortalece agni.

Bhastrika

Siéntese en una postura cómoda. Tápese la fosa nasal izquierda, como en la respiración nasal derecha. Coloque la mano izquierda sobre la rodilla izquierda. Inhale y exhale por el orificio nasal derecho sin parar, respire profundamente y con fuerza por lo menos diez veces. Inhale y aguante la respiración todo lo que pueda, luego exhale por el orificio izquierdo, manteniendo el orificio derecho cerrado. En la segunda ronda, tape el orificio derecho y respire profundamente y con fuerza por el izquierdo, por lo menos diez veces.

Bhastrika es un pranayama que calienta mucho. Limpia el kapha acumulado en la cabeza y en el pecho y aumenta agni y prana. Calma la tos, elimina mucosidades y ayuda a reducir la grasa y el peso corporal. Ayuda a despertar la Kundalini. Como es una práctica muy intensa, debe hacerse con precaución, sobre todo las constituciones débiles, y se ha de tener cuidado para no agravar pitta.

Pranayamas que enfrían

Shitali
Siéntese en una postura cómoda. Saque la lengua y dóblela formando un tubo estrecho y largo, como el pico de un cuervo. Estreche más el paso presionando los labios alrededor de la lengua. Inhale lentamente por la lengua, como si estuviera sorbiendo agua. Notará una clara sensación refrescante. Llene el estómago de aire y aguante la respiración mientras le resulte cómodo. Luego exhale por la nariz.

Shitali significa «enfriar» y palía más eficazmente las enfermedades provocadas por el calor que la respiración nasal izquierda. Mitiga la sed y crea plasma. Incluso se utiliza para fiebres altas y es excelente practicarlo en verano. Está indicado para la hipertensión y la hiperacidez. Es especialmente conveniente para los tipos pitta.

Sitkari
Siga el mismo procedimiento que en Shitali. Sin embargo, al inhalar emita un sonido como un siseo («sssi»). No retenga la respiración, exhale inmediatamente por la nariz. Sus beneficios son similares a los de Shitali. Despeja el calor de la cabeza y enfría las emociones.

Consideraciones para la práctica del pranayama

Un principiante deberá practicar pranayama en una secuencia de inhalación, retención y exhalación, dejando que la respiración se alargue espontáneamente. Al final, la exhalación se puede alargar el doble de tiempo que la inhalación. Cuando se ha dominado esta etapa, se debería practicar en la siguiente proporción: inhalación uno, retención interna dos, exhalación dos, y retención externa dos. Esto requiere cierta práctica y en ningún caso deberá forzarse.

La proporción ideal es: inhalación uno, retención interna cuatro, exhalación dos, y retención externa cuatro; pero solo los practicantes avanzados pueden hacerlo, puesto que requiere haber desarrollado mucha fuerza interna. En el pranayama no debe haber esfuerzo para lograr resultados, sino que ha de producirse un desarrollo natural para liberar la tensión y el esfuerzo.

El pranayama y los doshas

Vata: deben practicar principalmente la respiración por la fosa nasal derecha, por la mañana, durante diez o quince minutos para estimular la energía. Por la tarde, harán la respiración por la fosa nasal izquierda para calmar la mente y favorecer el sueño. Bhastrika puede ayudarles cuando tengan frío, pero no deben excederse. Deben suspender la práctica si se sienten mareados o confusos. Los vata deben practicar las respiraciones para los cinco pranas y centrarse en la respiración apana para que los arraigue.

Pitta: deberán poner énfasis en los pranayamas enfriadores. La respiración lunar o por la fosa izquierda, especialmente por la noche o cuando tengan calor o estén irritables. También deberán practicar la inhalación Shitali y la exhalación Sitkari, si se necesita una acción enfriadora más intensa, especialmente para el calor en la cabeza o las emociones acaloradas. Los pitta harán las respiraciones para los cinco pranas, especialmente la respiración vyana para expandir la energía y liberar el calor.

Kapha: deberán practicar la respiración solar o por la fosa nasal derecha, que reduce el exceso de kapha en el cuerpo; es la mejor para los kapha, especialmente por la mañana, cuando más falta hace reducir kapha. Bhastrika y Kapalabhati son excelentes cuando se es propenso a resfriados, congestiones, somnolencia y depresión. Las constituciones kapha deben hacer las respiraciones para los cinco pranas, sobre todo la respiración prana para limpiar kapha de la cabeza y la respiración vyana para eliminarlo de los pulmones.

El pranayama y los caminos del yoga

Todos los caminos del yoga se basan en el prana. El bhakti yoga o yoga de la devoción produce la transformación pránica uniéndonos con el prana divino del amor. El karma yoga o de servicio se basa en sintonizar con la Voluntad divina que nos proporciona más prana, no solo para las acciones externas, sino para el desarrollo interno.

El yoga clásico o raja yoga se basa en el control de las actividades mentales (*chitta-vrittis*). La vibración de la mente (*chitta-spanda*) sigue a la vibración del prana (*prana-spanda*). Por consiguiente, el pranayama ayuda a controlar la mente. El propio hatha yoga está íntimamente relacionado con el prana, pues las asanas son una expresión de prana. Incluso el jnana yoga o yoga del conocimiento, depende de una voluntad y firmes. Sin udana vayu bien desarrollado, no se puede practicar. En el yoga del conocimiento, se ha de crear el prana de la indagación, que es indagar en nuestra verdadera naturaleza, no solo mentalmente, sino en todas nuestras actividades cotidianas. Esto requiere que la indagación se produzca por medio del prana y no simplemente a través de la mente externa.

Los *Vedas* dicen que todos estamos bajo el control del prana. Prana es el sol que da la vida y la luz a todos y que mora en nuestro corazón como el Yo de todas las criaturas. Hemos de abrirnos a él y dar la bienvenida a esta fuerza superior que es el prana, atrayéndolo a nuestra vida y nuestras acciones. Es la energía por medio de la cual obra todo yoga.

16
Pratyahara

La rama olvidada del yoga

Pratyahara es un yoga en sí mismo,
pues es la rama más importante del Yoga Sadhana.
SWAMI SHIVANANDA

El yoga es un extenso sistema de prácticas espirituales para el crecimiento interior. Con este fin, el yoga clásico incorpora ocho ramas, cada una de las cuales tiene su propio lugar y función. De ellas probablemente la menos conocida sea pratyahara. ¿Cuántas personas, incluso profesores de yoga, pueden definir pratyahara? ¿Ha tomado usted alguna clase de pratyahara? ¿Ha visto alguna vez algún libro sobre pratyahara? ¿Recuerda algunas técnicas importantes de pratyahara? ¿Practica usted pratyahara como parte de sus técnicas yóguicas habituales? Sin embargo, a menos que comprendamos pratyahara, nos estaremos perdiendo un aspecto integral del yoga sin el cual este no puede realizarse.

Pratyahara, quinta rama de las ocho existentes, ocupa un lugar central. Algunos yoguis lo incluyen entre los aspectos externos del yoga, otros entre los aspectos internos. Ambas clasificaciones son correctas, pues pratyahara es la llave entre los aspectos externos e internos del yoga; nos enseña a pasar del uno al otro.

No podemos pasar directamente de la asana a la meditación. Esto supondría pasar del cuerpo a la mente, olvidando lo que existe en medio. Para realizar esta transición, la respiración y los sentidos, que unen el cuerpo y la mente, han de estar bajo control y se han de desarrollar adecuadamente. Aquí es donde entran pranayama y pratyahara. Con pranayama controlamos nuestras energías vitales e impulsos y con pratyahara aprendemos a controlar los sentidos rebeldes; ambos son requisitos imprescindibles para una buena meditación.

¿Qué es pratyahara?

El término *pratyahara* está compuesto por dos palabras sánscritas, *prati* y *ahara*. *Ahara* significa «alimento» o «cualquier cosa que ingerimos desde fuera». *Prati* es una preposición que significa «contra» o «lejos». Pratyahara significa literalmente «control de ahara» o «adquirir el dominio sobre las influencias externas». Se compara a una tortuga que esconde sus patas dentro de su caparazón –el caparazón es la mente y las patas son los sentidos. Normalmente, se traduce como «abstracción de los sentidos», pero tiene muchas más implicaciones.

En el pensamiento yóguico hay tres niveles de ahara o alimento. El primero es el alimento físico, que aporta los cinco elementos necesarios para nutrir el cuerpo. El segundo son las impresiones, que aportan las sustancias sutiles necesarias para nutrir la mente: las sensaciones del sonido, tacto, vista, sabor y olfato. El tercer nivel de ahara son nuestras asociaciones, las personas que llevamos en nuestro corazón, que nos ayudan a nutrir el alma y que nos influyen en los gunas sattva, rajas o tamas.

Pratyahara tiene dos aspectos. Por una parte implica abstenerse del alimento incorrecto, las impresiones y asociaciones inadecuadas, y al mismo tiempo abrirse al alimento correcto, las impresiones y asociaciones adecuadas. No podemos controlar nuestras impresiones mentales sin la dieta y las relaciones adecuadas; pero lo primordial de pratyahara radica en controlar las impresiones sensoriales, para que la mente liberada de ellas pueda interiorizarse.

Al retirar de nuestra consciencia las impresiones negativas, pratyahara fortalece la inmunidad mental. Del mismo modo que un cuerpo sano puede resistir las toxinas y los patógenos, una mente sana puede protegerse de las influencias sensoriales negativas que la rodean. Si usted se altera fácilmente con el ruido y el bullicio ambientales, practique pratyahara. De lo contrario, no será capaz de meditar.

Hay cuatro formas principales de pratyahara: *indriya-pratyahara* (control de los sentidos), *prana-pratyahara* (control del prana), *karma-pratyahara* (control de la acción) y *mano-pratyahara* (desconectar la mente de los sentidos). Cada una tiene su método especial.

1. Control de los sentidos (*indriya-pratyahara*)

Indriya-pratyahara, o el control de los sentidos, es la forma de pratyahara más importante, aunque eso no nos agrade mucho en una cultura como la nuestra que está volcada en los medios de comunicación. Muchos de nosotros sufrimos sobrecarga sensorial debida al bombardeo constante de la televisión, la radio, los ordenadores, la prensa, las revistas, los libros, etcétera. Nuestra sociedad comercial funciona estimulando nuestro interés a través de los sentidos. Estamos constantemente enfrentados a colores llamativos, ruidos altos y sensaciones fuertes. Hemos crecido con todo tipo de placeres sensoriales, son la principal forma de entretenimiento de nuestra sociedad.

El problema es que los sentidos, al igual que los niños malcriados, tienen una voluntad propia cuya naturaleza es muy instintiva. Le dicen a la mente lo que deben hacer. Si no los disciplinamos acaban dominándonos con sus interminables exigencias. Estamos tan acostumbrados a nuestra actividad sensorial constante que no sabemos cómo acallar nuestra mente, nos hemos convertido en rehenes del mundo sensorial y de sus encantos. Vamos tras aquello que atrae nuestros sentidos y nos olvidamos de las metas de la vida. Por esta razón, pratyahara probablemente sea la rama más importante del yoga para la gente de hoy.

El viejo dicho «el espíritu es fuerte, pero la carne es débil», puede aplicarse a todos los que no hemos aprendido a controlar debidamente nuestros sentidos. Indriya-pratyahara nos da los medios para fortalecer el espíritu y reducir su dependencia del cuerpo. Este control no es una supresión –que provocaría una rebelión–, sino una coordinación y una motivación adecuadas.

La dosis correcta de impresiones

Pratyahara se basa en la dosis correcta de impresiones. La mayoría de nosotros cuida lo que come y sus compañías, pero no suele tener el mismo criterio respecto a las impresiones recibidas a través de los sentidos. Aceptamos impresiones de los medios de comunicación que jamás permitiríamos en nuestra vida personal. ¡Dejamos que entren desconocidos en nuestras casas a través de la televisión y las películas, a quienes nunca permitiríamos la entrada en la vida real! ¿Qué tipo de impresiones recibimos cada día? ¿Podemos esperar que no tengan ningún efecto en nosotros? Las sensaciones fuertes ofuscan la mente, y una mente ofuscada nos hace actuar de forma insensible, negligente e incluso violenta.

Según el ayurveda, las impresiones sensoriales son el principal alimento para la mente. La experiencia de nuestro campo mental está formada por las impresiones sensoriales que predominan en nosotros. Esto puede comprobarse cuando nuestra mente se remite a las impresiones de la última canción que hemos escuchado o de la última película que hemos visto. Del mismo modo que la comida basura intoxica el cuerpo, las impresiones basura intoxican la mente. La comida basura requiere mucha sal, azúcar o especias para ser apetecible, porque es principalmente comida muerta; del mismo modo, las impresiones basura requieren impresiones espectaculares –sexo y violencia– para hacernos sentir que son reales, porque en realidad no son más que colores proyectados sobre una pantalla.

No podemos descuidar el papel que desempeñan las impresiones sensoriales en nuestra personalidad, pues se quedan grabadas en el subconsciente y refuerzan las tendencias latentes en su interior. Intentar meditar sin controlar nuestras impresiones nos enfrenta a nuestro subconsciente e impide el desarrollo de la paz y la claridad interiores.

Abstracción de los sentidos

Afortunadamente, no estamos indefensos ante el bombardeo de impresiones sensoriales. Pratyahara nos proporciona muchos medios para manejarlas adecuadamente. Quizás la forma más sencilla de controlar nuestras impresiones sea evitarlas, pasar un tiempo alejados de los estímulos sensoriales. Igual que el cuerpo se beneficia del ayuno de comida, la mente se beneficia del ayuno de impresiones. Esto puede ser tan sencillo como sentarse a meditar con los ojos cerrados o retirarse a alguna parte donde no haya bombardeo sensorial, como una cabaña en la montaña. Un «ayuno de medios de comunicación», abstenerse de ver la televisión, escuchar la radio, etc., puede ser una buena práctica para limpiar y rejuvenecer la mente.

Yoni mudra es una de las técnicas más importantes de pratyahara para cerrar los sentidos. Se utilizan los dedos para bloquear las aberturas sensoriales de la cabeza –ojos, oídos, fosas nasales y boca– e interiorizar la atención y la energía. Se hace durante períodos cortos y cuando nuestro prana está más activado, como sucede justo después de haber practicado pranayama. (Como es lógico, no mantendremos la boca y la nariz cerradas hasta el punto de que nos falte oxígeno).

Otro método para abstenerse de los sentidos es mantener nuestros órganos sensoriales abiertos, pero apartar nuestra atención de ellos. En este caso dejaremos de asimilar impresiones, sin cerrar los órganos sensoriales. El método más común es *shambhavi mudra*, y consiste en sentarse con los ojos abiertos y dirigir la atención hacia dentro, técnica que se utiliza en varios sistemas de meditación budista. Esta reorientación de los sentidos hacia el interior también puede practicarse con los otros sentidos, especialmente con el sentido del oído. Esto ayuda a controlar la mente, incluso cuando los sentidos están activos, como sucede a lo largo del día.

Centrarse en impresiones uniformes

Otra forma de limpiar la mente y controlar los sentidos consiste en dirigir nuestra atención hacia una fuente de impresiones uniformes, por ejemplo, contemplar el océano o el cielo azul. Del mismo modo que el sistema digestivo se cortocircuita por culpa de hábitos alimenticios irregulares y cualidades opuestas de los alimentos, nuestra capacidad para digerir impresiones se puede ver afectada por impresiones estridentes o excesivas. Así como para mejorar nuestra digestión quizá tengamos que seguir una monodieta, como la dieta ayurvédica de arroz y judías mung (*kichari*), asimismo nuestra digestión mental puede necesitar una dieta natural, pero homogénea, de impresiones. Esta técnica suele ser bastante útil después de un período de ayuno de impresiones.

Crear impresiones positivas

Otra forma de controlar los sentidos es crear impresiones positivas y naturales. Hay varias formas de hacerlo: meditar sobre temas naturales, como árboles, flores, rocas, así como visitar templos u otros lugares de peregrinación que son receptáculos de impresiones y pensamientos positivos. Las impresiones positivas también pueden crearse utilizando incienso, flores, lámparas de ghee, altares, estatuas y otros objetos de culto devocional.

Crear impresiones internas

Otra técnica de abstracción sensorial consiste en enfocar la mente en las impresiones internas, eliminando la atención de las externas. Podemos crear nuestras propias impresiones internas por medio de la imaginación o conectar con los sentidos sutiles, que se activan cuando los sentidos físicos están acallados.

La visualización es la forma más sencilla de crear impresiones internas. De hecho, la mayoría de las prácticas de meditación yóguica empiezan con algún tipo de visualización, como «ver» una deidad, un gurú o un paisaje bonito. Hay visualizaciones más elaboradas, como ver deidades con sus correspondientes mundos o realizar rituales mentalmente, como ofrendas de flores o de piedras preciosas imaginarias a deidades imaginarias. El artista que se queda absorto en su paisaje interior y el músico cuando compone también están realizando visualizaciones internas. Todo ello son formas de pratyahara, porque despejan el campo mental de las impresiones externas y crean una impresión interna positiva que nos servirá de base para meditar. Las visualizaciones preliminares son útiles en la mayoría de las técnicas de meditación y pueden integrarse en otras prácticas espirituales.

Laya yoga es el yoga de los sonidos internos y de las corrientes de luz, en el que nos centramos en los sentidos sutiles para alejarnos de los sentidos físicos. Este repliegue hacia los sonidos y luces interiores es un medio para transformar la mente y otra forma de indriya-pratyahara.

2. Control del prana (*prana-pratyahara*)

El control de los sentidos requiere el desarrollo y el control del prana, porque los sentidos siguen al prana (nuestra energía vital). A menos que nuestro prana sea fuerte, no tendremos la fuerza para controlar los sentidos. Si nuestro prana está disperso o alterado, nuestros sentidos estarán también dispersos y alterados.

Pranayama es una preparación para pratyahara. Prana se acumula en pranayama y se extrae en pratyahara. Los textos yóguicos describen métodos para extraer el prana de las diferentes partes del cuerpo, empezando por los dedos de los pies y terminando por dondequiera que deseemos fijar nuestra atención –la coronilla, el tercer ojo, el corazón o alguno de los otros chakras.

Quizá el mejor método de prana-pratyahara sea visualizar el proceso de la muerte, en el que el prana o fuerza vital se retira del cuerpo, desconectando todos los sentidos desde los pies hasta la cabeza. Ramana Maharshi alcanzó la autorrealización de este modo cuando solo tenía diecisiete años. Antes de indagar en el Yo, visualizó su cuerpo como si hubiera muerto, replegando su prana hacia su mente y la mente hacia el corazón. Sin este pratyahara tan completo e intenso, su proceso meditativo no hubiera tenido éxito.

3. Control de la acción (*karma-pratyahara*)

No podemos controlar los órganos sensoriales sin controlar también los órganos motores. De hecho, los órganos motores nos involucran directamente en el mundo exterior. Los impulsos que entran a través de los sentidos se expresan por medio de los órganos motores, y esto nos conduce a una mayor implicación sensorial. Puesto que el deseo es inagotable, la felicidad no consiste en conseguir lo que deseamos, sino en no necesitar nada del mundo exterior.

Del mismo modo que la asimilación adecuada de impresiones permite controlar los órganos sensoriales, el trabajo y la acción adecuados nos permiten el control de los órganos motores. Esto supone karma yoga –realizar servicio desinteresado y convertir nuestra vida en un ritual sagrado. Karma-pratyahara se puede realizar renunciando a toda idea de gratificación personal por todo lo que hacemos, realizando todo como un servicio a Dios o a la humanidad. *Bhagavad Gita* dice: «Tu deber es actuar, no buscar una recompensa por lo que haces». Esto es una forma de pratyahara. También incluye la práctica de la austeridad, que conduce al control de los órganos motores. Por ejemplo, las asanas pueden utilizarse para controlar las manos y los pies, control necesario para permanecer sentados durante largos períodos.

4. Abstracción de la mente (*mano-pratyahara*)

Los yoguis nos dicen que la mente es el sexto órgano sensorial y que es responsable de coordinar los demás órganos sensoriales. Solo asimilamos impresiones sensoriales allí donde fijamos la atención de nuestra mente. En cierto modo, siempre estamos practicando pratyahara. La atención de la mente es limitada y nos concentramos en una impresión sensorial apartando la mente de las otras. Cuando centramos nuestra atención en algo, dejamos de ver otras cosas.

Controlamos nuestros sentidos al apartar de ellos la atención de nuestra mente. Según los *Yoga Sutras* II, 54: «Cuando los sentidos no se ajustan a sus propios objetos, sino que imitan la naturaleza de la mente, eso es pratyahara». Es, concretamente, mano-pratyahara –alejar los sentidos de sus objetos y dirigirlos interiormente hacia la naturaleza de la mente, que no tiene forma. El comentario de Vyasa sobre los *Yoga Sutras* dice que la mente es como una abeja reina y los sentidos como las abejas obreras. Dondequiera que vaya la abeja reina, la seguirán todas las demás. Por lo tanto, mano-pratyahara es más el control de la mente que el de los sentidos, pues cuando la mente está controlada, los sentidos están automáticamente controlados.

Podemos practicar mano-pratyahara apartando conscientemente nuestra atención de las impresiones desagradables cuando estas aparecen. Esta es la forma más elevada de pratyahara y la más difícil; si no hemos logrado controlar los sentidos, los órganos motores y los pranas, es difícil que funcione. El prana y los sentidos, al igual que animales salvajes, pueden vencer fácilmente a una mente débil, por lo que es mejor empezar con métodos más prácticos de pratyahara.

Pratyahara y las otras ramas del yoga

Pratyahara está relacionado con todas las ramas del yoga. Las otras ramas –desde asana hasta samadhi– tienen algunos aspectos de pratyahara. Por ejemplo, en las posturas sedentes, que son el aspecto más importante de la asana, se controlan los órganos sensoriales y motores. Pranayama tiene un elemento de pratyahara, pues interiorizamos nuestra atención por medio de la respiración. Yama y niyama contienen varios principios y prácticas, como la no-violencia y la satisfacción, que ayudan a controlar los sentidos. En otras palabras, pratyahara es la base para las prácticas yóguicas más elevadas y el pilar de la meditación. Sigue al pranayama (o el control del prana) y, al vincular el prana con la mente, lo saca del ámbito corporal.

Pratyahara también está conectado con dharana. En pratyahara apartamos nuestra atención de las distracciones ordinarias. En dharana centramos conscientemente dicha atención en un objeto en particular, como un mantra. Pratyahara es el aspecto negativo y dharana el positivo de la misma función básica.

Muchos descubrimos que incluso tras años de meditación no hemos alcanzado lo que esperábamos. Intentar practicar la meditación sin algún grado de pratyahara es como intentar recoger agua en un recipiente roto. Por más agua que entre, esta se perderá. Los sentidos son como agujeros en el recipiente de la mente. A menos que estén sellados, esta no podrá retener el néctar de la verdad. Cualquiera cuyos períodos de meditación alternen con períodos de indulgencia sensorial necesita practicar pratyahara.

Pratyahara ofrece muchos métodos para preparar la mente para la meditación. También ayuda a evitar las distracciones ambientales, que son la fuente del sufrimiento psicológico. Pratyahara es una maravillosa herramienta para tomar el control de nuestras vidas y abrirnos a nuestro ser interior. No es de extrañar que algunos grandes yoguis hayan dicho que es «la rama más importante del yoga». Todos deberíamos acordarnos de incluirla en nuestra práctica.

Pratyahara y el ayurveda

Pratyahara o el correcto control de la mente y de los sentidos, es esencial y adecuado para todo tipo de constituciones. Es el factor más importante para alimentar la mente. Sin embargo, para la constitución vata, que tiende al desequilibrio y la actividad mental y sensorial excesiva, es primordial. Todos los vata deberían practicar algún tipo de pratyahara diariamente. Su inquieto vata distrae sus sentidos, trastorna sus órganos motores y su prana y no deja que la mente descanse. Pratyahara invierte el vata perjudicial y lo transforma en una fuerza pránica positiva.

Por otra parte, los kapha padecen de exceso de inactividad, incluso a nivel sensorial. Pueden caer en patrones tamásicos de pereza, mirar mucho la televisión y pasar todo el día sentados. Necesitan más estímulos mentales y se benefician de la actividad sensorial de orden superior, como visualizaciones de distintos tipos.

Los pitta suelen tener más control sobre los sentidos que los demás y se inclinan por las actividades de tipo marcial, con las que disciplinan el cuerpo y los sentidos. Han de practicar pratyahara como medio para relajar la voluntad personal y dejar que la voluntad divina obre a través de ellos.

Pratyahara y la enfermedad

El ayurveda reconoce que el uso inapropiado de los sentidos es una de las principales causas de enfermedad.[39] Todas las enfermedades mentales están relacionadas con la recepción de impresiones malsanas. Por lo tanto, pratyahara es un primer paso importante para tratar todos los trastornos mentales. Asimismo, es muy útil para tratar los trastornos del sistema nervioso, concretamente los que provienen de la hiperactividad. La mayor parte del tiempo expresamos demasiado nuestras emociones, con lo que perdemos mucha energía. Pratyahara nos enseña a conservar nuestra energía y a no dispersarla innecesariamente. La energía que conservamos puede utilizarse con fines creativos, espirituales y curativos, según la necesitemos, y puede proporcionar la fuerza extra para hacer las cosas que realmente nos importan.

Las enfermedades físicas surgen principalmente de la ingestión de alimentos poco saludables. Pratyahara proporciona el control de los sentidos para no desear alimentos malsanos. Cuando dominamos los sentidos, todo está bajo control y no surgen anhelos inadecuados y artificiales. Por esta razón, el ayurveda pone énfasis en el uso de los sentidos como uno de los factores más importantes para vivir correctamente y prevenir las enfermedades.

---

39. *Charaka Samhita Sarira Sthana* I. 128

17
Mantra Purusha

«La persona de sonido»

La repetición de mantras es el mejor medio
para aliviar todas las enfermedades.
KARMATHAGURU

Si examinamos detenidamente todos los senderos del yoga, desde la devoción y el conocimiento hasta el hatha yoga y el raja yoga, descubriremos que el mantra es la práctica yóguica más común. Se podría decir que yoga es mantra. Aunque las asanas o posturas corporales puedan ser más evidentes, los mantras son posturas igualmente importantes para la mente. Del mismo modo que una asana aporta salud y flexibilidad al cuerpo, el mantra aporta bienestar y adaptabilidad a la mente.

El mantra, sonido energético o palabra sagrada, es la esencia de todas las tradiciones, escrituras y oraciones religiosas. De un modo u otro, es la clave de la práctica religiosa de la humanidad. Como siempre estamos hablando con otros o con nosotros mismos por medio de nuestros pensamientos, debemos aprender a emplear el poder del sonido y de la palabra para dominar esta actividad principal en nuestras vidas. Esta es la esencia del mantra yoga.

El mantra también es la principal práctica que une el yoga con el ayurveda. Los dos métodos de tratamiento básicos del ayurveda son las plantas medicinales para el cuerpo y el mantra para la mente. Mientras que el yoga emplea el mantra para el desarrollo personal, el ayurveda lo utiliza para la autosanación. El mantra es el medio principal para trabajar con la mente. Su influencia alcanza el nivel más profundo de nuestra consciencia. Repetir un mantra mentalmente limpia el cuerpo causal o campo samskárico del alma y ayuda a alterar los hábitos y aflicciones del subconsciente.

Por otra parte, el mantra, recitado o cantado, es un medio importante para sanar el cuerpo sutil y limpiar nuestro campo de impresiones. Los mantras pueden usarse para dirigir el poder sanador del prana que hay en ellos. El prana tiene su propio sonido o poder mántrico, que puede aprenderse a dominar y dirigir a voluntad mediante el uso correcto del habla y del sonido. Hemos tratado bastante del mantra del prana en otros libros, concretamente en *Ayurveda and the Mind*. Aquí añadiremos una enseñanza importante sobre el mantra con la cual pueden vincularse las prácticas físicas y psicológicas. Este capítulo también contiene las pautas para la pronunciación en sánscrito.

Mantra Purusha

El sonido es la forma original de toda energía. El espacio, que en última instancia es consciencia, genera la energía que es prana o vida. El sonido es el aspecto mental de prana. Todos los aspectos de la mente, desde el externo hasta el interno, poseen su correspondiente vibración sonora. La mente se compone de pensamientos, que son palabras y sonidos. Cada persona tiene su propio mantra o patrón de sonido mental. Cada alma tiene su propia vibración mántrica, si se aprende, se pueden despertar todos los poderes en nuestro interior.

El sonido siempre tiene un referente, un objeto al cual representa con su nombre. Cada sonido es un nombre que refleja la idea que representa. Todos los nombres nos vinculan con el ser o el objeto que designan. El sonido es un medio de dirigir la consciencia por medio del nombre hacia un objeto en particular. La consciencia siempre va acompañada de energía o prana. Por lo tanto, por medio del mantra podemos dirigir la energía de la consciencia y el prana y conectarla con lo que estemos buscando. Esta es la importancia de la oración o de hablar a lo divino; a través de esto recibimos la gracia divina.

Podemos incluso hablar con nuestras extremidades y órganos del cuerpo. El mantra puede dirigir una energía curativa hacia ellos y despertar la inteligencia orgánica que está presente en las células.

El ser humano es una creación del sonido que crea todos nuestros cuerpos, empezando por el causal. El cuerpo causal, alma o mente profunda, es nuestro aspecto de la Palabra divina. El Creador insufla esta Palabra divina en el alma, es su vida inmortal. Esta Palabra es la vibración de la Consciencia cósmica que es el origen del tiempo, del espacio, de la inteligencia y del prana. Constituye el modelo ideal o dharma subyacente a la existencia de nuestra alma.

El cuerpo sutil también es una creación del sonido. El sonido es la cualidad sensorial del elemento éter, que genera y sustenta el campo de impresiones que es el cuerpo sutil. El propio prana es sonido no manifiesto, que escuchamos a través del sonido natural de la respiración. Incluso el cuerpo físico debe su forma al sonido. El habla, la respiración y el bombeo del corazón crean el ritmo por medio del cual puede funcionar el cuerpo físico.

Por consiguiente, el cuerpo humano es un cuerpo sonoro, lo que nos permite trabajar con sus energías únicamente a través del sonido. El cuerpo humano se puede representar por medio de las letras del alfabeto sánscrito, denominadas Mantra Purusha o «persona del sonido». En este sentido, las dieciséis vocales del alfabeto sánscrito formarían la cabeza del Mantra Purusha; los cinco grupos de cinco consonantes, veinticinco en total, formarían las cuatro extremidades y el tronco. Las cinco semi-vocales y los cuatro sonidos «s» y «h» formarían los tejidos, el prana y la mente.

Las vocales tienen un sonido abierto y no dependen de ninguna consonante para su pronunciación. Por ello representan la mente y el espíritu, el aspecto sin forma de la realidad que actúa a través de la cabeza y los sentidos. Las consonantes son sonidos dependientes, necesitan una vocal para su pronunciación. Por eso, representan la materia y la forma, expresadas en el cuerpo por medio del tronco y las extremidades, que nos dan una forma y nos permiten funcionar en el mundo material.

Yoga y ayurveda

Las semi-vocales, como su nombre indica, son sonidos intermedios, entre vocales y consonantes, medio vocales o medio consonantes. Los sonidos «s» y «h» también tienen una naturaleza intermedia, pues se pueden mantener más tiempo que las consonantes normales. Las semi-vocales rigen los tejidos y los elementos corporales externos. Los sonidos «s» y «h» gobiernan los tejidos más profundos, la respiración (*prana*) y la mente y tienen una energía especial para crear calor. Esto son factores intermedios, por medio de los cuales el espíritu (cabeza), representado por las vocales, crea y gobierna la materia (cuerpo), representada por las consonantes. Es decir, estas correlaciones no son mera coincidencia, sino que reflejan la energía universal del sonido. También hemos citado sus equivalentes planetarios. Véase el Apéndice III, la tabla de pronunciación en sánscrito.

Dieciséis sonidos en la cabeza y los sentidos, Sol

अं	am	coronilla	आं	ām	frente
इं	im	ojo derecho	ईं	īm	ojo izquierdo
उं	um	oído derecho	ऊं	ūm	oído izquierdo
ऋं	ṛm	mejilla derecha	ॠं	ṝm	mejilla izquierda
ऌं	lm	fosa nasal derecha	ॡं	lṝm	fosa nasal izquierda
एं	em	labios superiores	ऐं	aim	labios inferiores
ओं	om	dientes superiores	औं	aum	dientes inferiores
अं	am	paladar duro	अः	aḥ	paladar blando

Veinticinco sonidos en el tronco y las extremidades

Lado derecho,   Lado izquierdo,
   Marte   Venus

कं	kam	चं	cam	articulación del hombro
खं	kham	छं	cham	articulación del codo
गं	gam	जं	jam	articulación de la muñeca
घं	gham	झं	jham	base de los dedos
ङं	ṅam	ञं	ñam	punta de los dedos

Lado derecho, Mercurio		Lado izquierdo, Júpiter	
टं ṭam		तं tam	articulación de la cadera
ठं ṭham		थं tham	articulación de la rodilla
डं ḍam		दं dam	tobillo
ढं ḍham		धं dham	base de los dedos de los pies
णं ṇam		नं nam	punta de los dedos de los pies

Tronco, Saturno

पं pam	costado derecho del abdomen
फं pham	bajo abdomen
बं bam	costado izquierdo del abdomen
भं bham	base de la garganta
मं mam	corazón

Nueve sonidos de los tejidos, Luna

यं yam	plasma	chakra del corazón o del aire
रं ram	sangre	chakra del ombligo o de fuego
लं lam	músculo	chakra raíz o de tierra
वं vam	grasa	chakra del sexo o de agua
शं śam	hueso	retención de la respiración
षं ṣam	médula	retención de la respiración
सं sam	reproductor	inhalación
हं ham	prana	chakra de la garganta o de éter/exhalación
क्षं kṣam	mente	tercer ojo

Estos mantras se relacionan con los *marmas* primordiales o puntos sensibles del cuerpo, las aberturas sensoriales y las articulaciones donde se almacena el prana. Al repetir los sonidos del alfabeto sánscrito según su lugar específico en el cuerpo, podemos vigorizar todo el cuerpo con consciencia y prana y desbloquear cualquier obstrucción en estas zonas.

Las consonantes del Mantra Purusha son especialmente útiles para tratar la artritis y otros trastornos músculo-esqueléticos, utilizando los mantras para las extremidades y el tronco. Podemos visualizar el prana que irradia desde cada una de estas posiciones, mientras repetimos el mantra internamente. De esta forma, el Mantra Purusha se convierte en un tipo de pranayama o expansión de la fuerza-vital.

Las vocales del Mantra Purusha tratan los trastornos sensoriales y otras enfermedades de la cabeza, la mente y el cerebro. El mantra aṃ actúa en los aspectos más elevados de la mente. El mantra āṃ actúa en la percepción mental. Los mantras iṃ e īṃ mejoran la vista del ojo derecho y del izquierdo, respectivamente. Los mantras uṃ y ūṃ fortalecen los oídos derecho e izquierdo. El mantra Om fortalece en particular la boca y la voz.

Los mantras para los tejidos y los chakras son especialmente importantes y se pueden utilizar para vigorizar nuestro cuerpo desde dentro y a través de la columna y los chakras. El Mantra Purusha también es útil en el pratyahara. Podemos utilizar estos sonidos para extraer prana de diferentes partes del cuerpo y concentrarlo en la mente. Con el Mantra Purusha podemos lograr el control de las extremidades, de los sentidos, del prana y de la mente, aprender a desconectar y conectar la energía y la atención de las diferentes partes del cuerpo.

Ejercicios de activación y de relajación del Mantra Purusha

Hemos de recitar diariamente el Mantra Purusha antes de meditar; primero lo usamos para activar todas las partes del cuerpo, luego lo repetimos para calmarlas y dejar el cuerpo en un estado de paz y receptividad. El siguiente es un ejercicio de vigorización completo para la mente, es como hacer el saludo al sol para el cuerpo.

Recite los sonidos del Mantra Purusha, empiece por la cabeza para activar la energía en todas estas partes del cuerpo con prana. Este es un ejercicio de mantra pranayama.

Recite los sonidos del Mantra Purusha, extraiga el prana de estas partes del cuerpo y lleve la energía al tercer ojo. Este es un ejercicio de mantra pratyahara.

Mantra Purusha es una serie completa de posturas para la mente y el prana.

Otras formas de utilizar el alfabeto sánscrito

El alfabeto sánscrito es la guirnalda de letras que lleva la Diosa, Yoga Shakti o Kundalini. Una forma de despertar esta energía es recitar estas letras en orden, desde las vocales hasta las consonantes y semi-vocales.

Otra forma es recitarlas concentrándose en los chakras. Cada letra corresponde a un pétalo de los chakras. En este método empezamos con el chakra de la garganta, que corresponde con las vocales, y vamos descendiendo desde allí.

Se recita el alfabeto desde el chakra de la garganta hasta la base de la columna vertebral y luego otra vez hacia arriba, hasta el tercer ojo. Esto hace que la corriente de sonido y prana desciendan hasta la base de la columna para despertar Kundalini. La garganta es la zona de *vaikhari* o el nivel audible del habla. El corazón es la zona de *madhyama* o el nivel pránico del habla. El ombligo es la zona de *pashyanti* o forma mental (iluminada) del habla. El chakra raíz es la zona de *para* o el nivel supremo del habla, que trasciende las palabras. En este sentido, el poder superior del habla reside oculto abajo, en el chakra raíz, como Kundalini Shakti. Véase la tabla siguiente para el orden de las letras.

El alfabeto sánscrito y los chakras

1. Chakra de la garganta: dieciséis vocales
aṃ, āṃ iṃ, īṃ, uṃ, ūṃ, ṛṃ, ṝṃ, ḷṃ, ḹṃ, eṃ, aiṃ, oṃ, auṃ, aṃ, aḥ

2. Chakra del corazón: doce primeras consonantes
kaṃ, khaṃ, gaṃ, ghaṃ, ṅaṃ, caṃ, chaṃ, jaṃ, jhaṃ, ñaṃ, ṭaṃ, ṭhaṃ

3. Chakra del ombligo: diez primeras consonantes
ḍaṃ, ḍhaṃ, ṇaṃ, taṃ, thaṃ, daṃ, dhaṃ, naṃ, paṃ, phaṃ

4. Chakra del sexo: las tres consonantes siguientes y las tres primeras semi-vocales
baṃ, bhaṃ, maṃ, yaṃ, raṃ, laṃ

5. Chakra raíz: las cuatro siguientes semi-vocales
vaṃ, śaṃ, ṣaṃ, saṃ

6. Tercer ojo: las dos últimas semi-vocales
haṃ, kṣaṃ

Bija mantras importantes

OM

Es el más importante de todos los bija mantras. Todos los mantras suelen empezar y terminar con Om. Sin embargo, hay mucha confusión al respecto. Algunas personas creen que Om es un mantra solo para monjes y renunciantes y que las personas ordinarias no deben repetirlo. Esto no es del todo cierto. Cantar Om es una práctica en sí misma, principalmente para los que desean renunciar a todo y trascender directamente el mundo, pero Om se puede combinar sin riesgo alguno con otros mantras y aumentará su poder, incluso los mantras que están destinados a ayudarnos en nuestra vida mundana.

Los cuatro grandes mantras de la Diosa

Hay cuatro grandes mantras que gobiernan las formas primordiales de energía, la fuerza magnética, la eléctrica, la del calor y la del placer.

HRĪṂ

Hrīṃ es el mantra primordial de la Gran Diosa, la que rige los mundos y encierra todo su poder creativo y de curación. **Hrīṃ** rige toda la energía magnética cósmica y el poder del alma y del cuerpo causal. Nos despierta al nivel del alma o del corazón, nos conecta con las fuerzas divinas del amor y de la atracción. **Hrīṃ** es el mantra de la Divina Maya que destruye la maya mundana. Tiene una energía solar, pero más bien del sol del amanecer. Es encantador y fascinante, pero purificador. Por medio de él podemos controlar el poder ilusorio de nuestra mente.

KRĪṂ

Krīṃ es el gran mantra de Kali, la Diosa de la energía y de la transformación. Rige el prana en forma de relámpago o de energía eléctrica. Por medio de **Krīṃ**, ojas no solo se transforma en tejas sino en prana. **Krīṃ** otorga todas las facultades y poderes espirituales: desde el despertar de Kundalini hasta la apertura del tercer ojo. Tiene un poder especial sobre los chakras inferiores, a los que puede estimular y transformar. Ayuda a despertar y purificar el cuerpo sutil. Como mantra de trabajo y transformación **Krīṃ** es el mantra de kriya yoga, el yoga de la práctica. Es el mantra principal de Yoga Shakti. Como es un mantra potente se ha de utilizar con precaución.

HUṂ

Huṃ es un mantra del fuego interior o de la fuerza termogénica. Invoca el descenso de lo divino en nosotros y le ofrece nuestra alma para que se transforme en el sagrado fuego de la Consciencia. Es un mantra de Shiva, pero también de Chandi, el aspecto feroz de Kali. Se utiliza para destruir la negatividad y crea pasión y vitalidad. Como mantra poderoso también debe emplearse con cuidado. Sin embargo, se puede usar con más suavidad para invocar la gracia divina y la protección. Por medio de él podemos ofrecer nuestras aflicciones y a nosotros mismos al Principio Supremo para su purificación y transformación.

ŚRĪM

Śrīm es un mantra de amor, devoción y belleza, está relacionado con Lakshmi, la Diosa de la Belleza y de la gracia divina. Sin embargo, Śrīm actúa a un nivel más profundo que el de simplemente concedernos las cosas buenas de la vida, incluida la salud. Nos conduce al corazón y nos da fe y estabilidad emocional. Śrīm nos permite entregarnos, refugiarnos o sumergirnos en aquello que invoquemos en el mantra. Es el mantra de la belleza y del placer y tiene energía lunar. También está conectado con la cabeza y se puede usar para inundar los sentidos de belleza y placer divinos. Favorece la salud, la fertilidad y el rejuvenecimiento. Es uno de los mantras más suaves y seguros de utilizar.

Estos cuatro mantras se pueden usar juntos con **OM**: ¡**OM HRĪM KRĪM HUM ŚRĪM**! Proporcionan el desarrollo integral del cuerpo, la mente y el alma.

18
Meditación y mente

El yoga y el conocimiento son los dos métodos
para disolver las alteraciones de la mente.
El yoga es el control de los movimientos de la mente.
El conocimiento (jnana) es la clara observación de estos.
LAGHU YOGA VASISTHA V, 9.72.

La meditación es esencial y es la culminación del gran sistema del yoga. De las ocho ramas del yoga, los tres aspectos internos: dharana (concentración), dhyana (meditación) y samadhi (absorción), se refieren concretamente a la práctica de la meditación. El ayurveda, como medicina cuerpo-mente, apoya la meditación porque es una de sus terapias principales. Gran parte de la popularidad del ayurveda se debe al énfasis que pone en la meditación y en las técnicas del mantra y del pranayama.

Sin embargo, la meditación adecuada es un estado muy sutil que no es fácil de alcanzar. Requiere que primero armonicemos el cuerpo, el prana y los sentidos. La meditación no es solo cerrar los ojos y sentarse en silencio. Comprender la meditación se basa en comprender la mente. Para examinar el tema de la meditación, veamos primero la mente y su funcionamiento.

Mente y Cuerpo

Tanto la mente como el cuerpo están formados por los cinco elementos. Sin embargo, la mente está formada por elementos más mentales que físicos. Cuerpo y mente tienen estructuras básicas opuestas. El cuerpo se compone de elementos pesados, como la tierra y el agua (kapha) que forman el cuerpo y sus diferentes tejidos. Las funciones corporales se producen por medio de los elementos más ligeros y de los doshas pitta (fuego) y vata (aire); el fuego es el que determina todos los procesos digestivos y el aire la transmisión de los impulsos nerviosos y cerebrales.

Por otra parte, la mente está formada por los elementos más ligeros de aire y éter (*vata*), pues es móvil y penetrante. Sus funciones tienen lugar por medio de los elementos más pesados, fuego, agua y tierra (pitta y kapha). El fuego aporta la percepción a la mente, el agua la emoción y la tierra la conecta con el cuerpo.

La mente, en general, es como el viento o vata dosha, que se caracteriza tanto por su omnipresencia como por su movimiento. La mente, al igual que vata, se compone de aire y éter, pero en un plano más sutil. La mente es como la sustancia éter, sin forma y omnipresente. Dondequiera que pongamos nuestra atención, allí está nuestra mente. La mente es como el aire en movimiento, rápida, penetrante, siempre cambiante, veloz como el rayo e impredecible.

Elementos comparativos del cuerpo y la mente

Cuerpo		Mente	
Sustancia	Tierra y Agua	Sustancia	Aire y Éter
Kapha	sangre y carne	Vata	Sensibilidad y movimiento
	Funciones		Funciones
Pitta	Fuego – Digestión	Pitta	Fuego – Razón y percepción
Vata	Aire y Éter Prana y cerebro	Kapha	Agua y Tierra Emoción e identificación con el cuerpo

Mente y prana

La mente y el prana van unidas. Dondequiera que pongamos nuestra atención, nuestra energía fluirá de forma natural hacia ese objeto. Nuestra atención dirige por sí misma una corriente de energía. Asimismo, lo que motive nuestra energía y vitalidad, como el hambre o la sed, atrapa nuestra atención. La mente y el prana son los dos aspectos del mismo fenómeno, las dos alas del pájaro del alma.

Aunque el prana, en general, es más grueso que la mente, hay un prana en la mente, que es su propia energía y vitalidad. Del mismo modo, hay una mente o consciencia en el funcionamiento del prana, la inteligencia de la fuerza-vital. En el prana siempre hay algún aspecto de la mente y en la mente siempre hay algún aspecto del prana. Prana es un poder inherente de la inteligencia o de la mente; la mente es un poder de acción y expresión del prana.

El prana, al igual que la mente, también es de naturaleza vata y está compuesto por los elementos aire y éter. Pero hay una diferencia. Prana tiene más del elemento aire y la mente tiene más del elemento espacio o éter. Prana es más activo, como el aire, mientras que la mente es más receptiva y observante, como el espacio. Podríamos decir que el aspecto éter del prana es la mente, mientras que el aspecto aire de la mente es prana.[40]

Los doshas y los niveles mentales[41]

La mente en su totalidad es lo que en los textos yóguicos se denomina chitta o *antahkarana*; se encuentra en la esfera de vata y también está compuesta por los elementos aire y éter. Sin embargo, la mente es más sutil que vata, del mismo modo que es más sutil que prana, del cual surge vata.

---

40. «Aquello que es la vibración de Prana Vayu (Prana spanda) también es la vibración de la mente», *Laghu Yoga Vasistha* V, 10.25.
41. He tratado los niveles de la mente y sus conexiones dóshicas generales en mi obra *Ayurveda and the Mind*.

Vata confiere velocidad y energía a la mente. Los vata tienen mentes más rápidas que las otras constituciones y más facilidad en todos los niveles de actividad mental, desde la percepción sensorial hasta la percepción más profunda sin forma. Son buenos estableciendo conexiones (aire) y poseen una amplia comprensión (espacio). Sus mentes son muy activas, siempre se esfuerzan por ir a todas partes y entenderlo todo. Debido a la conexión de los vata con la mente, estos tienen más tendencia a padecer trastornos mentales y psicológicos. Sus mentes se ven afectadas inmediatamente y con fuerza por todo lo que hacen. De la misma manera, la mayor parte de los trastornos mentales y nerviosos pueden provocar un agravamiento de vata.

Sin embargo, la mente también tiene sus aspectos pitta y kapha. La mente es pitta, en cuanto a su poder de luz y de iluminación. Por esta razón, a veces se la identifica con el fuego. Concretamente, pitta es el poder de percepción mental, mientras que el campo mental es más de naturaleza vata. Podríamos decir que la mente es vata (aire) por naturaleza, pero su funcionamiento es pitta (fuego). La mente tiene un poder de visión especial, el ojo de la mente o tercer ojo, que se asocia con el fuego. El aspecto pitta o fuego de la mente es el discernimiento, la razón y la perspicacia (*buddhi*), que también es el poder de digestión mental. Los pitta son muy inteligentes y selectivos. Suelen ser los que mayor capacidad de concentración tienen, además de un pensamiento claro y agudo.

El aspecto mental kapha es su capacidad de sentir, de la cual surge la emoción, el amor y el apego. Este está conectado con los sentidos y el aspecto externo o la forma de la mente (*Manas*). El aspecto kapha de la mente es el más externo y material, del mismo modo que kapha es el dosha más material. Sin embargo, también hay un aspecto kapha superior de la mente. La mente interior o corazón también tiene su aspecto emocional, como el amor, que es el sentimiento kapha más importante. La dicha que hay en el fondo de la mente es la forma más sublime de kapha.

La meditación según el ayurveda

La meditación es nuestra capacidad para contactar con nuestro verdadero Yo y Consciencia (Atman o Purusha) que es fuente de vida y de inteligencia. A la inversa, la meditación es la capacidad para limpiar los aspectos negativos de nuestra consciencia, hábitos e impulsos subconscientes dañinos que nos provocan dolor y sufrimiento. La meditación ayuda a favorecer nuestros impulsos superiores y elimina los dañinos e incorregibles.

La meditación implica colocar la mente en un estado de calma y de concentración en que nuestras energías mentales se puedan renovar y transformar. Esta definición explica la meditación en su sentido más amplio, incluye las variadas y útiles técnicas del mantra, pranayama y visualización. Sin embargo, cualquiera que sea la técnica de meditación que empleemos, esta se ha de utilizar como una ayuda para que nuestra consciencia regrese a su estado original de paz y silencio; una vez logrado, podemos prescindir de toda técnica y gozar de la armonía de nuestra verdadera Naturaleza. Esto se denomina «morar en el Yo». Es el estado natural de meditación, que es la verdadera meta de toda práctica meditativa.

En el ayurveda la meditación es una herramienta importante para sanar la mente, pero sus beneficios se expanden por todo el cuerpo. Reduce el origen psicológico o las complicaciones de las enfermedades, que siempre están presentes en algún grado. El ayurveda recomienda la meditación para tratar enfermedades específicas, como los trastornos psicológicos para las que es la terapia principal. El ayurveda también prescribe la meditación como parte de su estilo de vida, tanto para conservar la salud como para mejorar nuestra calidad de vida. En los pensamientos yóguico y ayurvédico hay muchos tipos de meditación. Aquí proponemos una visión y una aplicación ayurvédicas relacionadas con los doshas, los gunas y las funciones de la mente.

Dada la conexión que tiene la mente con el prana, no podemos descuidar el papel de las prácticas pránicas en la meditación.

Como el prana está conectado con la comida, el cuerpo físico tampoco se puede olvidar. La visión ayurvédica de la meditación siempre es integral e incluye el cuerpo, la respiración y los sentidos.

La meditación como terapia (*Dhyana Chikitsa*)

La meditación es una terapia importante para los trastornos psicológicos y nerviosos, desde un simple insomnio hasta los trastornos emocionales graves. Es útil en enfermedades debilitadoras y crónicas, en casos de alergias o artritis, donde existe estrés o hipersensibilidad del sistema nervioso. Las investigaciones sobre la meditación realizadas en Occidente han demostrado que es muy útil para tratar las enfermedades cardíacas. El corazón es la sede de la consciencia, según el pensamiento védico. No nos estamos refiriendo solamente al corazón físico, sino al sentimiento y al conocimiento interno que trasciende la mente sensorial. Las alteraciones en nuestra consciencia se reflejan en los problemas de corazón, incluido el plano físico. Calmar la mente y fortalecer el corazón son inseparables.

La meditación nos ayuda a afrontar el dolor y se debe enseñar a todos los pacientes que sufran enfermedades dolorosas, tanto crónicas como graves. Podemos apartar la mente del dolor de la enfermedad y concentrar la atención en el mantra o en el testigo de la mente. La meditación es muy importante en las enfermedades graves o terminales en que la muerte está próxima. Prepara a la persona para la transición hacia la otra vida. De hecho, la meditación ayuda a todos a desapegarnos del cuerpo. El apego al cuerpo es la principal causa del dolor físico, psicológico y espiritual. Eliminar este apego es la sanación última para todas las enfermedades o la forma de superarlas, si no podemos evitarlas.

Algunos maestros espirituales dicen que cambiando nuestros pensamientos podemos curar todas las enfermedades, incluso las terminales. El ayurveda tiene dos opiniones al respecto. Una es el paso del tiempo. Algunas enfermedades debidas al tiempo y a la edad se pueden retrasar, pero no erradicar. Esta es la razón por la que todos morimos algún día. La segunda es el karma. Actuamos de acuerdo con algunos karmas que nos mantienen en este mundo durante un período de tiempo determinado. Cuando nuestro karma ha finalizado, hemos de seguir adelante y, a veces, la enfermedad es el medio para que eso ocurra. No hemos de olvidar que la vida física no es más que un nivel de la existencia para el alma, un viaje temporal. Por consiguiente, no es necesario aferrarse a la existencia física, sino que hemos de intentar cumplir nuestro objetivo aquí y seguir adelante.

No obstante, todas las formas de meditación no son buenas para todas las personas, del mismo modo que tampoco lo son los alimentos y las plantas medicinales. Por este motivo, el ayurveda recomienda un estilo de vida adecuado y un enfoque integral que tenga en cuenta las facultades únicas y la naturaleza de cada persona.

Los requisitos para la meditación

El fundamento de la meditación es un estilo de vida adecuado, concretamente una dieta, impresiones y asociaciones sátvicas. Sin esa base nunca podremos meditar realmente, aunque queramos. En tales casos, se enseñarán los fundamentos de la meditación junto con la propia práctica de la meditación. Esto es lo que aporta el estilo de vida ayurvédico.

En general, la sesión de meditación empieza con una práctica formal, utilizando técnicas, como la oración, el mantra, el pranayama y la visualización. Luego se puede pasar a la meditación sin forma, como estar sentado en silencio, practicar la autoindagación o la meditación devocional (meditar en lo divino). Si simplemente nos sentamos en silencio sin utilizar ningún medio para calmar la mente, lo más probable es que nos perdamos en nuestros pensamientos y terminemos más confusos y alterados.

La meditación, especialmente la de naturaleza pasiva, abre nuestro subconsciente. Si no estamos dispuestos a afrontarlo, puede causarnos complicaciones. Las personas con trastornos emocionales son las más vulnerables cuando se agrava vata. Por esta razón, repetir un mantra puede ser incluso mejor que la meditación silenciosa, al menos al principio. La meditación silenciosa expande la mente, pero para que realmente suceda esto, primero hemos de poder concentrarnos. De ahí, que se practiquen ejercicios de concentración antes de la meditación.

El ayurveda intenta potenciar las tendencias meditativas de cada persona. Hay muchos caminos, enseñanzas y tradiciones de meditación que tienen su valor e importancia para ciertas personas y culturas. A veces, pero, las prácticas de meditación que siguen algunas personas quizá no les estén ayudando desde una perspectiva ayurvédica. A los vata no les conviene distanciarse tanto de su mente. Los pitta pueden empeorar si se concentran demasiado o practican una meditación crítica. Los kapha pueden agravar su kapha con meditaciones demasiado emotivas. En tales casos, el ayurveda recomienda que la persona cambie la naturaleza de su práctica meditativa.

Meditación y oración

En Occidente estamos más familiarizados con la oración que con la meditación. Oración es un término genérico que engloba muchos tipos, pero la palabra en general se refiere a una forma de meditación activa en la que proyectamos una intención: invocamos a Dios para que nos ayude o ayude a nuestros seres queridos de alguna manera. El ayurveda utiliza la oración (*prarthana*) junto con el mantra y la meditación. En general, el mantra es una oración cargada de energía, una oración y un deseo dirigidos yóguicamente mediante patrones de sonido especiales o vibraciones del mundo cósmico. La meditación es una forma silenciosa y contemplativa de orar en la cual quizá no haya movimiento de pensamientos o intención.

Los médicos ayurvédicos utilizan la oración o la dirección de las energías e intenciones positivas para tratar las enfermedades. Esto incluye la canalización de la fuerza curativa de lo divino o los poderes de los grandes maestros, avatares y gurus. La oración como portadora de buenos deseos es necesaria para crear el entorno psíquico adecuado para que se produzca la curación. Se puede usar junto con las modalidades terapéuticas sutiles del ayurveda: aromaterapia, gemoterapia, mantras y rituales.

Afirmación y visualización

Las afirmaciones están conectadas con la oración. Las afirmaciones se pueden emplear para poner énfasis en nuestra relación con lo divino o con nuestros poderes curativos interiores. Muchas personas tienen pensamientos negativos sobre ellas mismas, especialmente las vata, que suelen estar atrapadas en la falta de confianza en sí mismas. En tales casos, las afirmaciones pueden ser muy útiles.

Sin embargo, las afirmaciones deben conducir a la acción en vez de sustituirla. Por ejemplo, para hacer cualquier cosa en la vida, como escalar una montaña, se necesita la creencia de que se puede hacer y la intención positiva para realizar el esfuerzo. Pero aún así hay que subir la montaña y no se puede usar la afirmación como excusa para la inacción. Las afirmaciones siempre han de sintonizar nuestra voluntad con la voluntad divina y con nuestro propósito superior en la vida, que es lo que perseguimos con nuestra conducta.

La visualización está conectada con la oración y la meditación. Podemos visualizar el estado de salud o mejoría que deseamos alcanzar; por ejemplo, una persona que padece una congestión pulmonar crónica visualiza sus pulmones limpios, abiertos y llenos de energía. Podemos dirigir el prana o la energía curativa a otras personas enfermas o a las partes de nuestro cuerpo que necesitan mejorar. En estas visualizaciones podemos emplear colores y mantras o canalizarlas por medio de la respiración. Las visualizaciones también pueden ser de deidades y paisajes naturales hermosos para que ayuden a limpiar el campo mental.

Samkalpa: el poder de la voluntad en la curación y la transformación

Samkalpa significa voluntad y motivación. Es la actividad mental más importante en cualquier nivel, y siempre conlleva la proyección de intenciones. Somos el resultado de nuestros samkalpas, como dice el proverbio: «Un hombre es lo que anhela su corazón». Nos creamos a nosotros mismos y creamos nuestro karma por medio de nuestros samkalpas o intenciones en el plano del corazón. Samkalpa es la principal acción mental para crear samaskaras, los condicionamientos arraigados que están en nuestra mente y nuestro corazón.

El yoga cultiva la voluntad o samkalpa de la autorrealización. El ayurveda cultiva la voluntad o samkalpa de la curación. Toda acción que realicemos debe ir precedida de un samkalpa o afirmación de intenciones: «Tengo la intención de realizar la siguiente acción (de la manera siguiente durante un período de tiempo específico) para conseguir el siguiente resultado».

El samkalpa es como un plan o una estrategia. Hacemos algo de cierta manera para lograr cierta meta. El resultado que obtenemos nos revela la naturaleza y el valor de nuestra acción. Actuamos porque buscamos algún tipo de resultado, que dependerá de la intención que precede a la acción, no solo de lo que realizamos externamente. Las acciones elevadas o espirituales persiguen un resultado que no está vinculado al ego, como el desarrollo de la consciencia y el alivio del sufrimiento de todos los seres. Las acciones bajas reflejan los deseos del ego: conseguir lo que queremos, triunfar, obtener algo de una manera o de otra. Los samkalpas espirituales nos ayudan a interiorizar y a liberar nuestra alma. Los samkalpas basados en el ego exteriorizan y nos atan todavía más al mundo exterior.

Samkalpa no solo implica desarrollar nuestra propia voluntad, sino aliarnos con las fuerzas que pueden ayudarnos a conseguir nuestro propósito. Por consiguiente, implica buscar ayuda, bendiciones o guía. Los samkalpas se suelen proyectar en forma de afirmaciones y votos.

Samkalpas yóguicos

Los samkalpas yóguicos tienen un fundamento espiritual. Se basan en la intención de realizar distintas prácticas yóguicas para evolucionar espiritualmente y ayudar a la causa espiritual en el mundo.

A continuación ofrecemos algunos de estos samkalpas:
- Samkalpas devocionales o de bhakti yoga:
«¡OM! Realizaré las siguientes prácticas yóguicas como ofrenda a mi Amado Señor. ¡Que todos los poderes divinos me bendigan en esta empresa!»
- Samkalpas basados en la sabiduría o de jnana yoga:
«¡OM! Realizaré las meditaciones siguientes para conseguir el conocimiento de Dios y del Yo superior. ¡Que Dios y los grandes maestros me ayuden en esta empresa!»
- Samkalpas de servicio o de karma yoga:
«¡OM! ¡Realizaré las siguientes acciones como servicio a Dios y a los seres vivos para ayudar a paliar el sufrimiento!»

Samkalpas ayurvédicos

El ayurveda utiliza los samkalpas como una herramienta terapéutica. Todas las prácticas curativas deben empezar con la intención adecuada, tanto por parte del paciente como del terapeuta. El samkalpa apropiado prepara el terreno para que actúen los procesos curativos y se produzca claridad, tanto en el paciente como en el terapeuta, en cuanto a los resultados deseados.
- Samkalpa para los pacientes:
«¡OM! ¡Intento curarme con métodos naturales y espirituales para conseguir salud y vitalidad óptimas para desarrollar mi vida espiritual y cumplir mi dharma por el bien de todos!»
- Samkalpa para los terapeutas:
«¡OM! Quiero ayudar a que este paciente se cure con métodos naturales y espirituales para aliviar su sufrimiento y ayudar a todos los seres humanos a que descubran su verdadero propósito en la vida. ¡Que todas las fuerzas terapéuticas del universo me apoyen en esta labor!»

Aspectos de la meditación

La meditación es una forma de vida que se basa en ciertos procedimientos. Uno no se sienta simplemente a meditar y lo consigue de repente, del mismo modo que sin práctica alguna uno no toma un pincel y empieza a pintar como si fuera un artista consumado.

Formato general de la meditación

1. Siéntese en una postura cómoda con la columna vertebral erguida, que puede ser una postura yóguica específica como el Loto; las personas que no puedan adoptarla pueden sentarse en una silla. Sin una postura cómoda y relajada, es muy difícil meditar.

2. Aumente la energía de su respiración mediante pranayama. Esto dirige nuestra energía hacia dentro y nos da más fuerza para meditar. Cualquier pranayama bien practicado puede cumplir esta función.

3. Visualice algo durante unos minutos para limpiar el campo sensorial e interiorizar la mente. Podemos visualizar un color, un diseño geométrico (como un yantra), una imagen de algún paisaje natural, una deidad o un guru (según la inclinación natural de la persona).

4. Repita una afirmación para aumentar el poder del pensamiento positivo, como pedir que nuestra alma se libere del sufrimiento, la infelicidad y la esclavitud. O bien, repita alguna oración para curarse o para su crecimiento interior.

5. Repita un mantra para calmar su subconsciente. Los mantras se han de repetir al menos ciento ocho veces antes de meditar y a lo largo del día, especialmente cuando la mente no está ocupada.

6. Observe la mente en silencio y deje que se vaya vaciando. El meditador debe adoptar el papel de testigo y aprender a observar el contenido mental, del mismo modo que observa una corriente rápida que arrastra desechos.

7. Medite adecuadamente; puede ser una meditación devocional o de conocimiento, según el temperamento de cada uno, para inten-

tar conectar con Dios o el Yo superior por medio del movimiento natural del corazón.

Técnicas concretas de meditación

Cuando hemos entendido la visión general de la meditación, podemos concentrarnos en una técnica concreta que sea la que mejor se adecue a nuestra aspiración.

Meditación devocional

La meditación devocional se basa en la adoración de algún aspecto de Dios, de un avatar o de un gran maestro, o en una relación con lo divino en forma de padre, madre, maestro o amado. Es algo muy personal y puede estar condicionado por la educación religiosa de la persona, por lo tanto, generalmente, no es algo que deba decidir el terapeuta ayurvédico. Los seres humanos deben adorar lo divino de la manera que consideren más afín en lo más profundo de su corazón. Todo lo que no sea así es tiranía espiritual.

Las deidades del hinduismo tienen correspondencias ayurvédicas. Por ejemplo, Ganesha, el dios con cabeza de elefante, el que elimina los obstáculos, se puede utilizar para aumentar kapha y ojas. Hanuman, que tiene forma de mono y que es hijo del Viento, favorece prana y controla vata. Skanda, el niño divino, guerrero e hijo del fuego, desarrolla tejas.

La diosa Kali, que controla la muerte y la destrucción, puede ayudarnos a aumentar prana, controlar vata y eliminar enfermedades que pongan en peligro nuestra vida. El dios Shiva, que dirige el subconsciente y el supraconsciente, ayuda a superar el miedo, la ansiedad y los traumas. El avatar Rama protege a los niños del peligro. Hay docenas de ejemplos.

Otra forma de adoración devocional importante es la de las deidades planetarias, de los poderes cósmicos subyacentes a las fuerzas del tiempo y del karma. Se realiza desde la perspectiva de la astrología védica. Las deidades de los planetas de fuego como el Sol, Marte y Ketu (nodo lunar sur) son apropiadas para aumentar pitta, tejas y agni. Las deidades de los planetas de agua como la Luna, Venus y Júpiter son buenas para aumentar kapha, ojas y los dhatus. Las deidades de los planetas de aire como Saturno, Mercurio y Rahu (nodo lunar norte) son buenas para aumentar prana y vata.

Meditación del conocimiento

Esta meditación tiene como fin el conocimiento espiritual, que es el autoconocimiento. Hay dos tipos: pasiva y activa.

En la meditación pasiva adoptamos la actitud del testigo y observamos nuestros pensamientos. También puede consistir en mantener un estado de receptividad, abrirse a la presencia divina o a la vacuidad. La meditación pasiva, en general, empieza por la concentración en objetos externos, como una lámpara de ghee o algún elemento de la naturaleza, como un árbol o nubes en el cielo; luego nos vamos concentrando en el cuerpo, los sentidos, el prana, las emociones, los pensamientos, el ego, y por último, en el Yo superior o el silencio divino que trasciende todo concepto.

La meditación activa implica algún tipo de indagación como «¿Quién soy Yo?» o la búsqueda de nuestra verdadera naturaleza. Esto supone indagar en el origen del Yo en la Consciencia pura. Podemos hallar explicación al respecto en las obras de Ramana Maharshi y de otros maestros de vedanta advaita, y en textos advaitas tradicionales como el *Yoga Vasistha* o las obras de Shankaracharya. Se trate de descubrir al Yo que trasciende al cuerpo, la respiración, los sentidos, la mente o lo que estemos observando. Es una extensión de las técnicas de asesoramiento ayurvédicas, que nos ayudan a entender el funcionamiento del cuerpo y de la mente.

Consejos generales para meditar

Sala de meditación

Deberíamos tener una sala especial para meditar, con un altar, con fotos o libros sagrados y decorada para que tenga una energía espiritual. La habitación debe estar bien ventilada y tener luz natural. Se puede utilizar un despacho o una habitación de estudio, si es necesario, pero no un dormitorio o un sótano.

Asiento para meditar

Deberíamos tener un asiento o silla para meditar. Una alfombra o cojín de lana o seda es lo más apropiado. Para meditar hay que sentarse mirando al Este o al Norte. Podemos rociar un poco de agua alrededor del asiento mientras recitamos un mantra sencillo como Om, antes de meditar para purificarlo.

Ritual de meditación

Realice un breve ritual antes de meditar como ofrecer un aceite aromático (para el elemento tierra), agua (para el elemento agua), una lámpara de ghee o una vela (para el elemento fuego), incienso (para el elemento aire), y una flor (para el elemento éter). Puede colocarlos delante de una figura o de un cuadro de una deidad, un guru o simplemente ofrecérselos a Dios de la forma que desee. Este tipo de ritual limpia el aire psíquico y prepara el lugar para la meditación. También podemos hacer sonar una campana o cantar o repetir una oración.

Mala o rosario de cuentas

El *mala* o rosario se utiliza para contar las repeticiones de los mantras. El *rudraksha* es bueno para incrementar tejas y para adorar a Shiva. El cristal es mejor para adorar a la Diosa. Las cuentas de tulsi son especiales para Vishnu (Rama y Krishna). En los bija mantras (mantras de una sola sílaba), podemos repetir en orden ocho o dieciséis mantras por cada cuenta para que nos resulte más fácil. Quizá sea necesario repetir los mantras más de cien mil veces a fin de que cobren verdadera fuerza. Para que sean realmente eficaces deben estar grabados en el subconsciente.

Mantras largos
Hay muchos mantras u oraciones más largos que poseen grandes propiedades sanadoras. El Mahamrityunjaya mantra para Rudra-Shiva es bueno para proteger de las heridas y enfermedades febriles. El Gayatri para el Sol, aumenta la energía vital y fortalece el corazón. Habrá sin duda personas que conozcan estos mantras o que los han recibido como parte de su práctica personal. Cada tradición espiritual tiene oraciones e himnos que se pueden usar de forma similar.

Hora para meditar
La meditación debería suponer una práctica diaria como comer y dormir. Sin embargo, unos días son más favorables que otros. El jueves, es el día de Júpiter, es el mejor día para meditar, después viene el miércoles (Mercurio), el lunes (Luna) y el viernes (Venus). La meditación es más profunda durante la luna creciente. Se puede consultar a un astrólogo védico para saber cuáles son los mejores momentos para meditar durante el año y según las etapas de nuestra vida, especialmente si deseamos realizar prácticas de meditación intensas.

El mejor momento del día es de madrugada, antes de que salga el sol, la hora de Brahman. El amanecer y el atardecer también son buenos momentos. Para muchas personas el atardecer es mejor porque a esa hora ya han realizado la mayor parte del trabajo del día y pueden interiorizar más fácilmente. Son horas principalmente vata, an las que es más fácil trabajar con vata y sus órganos asociados, como la mente y el prana. Justo antes de dormir es otro buen momento para limpiar la mente.

La meditación matinal ha de ir seguida de ejercicio físico, como asanas de yoga, caminar o ejercicios aeróbicos suaves. Luego se tomará un té y algo ligero para comer. Sin embargo, si una persona tiene mucho ama (toxinas) o kapha en su organismo, o mucha mucosidad, como en el caso de las alergias nasales, quizá sea necesario hacer primero ejercicio y pranayama para disipar la inercia. De lo contrario, la mente y el cerebro pueden estar demasiado embotados o saturados para meditar. Quizá los vata se sientan demasiado cansados para madrugar y meditar. En este caso, deben intentar compensar esta situación acostándose más temprano y haciendo la siesta por la tarde. Los pitta son nocturnos, pero si son disciplinados pueden adquirir la costumbre de levantarse más pronto si se lo proponen. Las personas a las que cuesta permanecer despiertas durante la meditación matinal, pueden salir a dar un paseo antes de empezar, o bien, realizar una meditación en movimiento.

Por la noche, la meditación se realizará antes de acostarse, para asegurar un sueño profundo. Por la noche, no deberíamos someternos a distracciones sensoriales como la televisión, justo antes de la meditación ni después de ella. Debemos evitar alterar nuestra mente después de la meditación nocturna o perderemos gran parte de los beneficios de esta práctica. No hemos de meditar justo después de comer, sobre todo si se trata de una comida pesada.

Duración de la meditación

La meditación debe constar de unos quince minutos de pranayama, quince minutos de repetición de algún mantra y quince minutos de meditación silenciosa o devocional como mínimo. Se debería practicar al menos dos veces al día, por la mañana y por la noche. Una vez dominada esta práctica, podemos aumentar la duración de la meditación y realizarla tres veces al día o más.

Lo más importante es ser constantes en la práctica. Es mejor meditar un poco cada día que mucho, pero de forma irregular. Los intensivos de meditación o retiros esporádicos son útiles, pero han de ir acompañados por la práctica diaria.

Meditaciones ayurvédicas

Los médicos ayurvédicos suelen meditar en Dhanvantari antes del tratamiento o de las clases. Podemos usar el mantra:

¡Om Dham Dhanvantaraye Namah!

Otros meditan en Ganesha, que elimina los obstáculos para el tratamiento, utilizando este mantra:

¡Om Gam Ganeshaya Namah!

También podemos meditar en nuestro *ishta devata* o deidad elegida por nosotros para la adoración.

Los médicos ayurvédicos suelen repetir oraciones o mantras en presencia del paciente como parte del tratamiento. A veces también animan a los pacientes a que las repitan con ellos. Además es mejor que los terapeutas mediten un poco en silencio antes de ver a un paciente, para atraer así energía curativa positiva a la clínica o al lugar donde se realiza el tratamiento.

La meditación según los doshas

Vata

Meditación

Los vata meditarán para calmar sus mentes inquietas y nerviosas, y para liberar su tendencia inherente al miedo y a la ansiedad. La meditación puede ayudarles mucho a superar su principal problema en la vida: una mente y fuerza-vital hipersensibles e hiperactivas. La meditación les ayuda a dormir, calma su digestión nerviosa y refuerza su sistema inmunitario, que son sus principales puntos débiles.

Sin embargo, los vata deben ser precavidos porque la meditación mal practicada puede desarraigarlos y dispersarlos. Es fácil que se pierdan en sus pensamientos y su prana puede verse alterado. Por esta razón, primero aprenderán el arte de la concentración para que sus mentes no divaguen. Es mejor que repitan un mantra o hagan una visualización, en lugar de intentar vaciar sus mentes, que puede resultar excesivo por la cantidad de elemento éter que tienen en su interior.

Sin embargo, los vata tampoco deberían intentar frenar o reprimir su actividad mental natural. Deben dejar que sus mentes se muevan libremente y de forma natural, a la vez que buscan la verdad profunda de la vida. Han de aprender a aprovechar su gran energía mental para la meditación, que para ellos debería ser como el vuelo de un águila. Han de dejar que su mente planee sin perder la concentración.

Asana y pranayama

Los vata primero se asegurarán de que están cómodamente sentados y de que su cuerpo y sus articulaciones están relajados. Deberán hacer algunos ejercicios de relajación para liberar la tensión o dar un paseo antes de sentarse. Los vata tienen problemas para estar sentados sin moverse; sin practicar un poco las asanas no es probable que estén mucho tiempo en la misma postura.

Los vata tienen poca energía, lo que debilita su concentración. Han de respirar más profundamente para tener suficiente prana para meditar. Al principio, cuando practiquen pranayama se sentirán cansados, porque reducirá su hiperactividad. Si les ocurre esto deben hacer unas cuantas respiraciones profundas rápidas y vigorosas hasta recuperar su claridad mental. A los vata no les conviene forzar el pranayama y deberán introducirlo gradualmente.

Visualización, afirmaciones y mantras

Para la visualización, los vata deberían usar imágenes de tierra, agua y fuego, como una montaña, un lago o el mar, flores, como un loto o una rosa, luz, como el fuego o el sol del amanecer. Pueden usar la cromoterapia anti-vata, con colores dorados o azafrán. Esto se realizará durante unos minutos para limpiar el campo mental.

Los vata deben afirmar la paz básica y la audacia de su naturaleza superior y aprender a desprenderse de la preocupación y la ansiedad. Deben tener fe en algún aspecto de Dios o en un gran maestro para que les guíe hacia los niveles interiores. Han de recurrir a la protección de las formas de Dios, de la Diosa y de los gurus para que les ayuden con los problemas que no pueden resolver por sí mismos.

Los mejores mantras anti-vata son Ram, Shrim y Hrim. Los vata repetirán dichos mantras durante la meditación y también a lo largo del día, especialmente cuando les parezca que su vata se desequilibra. Con frecuencia es mejor si repiten los mantras en voz baja, de este modo tendrán energía, pero estarán tranquilos.

Meditación devocional

Los vata necesitan aspectos positivos de la energía divina, como el Padre y la Madre divinos, la relación con los padres es tranquilizadora, solidaria y nutritiva. Los aspectos protectores de la Madre Divina, como Durga y Tara, son especialmente favorables. Los aspectos benévolos del Padre Divino, como Shiva en su aspecto del Señor de los Yoguis o Vishnu, como el avatar y salvador Rama, son igualmente beneficiosos. Ganesha puede ayudarles mucho a arraigarse. Hanuman les da el poder del prana.

Meditación del conocimiento

Los vata deberían meditar en la naturaleza eterna e inmutable de la verdad para calmar sus pensamientos. Necesitan conectar con el dharma o la ley universal para afianzar sus mentes inquietas. Han de aprender a contactar con el Yo inmutable e inmortal o esa expansión de Ser puro y silencioso que hay en su corazón. Los vata han de estabilizar su naturaleza interior y no deben preocuparse por las fluctuaciones del mundo exterior. Han de interiorizarse y olvidar el mundo, sus distracciones y dispersiones.

Pitta

Meditación

Los pitta han de meditar para liberar su ira y su agresividad y afrontar la vida con menos fuerza de voluntad y afán de control. Suelen tener buena concentración y pueden meditar con más facilidad que las otras constituciones. El mantra y la meditación pueden ser una buena combinación para que concentren su fuerte energía mental de una forma positiva y dirijan su atención hacia su meta interior.

Los pitta deberían procurar que su meditación fuera tranquila en vez de convertirla en otra forma de logro o conquista. Para ellos la meditación puede suponer un exceso de concentración e incluso estrechar sus mentes, un intento de controlar la tensión en lugar de liberarla. Han de aprender a expandir su mente y su corazón en la meditación, utilizando su luz inherente para que se les revele la verdad. La meditación debería dejarles con una sensación de frescor y calma en la mente y en el corazón, como suaves olas en la superficie de un lago a la luz de la luna.

Asana y pranayama

En primer lugar, los pitta se asegurarán de estar frescos y relajados en su postura de relajación. No deben realizar ejercicios fuertes antes de meditar ni haber sudado haciendo ejercicios. Deben practicar pranayamas enfriadores, poner énfasis en la respiración lunar o respirar por el orificio izquierdo. Shitali también está indicado. Deben liberar su calor interno por medio de la respiración antes de meditar.

Visualización, afirmaciones y mantras

Los pitta deben visualizar imágenes que no estén relacionadas con el fuego, como una montaña, un bosque, un lago o el mar, nubes de lluvia, el cielo oscuro, flores de colores fríos, la luna o las estrellas. Se puede utilizar la cromoterapia anti-pitta, como los colores blanco, azul oscuro o verde esmeralda. Los pitta repetirán afirmaciones de perdón, compasión y amor y renunciarán a su ira. Deben repetir oraciones de paz y felicidad para todos. Solicitarán el perdón por acciones incorrectas que puedan haber perjudicado a otras criaturas.

Los mantras anti-pitta son Sham, Shrim u Om. Se repetirán en silencio. Se utilizarán cuando a lo largo del día afloren emociones pitta como la ira; se repetirán lenta y relajadamente.

Meditación devocional

Los pitta meditarán en las formas enfriadoras y relajantes del Padre y de la Madre divinos. Las formas de la Diosa, como Lakshmi naciendo del océano, y Uma-Parvati, esposa de Shiva e hija de la montaña nevada, serán reconfortantes. Las formas masculinas indicadas para ellos son Vishnu y Shiva en sus formas benéficas de agua y espacio. Aunque los pitta puedan sentirse inclinados hacia formas más fogosas o iracundas, deberán ir con cuidado pues podrían incrementar su fuego.

Meditar en Dios como el amigo o amado divino es otra vía. Los pitta pueden transformar su pasión en devoción, pero deben mantener esa devoción receptiva y tranquila. Pueden adoptar la actitud de un guerrero de su deidad, pero deberán ser precavidos y no utilizar esta actitud como una forma de fomentar energía agresiva.

Meditación del conocimiento

Los pitta tienen unas mentes muy críticas, se quedan atrapados en sus opiniones y criterios, lo que les impide trascender el ámbito del pensamiento. Utilizarán este poder para indagar en la naturaleza de la consciencia y conectar con el Yo superior que trasciende la mente; desarrollarán el arte del discernimiento.

Para los pitta es beneficioso meditar en el espacio infinito que trasciende todas las limitaciones de la mente crítica. Si pueden dirigir su concentración de una forma positiva podrán descubrir la luz en su corazón, que es como la luna, y que se encuentra lejos del calor y de la agitación de la mente exterior. El silencio y la receptividad de la mente y del corazón facilitan este proceso.

Kapha

Meditación

Los kapha han de meditar para liberarse de sus apegos emocionales y mitigar así el estancamiento mental y la apatía. La meditación les ayuda a liberar la posesividad y la pesadez en el espacio de la consciencia, el único lugar donde existe verdadera felicidad y abundancia. Los kapha pueden necesitar estímulos y motivación para meditar y les es más fácil meditar en grupo. Han de ser más disciplinados en esta práctica, aunque al principio les parezca que no obtienen muchos beneficios.

Suelen quedarse dormidos meditando. Por esta razón, practicarán técnicas más activas que incluirán la repetición de mantras y el pranayama o combinar la meditación con actividad. También tienden a perderse en su imaginación o en ensoñaciones diurnas. Necesitan cultivar la atención en el estado de vigilia para compensar la laxitud inherente a su mente.

Asana y pranayama

En primer lugar realizarán algunos ejercicios físicos para activar su circulación y disipar el estancamiento antes de sentarse. Quizá tengan que hacer ejercicios aeróbicos, pero no demasiado agotadores porque podrían alterar su mente. La meditación caminando está indicada para ellos.

Deben hacer algunos pranayamas vigorosos, como la inhalación y exhalación rápida (*bhastrika*), o la respiración por el orificio derecho para movilizar su energía. Luego pueden seguir con algún pranayama más tranquilo. Deberán combinar la meditación con períodos de pranayama para mantener activa su energía.

Visualización, afirmaciones y mantras

Los kapha deben concentrarse en imágenes que aumenten sus elementos fuego, aire y éter, como el sol, el viento moviéndose por los árboles o la inmensidad del cielo azul claro. También se puede recurrir a la cromoterapia anti-kapha, con los colores dorado, azul y naranja. Los kapha han de afirmar el desapego de su naturaleza superior. Las afirmaciones como «Mi verdadero Yo es independiente, libre y de naturaleza espacial» son muy útiles para ellos. También deberían intentar desarrollar la energía kapha del amor dirigiendo sus pensamientos de amor y dulzura hacia todas las criaturas.

Han de repetir mantras estimulantes y purificadores; primero en voz alta durante unos minutos, luego acompañados de la respiración; mantras como Om, Hum o Aim.

Meditación devocional

Los kapha son personas muy amorosas y les beneficia mantener una relación devocional con lo divino. La fe y la entrega les resultan bastante naturales. Están abiertos a muchas formas de adoración devocional. Las formas benévolas de la divinidad son las que más les atraen. Sin embargo, quizá necesiten aspectos más estimulantes o feroces del Dios y de la Diosa para motivarles, como el aspecto feroz de Shiva o de la diosa Kali.

Los kapha deberán evitar el exceso de emotividad; la devoción no ha de convertirse en una forma de dar rienda suelta a su carácter. Esto requiere pureza de mente y de corazón; la devoción debe servir para reducir el apego, liberar emociones y hacer más livianos su personalidad humana y su ego. También deberán evitar apegarse a formas externas de devoción. Han de aprender a conectar con el infinito y sin forma por medio de la forma.

Meditación del conocimiento

Los kapha han de aprender a conectar con la realidad infinita y sin forma para liberarse de su apego a la forma y la limitación. La meditación en el aspecto eterno e inmutable de la verdad es muy apropiada para ellos. Pueden cultivar la paz inmutable como pilar de su mente.

La meditación en el vacío también está indicada para ellos porque aumenta la capacidad espacial de su mente. Pueden combinarla con la meditación en la luz interior, que aportará más fuego a sus mentes. La meditación en la indagación quizá les resulte difícil, porque su mente prefiere descansar en un estado cómodo. Sin embargo, esto no siempre es conveniente, pues pueden confundir ese estado de satisfacción mental con la verdad última. Los kapha han de aprender a desarrollar su atención. Han de superar sus limitaciones personales. Para ellos la meditación será como si estuvieran escalando una serie de picos en un largo viaje, sin detenerse en el camino por agradable que resulte.

El yoga y el ayurveda culminan en el arte de la meditación. El conocimiento ayurvédico de los doshas y los pranas nos ayuda a utilizar la meditación con fines terapéuticos y armonizadores. El conocimiento yóguico sobre la mente y los gunas nos ayuda a utilizar la meditación para la autorrealización. La meditación es como la cúspide de la pirámide del conocimiento védico. Culmina en una punta afilada que se adentra en el infinito, pero que descansa sobre la sólida base de la Tierra.

> ¡Que esta sabiduría nos ayude en todos los aspectos
> de nuestra vida y de nuestra consciencia!

CUARTA PARTE

Apéndices

Apéndice I

La conexión védica

Los *Vedas* son los grandes textos mántricos escritos por los rishis, los yoguis y los sabios himalayos que vivieron hace miles de años, en los supuestos inicios de esta era o *yuga*, en los albores de la historia humana. Se dice que expresan la sabiduría de la mente cósmica, que es el origen y el pilar del universo y la base de la ley natural. Los cuatro *Vedas* se transmitieron por tradición oral y escrita y se remontan a una época anterior a Krishna, hace cuatro o cinco mil años.[42]

Los *Vedas* presentan el más amplio sistema de conocimiento cósmico y de uno mismo, cuyas manifestaciones específicas son el yoga y el ayurveda. Tanto el ayurveda como el yoga surgieron como escuelas védicas, impartidas por linajes de videntes védicos, y proyectaron el conocimiento védico en formas prácticas específicas. Ambas basan su autoridad en los textos védicos y siguen la visión védica en sus respectivos campos de práctica espiritual y de la salud.

Los *Vedas*

Los *Vedas* son fundamentalmente tres y cada uno de ellos se refiere a una práctica importante de yoga y ayurveda. Los tres *Vedas* reflejan un enfoque mántrico que comprende todos los aspectos de la vida. En ellos se expone el ritual védico, el yajna o sacrificio del fuego, que refleja el proceso de la creación cósmica. Interiormente, se trata de una práctica de yoga que equilibra el agni y el soma (fuego

---

[42]. Más información sobre este tema en: *In Search of the Cradle of Civilization* de Feuerstein, Frawley y Kak, y *Gods, Sages and Kings: Vedic Secrets of Ancient Civilization* del Dr. David Frawley.

y agua), el que percibe y lo percibido en nuestro interior. Este yajna védico general revela todos los poderes del universo y puede utilizarse para llevar a cabo todos los objetivos de la vida, desde la salud hasta la liberación. Un cuarto *Veda*, el *Atharva Veda*, proporciona mantras para temas específicos, en los que se incluyen los asuntos personales, y abarca asimismo todos los aspectos de la vida.

Correspondencias de los tres *Vedas*

Rig Veda	*Yajur Veda*	*Sama Veda*
Palabra divina	Prana divino	Mente divina
Mantra Yoga	Prana Yoga	Dhyana Yoga
Conocimiento	Práctica	Realización
Estado de vigilia	Sueño	Sueño profundo
Tierra	Atmósfera	Cielo
Fuego (*agni*)	Viento (*vayu*)	Sol (*Surya*)

El yajna védico es un proceso curativo para devolver la integridad a la conciencia divina que ha entrado en nosotros y se ha fragmentado a través de la mente, el cuerpo y los sentidos. El propósito del yajna védico es sanar o recomponer el Purusha o Ser cósmico que se ha sacrificado para convertirse en el mundo. Esta reintegración del Creador y la creación, o Dios y el alma, es también la base del yoga, que significa «unión». El ayurveda surge de esta necesidad védica no solo de la sanación personal, sino también de la sanación de la conciencia divina que ha caído en el mundo material.

Los textos védicos existentes son los vehículos de una sabiduría cósmica más profunda que está entrelazada con todos los aspectos de la vida. En este sentido, los *Vedas* son infinitos y eternos. Son inherentes a la mente cósmica y se manifiestan con cada ciclo de la creación, como las vibraciones de la Palabra divina a través de la cual nace el universo. Nuestra alma y sus fuerzas creativas actúan gracias a una parte de ese poder.

Los mantras védicos reflejan la energía de la vida. Se dice que son inherentes al prana, que no solo es la fuerza vital, sino todo el movimiento de la energía cósmica. Como vehículos del prana cósmico, los *Vedas* poseen gran vitalidad y poder curativo. El mismo prana crea el lenguaje, igual que la palabra surge de la respiración. Esta palabra creativa contiene la semilla o formas arquetípicas de la creación que describen los *Vedas*. Así pues, a través de los *Vedas*, tenemos acceso a esos poderes de la creación que pueden cambiar la naturaleza misma.

Dos son las partes principales de los *Vedas*. En primer lugar, la parte de mantra (*samhita*), que es la base ya mencionada en estas líneas. En segundo lugar, la parte de comentario, que a su vez consta de tres partes –los *Brahmanas*, los *Aranyakas* y los *Upanishads*– que suman un total de cuatro secciones. Los *Brahmanas* tratan de los detalles de diferentes rituales, tanto externos como internos (yóguicos), individuales y colectivos. Los *Aranyakas* son similares, pero tienen un carácter más interno y proporcionan temas para las prácticas ascéticas y la meditación. Los *Upanishads* son de naturaleza predominantemente filosófica y proporcionan un resumen de las ideas y del conocimiento védico. Sin embargo, la distinción entre *Brahmanas* y *Upanishads* es solo una cuestión de grado. Los *Brahmanas* enseñan más la sabiduría espiritual o el conocimiento de uno mismo y los *Upanishads* presentan rituales y prácticas de diversos tipos. Los *Upanishads* son la base del Vedanta, el yoga y las disciplinas espirituales y filosóficas posteriores que derivan de los *Vedas*.

Las seis escuelas de la perspectiva védica

A partir de los *Vedas* surgieron seis escuelas de filosofía, *shad darshanas*, que significa literalmente «seis formas de ver o perspectivas». Estas fueron diseñadas para mostrar las implicaciones lógicas, metafísicas y cosmológicas de los mantras védicos. El yoga clásico, según lo expuso Patanjali en los *Yoga Sutras*, es una de estas seis escuelas de filosofía védica. Se dice que el mismo Patanjali está en la línea del gran yogui y sabio védico Yajnavalkya, uno de los videntes del *Yajur Veda* y *Brihadaranyaka Upanishad*, y se dice que Patanjali era también un maestro de *Sama Veda*. Hiranyagarbha, el nombre del dios del sol, Creador cósmico, fue el tradicional fundador del sistema del yoga.

Las seis escuelas de filosofía védica y sus fundadores
- *Nyaya*: Escuela de la Lógica, fundada por Gautama.
- *Vaisheshika*: Escuela del Atomismo, fundada por Kanada.
- *Samkhya*: Escuela del Principio Cósmico, fundada por Kapila.
- *Yoga*: Escuela del Yoga, fundada por Hiranyagarbha.
- *Purva Mimamsa*: Escuela Ritualística, fundada por Jaimini.
- *Uttara Mimamsa/Vedanta*: Escuela Teológica o Metafísica, fundada por Badarayana.

Nyaya y Vaisheshika son escuelas de una filosofía lógica, similar al sistema de Platón en el pensamiento occidental. Todas las escuelas védicas, incluidos el ayurveda y el yoga, insisten en el desarrollo de grandes habilidades racionales, que se consigue por medio de la formación en Nyaya-Vaisheshika. Tanto el yogui como el médico ayurvédico deben avalar sus conclusiones con la lógica propia, aunque esto esté subordinado a una mayor percepción intuitiva.

Samkhya proporciona las bases filosófica y cosmológica para el yoga y el ayurveda, como ya hemos explicado anteriormente en esta obra. Se trata de una visión científica, que examina las realidades interna y externa. El sistema Samkhya describe los tattvas o principios cósmicos que la práctica del yoga intenta llevar a cabo.

Sin embargo, hay una ligera diferencia entre Samkhya y yoga. Samkhya se interesa más por el conocimiento de los tattvas (alma, mente, órganos sensoriales, órganos motores, elementos), mientras que el yoga está más interesado en la purificación de los tattvas correspondientes en nuestro interior. El yoga nos prepara para el conocimiento de Samkhya, ya que solo podemos entender un tattva cuando este está purificado. El yoga aporta una visión teísta a Samkhya y podría considerarse una forma teísta de Samkhya. Sin embargo, el enfoque del yoga es más práctico y, por lo tanto, es más una tecnología que una filosofía y puede ser utilizado con diversos sistemas filosóficos.

Yoga aparece junto con Samkhya como un término común en los textos védicos tardíos, como el *Bhagavad Gita* de Sri Krishna, que también se consideran unas escrituras yóguicas. El yoga es mencionado con frecuencia en los *Upanishads*, en particular en *Prashna*, *Katha* y *Svestasvatara*. Se encuentran referencias al yoga en todos los *Vedas*, incluso en el mismo *Rig Veda*.[43] Numerosos grandes yoguis modernos, como Sri Aurobindo, Ganapati Muni y Paramahamsa Yogananda, han explicado los fundamentos védicos del yoga.

La escuela ritualista, Purva Mimamsa, pone énfasis en la correcta ejecución de los rituales para el bienestar individual y social, con oraciones especiales y ofrendas que nos conecten con las fuerzas benéficas del universo. Estos rituales son buenos para purificar el cuerpo y la mente y nos preparan para la meditación. Este es el campo del karma yoga o yoga de servicio.

El término Vedanta es utilizado específicamente por la escuela de Uttara Mimamsa que, de los seis sistemas, es el más interesado en la correcta interpretación de los textos védicos (aunque los seis sistemas comparten esta preocupación). Vedanta o la escuela teológica-metafísica debate sobre la naturaleza de Dios, el alma, lo Absoluto y sus relaciones. Hay varias escuelas de Vedanta, ya que con el tiempo esta se convirtió en la tradición filosófica védica más importante y de mayor alcance.

El Vedanta no-dualista (*advaita*), impartido por el gran filósofo Shankara (siglo VII), considera a Dios y el alma manifestaciones de lo Absoluto, que constituye el verdadero ser de estos. Pone énfasis en jnana yoga o yoga del conocimiento, como el que se ha hecho popular hoy en día a través de las enseñanzas del sabio moderno del sur de India, Ramana Maharshi.

---

43. Por ejemplo, *Rig Veda* V, 81.1 y I, 18.7.

El Vedanta dualista (*dvaita*), como el impartido por Madhva (siglo XIV), considera a Dios y el alma diferentes, pero relacionados eternamente. Enseña la devoción a Dios y la subordinación del alma a Su gracia. Pone énfasis en el bhakti yoga o yoga de la devoción. Muchos *vaishnavas* (devotos de Vishnu) siguen esta línea, incluido el movimiento Krishna de Prabhupada.

Una escuela intermedia, la calificada escuela no dualista Visishtadvaita de Ramanuja (siglo XII), también es importante. Es devocional y de naturaleza vaishnava como la escuela dualista. Tiene una conexión especial con el yoga. Krishnamacharya de Madrás, que seguía esta línea, es el guru de muchos profesores de yoga famosos en Occidente, como B. K. S. Iyengar, Pattabhi Jois y T. V. Deshikar.

El yoga está estrechamente relacionado con una u otra forma de Vedanta. La mayoría de los primeros profesores de yoga que llegaron a Occidente –Swami Vivekananda, Tirtha Rama, Paramahamsa Yogananda, Swami Rama, y los muchos discípulos de Swami Sivananda– enseñaron yoga-Vedanta en la línea advaita. También mayoría de los profesores de ayurveda son vedantinos.

Vedanta está cerca de Samkhya, y posteriormente en India ocupó gran parte del lugar de Samkhya, cuyas principales enseñanzas adaptó. Samkhya era originalmente un sistema védico con sus propios comentarios sobre los textos vedantinos. Sin embargo, hay una ligera diferencia entre Vedanta, Samkhya y yoga.

Samkhya y Vedanta están interesadas en el conocimiento de los tattvas. Sin embargo, Samkhya se ocupa del conocimiento de todos los tattvas que conducen a Purusha o Alma Individual. Vedanta, en particular la escuela advaita, está encaminado principalmente a *Paramatman* (el alma suprema) y Brahman (lo Absoluto), el tattva más elevado, y muestra menos interés por los tattvas inferiores. Las escuelas vedánticas devocionales son de naturaleza teológica y se ocupan principalmente de Ishvara tattva o el Creador, que no es un tattva aparte en el Samkhya clásico.

Si utilizamos términos sánscritos: Samkhya se ocupa de *tattva vichara* o de la investigación sobre la naturaleza de los tattvas; Vedanta advaita se interesa por *Atma tattva vichara*, la indagación en el Yo o tattva más elevado. El principal interés del vedanta dualista es *Ishvara tattva vichara*, la indagación en la naturaleza de Dios y nuestra relación con Él (o Ella, ya que lo divino no se limita al género masculino en el pensamiento hindú).

El yoga se interesa por *tattva shuddhi*, que no solo significa la purificación de los tattvas sino la indagación sobre ellos. El yoga, al purificar los tattvas, permite que se indague, algo que no puede realizarse cuando la mente y el cuerpo están en un estado impuro. Por lo tanto, la correcta práctica de yoga en cualquiera de sus ocho ramas hasta el samadhi nos proporciona la capacidad para seguir Samkhya y Vedanta. Por esta razón, muchos vedantinos exigen a sus estudiantes que primero dominen el yoga para tener la formación adecuada para continuar en su búsqueda del conocimiento.

Sin embargo, el yoga es en cierto modo parte de las seis escuelas, que son parte integrante de la misma darshana védica o modo de ver. El yoga proporciona la base práctica de las ideas que los demás sistemas pretenden desarrollar –preparando el cuerpo, el prana y la mente para convertirse en herramientas de indagacón interior. En este sentido, el yoga es probablemente el más universal de los seis sistemas y el principal vínculo entre ellos. El ayurveda proporciona la base de una vida adecuada para el yoga y para los seis sistemas, cuya visión del mundo y cuyas prácticas comparte, por lo que también es común a los seis sistemas.

El yoga y el ayurveda, al menos hasta cierto punto, fueron también adoptados por los sistemas no-védicos de India. Los maestros budistas, jainistas e incluso sufíes han utilizado diversos métodos y perspectivas de yoga y ayurveda. Muchas de las conexiones se realizan por medio del tantra, que hace uso de aspectos del yoga y el ayurveda y tiene formas hindúes y budistas. La medicina tibetana, por ejemplo, es predominantemente ayurvédica.

El ayurveda y los *Vedas* y *Upavedas*

Los *Upavedas* constituyen un suplemento de los *Vedas* con aplicaciones más específicas de las enseñanzas védicas en el campo cultural. El ayurveda surgió como un Veda secundario o *Upaveda* relacionado en general con el *Atharva Veda*. Esto se debe a que el *Atharva Veda* presenta, en primer lugar, mantras y métodos específicos para el tratamiento de enfermedades. Sin embargo, el ayurveda está conectado con los otros *Vedas* que tienen que ver todos ellos con el autoconocimiento y la integración interna. El ayurveda está estrechamente relacionado con el *Yajur Veda*, que describe el ritual védico cuyo propósito es la curación del Ser Cósmico y del alma individual.[44]

Los *Upavedas*

Los *Upavedas* son:
- Ayurveda: artes curativas
- Dhanur Veda: artes marciales.
- Sthapatya Veda: arquitectura, escultura y geomancia.
- Gandharva Veda: música, poesía y danza.

El ayurveda está estrechamente relacionado con todos los *Upavedas*. Se basa en *Dhanur Veda* o artes marciales para las recomendaciones de ejercicios y estilos de masaje y trabajo corporal, en particular el tratamiento de los marmas o puntos sensibles del cuerpo. Los marmas están principalmente descritos en *Dhanur Veda*. También muchas asanas del yoga reflejan las ideas del *Dhanur Veda*.

El ayurveda utiliza *Gandharva Veda* para sus sutiles terapias de música y arte, que son muy importantes para la curación de la mente y el cuerpo. Los yogas de la música y el sonido se desarrollan a partir de *Gandharva Veda*.

Sthapatya Veda, más comúnmente llamado *Vastu*, muestra el diseño correcto de las estructuras para incorporar energías salu-

---

44. «Los dioses hicieron el sacrificio (yajna) como la medicina». *Shukla Yajur Veda* XIX, 1.

dables espaciales y terrenales. Esto es esencial para la adecuada orientación y construcción de clínicas, hospitales y salas de consulta. Algunas personas padecen enfermedades, porque la inadecuada construcción de sus casas los expone a fuerzas direccionales perjudiciales. Por esta razón, muchos médicos ayurvédicos, para realizar el diagnóstico, preguntan a sus pacientes cómo están ubicadas sus casas. El yoga utiliza *Vastu* para la orientación de los templos, ashrams y salas de meditación. Por ejemplo, la recomendación que hace el yoga de meditar orientando el cuerpo al norte refleja las consideraciones de *Vastu*.

Los *Vedangas* y la astrología védica

Hay seis *Vedangas* o ramas de los *Vedas*. Estos están más cercanos a los *Vedas* que los *Upavedas*, formando parte de los *Vedas*, que son la principal herramienta para su interpretación.
- Jyotish: astrología
- Kalpa: reglas del ritual
- Shiksha: pronunciación
- Vyakarana: gramática
- Nirukta: etimología
- Chhandas: métrica

El más importante de los seis *Vedangas* es jyotish o astrología védica. Para el ayurveda ayuda a determinar el potencial básico de salud de la persona, su tendencia a la enfermedad y sus posibilidades de recuperación. Esto es particularmente importante para los pacientes que padecen enfermedades graves y cuando las enfermedades no responden a las medidas normales de tratamiento.

La astrología védica también se utiliza para determinar la duración de un tratamiento y para la preparación de medicamentos. Incluso la terapia adecuada aplicada en el momento equivocado no puede dar buenos resultados. La astrología nos ayuda a entender los problemas psicológicos, que a menudo resultan evidentes en nuestra carta natal. Es útil en las terapias ayurvédicas, en particular para mostrar las gemas que son mejores para una persona.

La astrología védica es útil en el yoga para determinar el potencial espiritual individual, para determinar el momento adecuado para la práctica del yoga y, en particular, para la iniciación al mantra. Un examen de la carta astral es importante en lo que concierne a cuestiones ayurvédicas y yóguicas y es una parte integral del enfoque védico de la vida. Por esta razón muchos practicantes de ayurveda y de yoga estudian jyotish o al menos se procuran un buen astrólogo para consultarle cuando sea necesario.

Cuatro de los seis *Vedangas* tratan del lenguaje. Son la base de la lengua sánscrita y su precisa terminología para el yoga y el ayurveda. Son parte del camino del mantra yoga, que es muy importante en el yoga y en el ayurveda. El ayurveda usa el mantra como una herramienta principal para la curación de la mente. El yoga lo utiliza como la principal herramienta para la purificación de la mente y el despliegue de sus facultades y poderes internos. Mantra es la herramienta más importante de yoga, ayurveda y jyotish y el fundamento de la ciencia védica.

En resumen, el yoga surgió como la aplicación de la sabiduría védica para la autorrealización. El ayurveda surgió como un método védico para la curación y para vivir correctamente. Ambos sistemas se entienden mejor en un contexto védico y nos ayudan a entender los principios de la vida védica.[45] El yoga proporciona los medios para la purificación de la mente (*chitta-shuddhi*) que nos permitan obtener la autorrealización a través de *Vedanta* (autoconocimiento). El ayurveda permite la purificación del cuerpo (*deha-shuddhi*) para una óptima salud y energía. Vastu aporta la purificación de la casa (*griha-shanti*) para la correcta orientación del espacio. Jyotish aporta la purificación de las influencias planetarias negativas (*graha-shanti*) para la adecuada orientación en el tiempo.

---

45. Para un estudio de las deidades védicas léase *Wisdom of the Ancient Seers* del Dr. David Frawley o *Secret of the Veda* de Sri Aurobindo.

Al combinar la totalidad de este sistema de conocimiento védico –ayurveda, yoga y otras disciplinas afines– nos encontramos con un extraordinario recurso capaz de transformar tanto a nosotros mismos como a nuestro planeta, si lo aplicamos en nuestra vida diaria. Esta es una de las claves para un desarrollo superior de la humanidad, un tema que merece mucha más atención en esta época de crisis y transición.

Apéndice II

Glosario sánscrito

agni fuego como principio cósmico.
agnihotra invocaciones al fuego.
ahamkara ego o sentido del yo individual.
ahimsa no-violencia o no-perjudicar.
amrit néctar.
ananda éxtasis o amor divino.
anandamaya kosha envoltura de éxtasis, corazón o naturaleza del sentimiento profundo.
anna comida, alimento o nutriente como principio cósmico.
annamaya kosha envoltura de alimento o cuerpo físico.
anthkarana instrumento interno, la mente en todos los niveles.
apana prana descendente.
asana postura del yoga.
ashwagandha planta usada como tónico (*Whitania somnifera*).
Atman Yo verdadero, sentido del puro Yo soy.
ayurveda ciencia yóguica de sanación.

basti enemas ayurvédicos.
bhakti yoga yoga de la devoción.
bhasma preparado mineral incinerado de un modo especial.
bhastrika tipo de pranayama.
bija mantra mantra monosílabo, como Om.
brahmacharya control de la energía sexual.
Brahman Realidad Absoluta.
brahmi planta similar al gotu kola o centella asiática.
buddhi inteligencia.

chakras centros de energía del cuerpo sutil.
chitta término genérico para referirse a la mente en todos sus niveles, incluido el subconsciente; término específico para el nivel más profundo de la mente o la envoltura de éxtasis.
chitta nadi canal de la consciencia.

Dhanvantari deidad tradicional del ayurveda.
dharana control de la mente, atención correcta, concentración.
dhyana meditación.
dosha humor biológico.

Ganesha deidad del conocimiento y la protección.
ghee mantequilla clarificada.
guna las tres cualidades primarias de la naturaleza: sattva, rajas y tamas.
guru guía espiritual.

Hanuman deidad del prana y la devoción.
Hatha yoga yoga de la asana, el pranayama y la meditación, basado en el esfuerzo.

ida fosa nasal izquierda o *nadi* lunar.
Ishvara Dios o el Creador.
Ishvari Madre Divina, aspecto femenino de Dios.

jiva alma individual.
jnana yoga yoga del autoconocimiento.
jyotish astrología védica.

Kali diosa de la energía y la transformación.
kapalabhati tipo de pranayama.
kapha humor biológico acuoso.
karma efecto de nuestras acciones pasadas, incluidas las de vidas anteriores.
karma yoga yoga del ritual, el trabajo y el servicio.
kosha cuerpo, envoltura o recubrimiento del alma.
kriya yoga yoga de la técnica.
Kundalini energía latente de desarrollo espiritual.

Lakshmi diosa de la belleza y de la gracia divina.
laya yoga yoga de la fusión en la corriente del sonido divino.

Mahat Mente Divina o Inteligencia cósmica.
Manas aspecto externo o sensorial de la mente.
manomaya kosha envoltura de las impresiones o mente externa.
manovaha srotas canal de la consciencia.
mantra sonidos germinales utilizados con fines yóguicos o sanadores.

marmas puntos sensibles del cuerpo.
maya poder de la ilusión.

nadis sistemas de canales del cuerpo sutil.
nasya tratamientos nasales ayurvédicos.
niyama disciplinas y principios yóguicos de comportamiento personal.

ojas esencia vital de kapha.
Om sílaba sagrada.

panchakarma procedimiento de desintoxicación ayurvédica.
pingala fosa nasal derecha o nadi solar.
pitta humor biológico de fuego.
Prakriti Naturaleza.
prana fuerza vital, aliento.
pranamaya kosha envoltura del prana o energía vital.
pranayama control o expansión de la fuerza vital.
prarthana oración o búsqueda de bendiciones.
pratyahara control o introversión de la mente y los sentidos.
puja rito de adoración devocional u ofrenda de flores.
Purusha espíritu interior, Yo.

raja yoga sistema de yoga integral descrito por Patanjali en los *Yoga Sutras*.
rajas cualidad de acción o agitación.
rudraksha árbol cuyas semillas son utilizadas para fabricar rosarios hindúes.

samadhi estado yóguico de absorción.
samana fuerza vital equilibradora.
samkalpa voluntad, intención, resolución.
Samkhya filosofía de los veinticuatro tattvas.
samskara motivación y condicionamiento profundos.
sarasvati canal de la lengua o del habla.
sattva cualidad de armonía.
shakti poder, energía, en particular del nivel más profundo.
shiva poder divino de la paz y la trascendencia
Skanda deidad de tejas.
soma néctar divino o éxtasis.
sushumna canal central o nadi del cuerpo sutil.

tamas cualidad de oscuridad e inercia.
tanmatras potenciales sensoriales o elementos sutiles (sonido, tacto, vista, gusto, olfato).
tantra sistema energético de trabajo con nuestros potenciales superiores.
tattvas principios cósmicos de la verdad.
tejas fuego en un nivel vital.
Triphala compuesto ayurvédico preparado con tres plantas.
tulsi albahaca sagrada.

udana prana descendente.

vata humor biológico de aire.
vayu otro nombre de prana o la energía vital.
Vedanta aspecto de autoconocimiento de las enseñanzas védicas.
vijnanamaya kosha envoltura del conocimiento o la sabiduría.
Vishnu poder divino del amor y la protección.
vyana fuerza vital expansiva.

yajna sacrificio o adoración.
yamas valores y principios yóguicos de conducta social.
yoga ciencia de reintegración con la realidad universal.

Apéndice III

Claves para la pronunciación del sánscrito

Quince vocales[46]

Sánscrito	Transliteración	AFI IPA
अ	a	[ɐ]
आ ा	ā	[ɑː]
इ ि	i	[i]
ई ी	ī	[iː]
उ ु	u	[u]
ऊ ू	ū	[uː]
ऋ ृ	ṛ	[ɹ]
ॠ ॄ	ṝ	[ɹː]
ऌ ॢ	ḷ	[l]
ए ॆ	e	[eː]
	ai	[aːi]
ओ ॊ	o	[oː]
औ ौ	au	[aːu]
अं	aṁ	[ⁿ]
अः	aḥ	[h]

Ocho sonidos intermedios

Sánscrito	Transliteración	AFI IPA
य	ya	[j]
र	ra	[r]
ल	la	[l]
व	va	[ʋ]
श	śa	[ɕ]
ष	ṣa	[ʂ]
स	sa	[s]
ह	ha	[ɦ]

Veinticinco consonantes

Sánscrito	Transliteración	AFI IPA
क	ka	[k]
ख	kha	[kʰ]
ग	ga	[g]
घ	gha	[gʰ]
ङ	ṅa	[ŋ]
च	ca	[c]
छ	cha	[cʰ]
ज	ja	[ɟ]
झ	jha	[ɟʰ]
ञ	ña	[ɲ]
ट	ṭa	[ʈ]
ठ	ṭha	[ʈʰ]
ड	ḍa	[ɖ]
ढ	ḍha	[ɖʰ]
ण	ṇa	[ɳ]
त	ta	[t̪]
थ	tha	[t̪ʰ]
द	da	[d̪]
ध	dha	[d̪ʰ]
न	na	[n]
प	pa	[p]
फ	pha	[pʰ]
ब	ba	[b]
भ	bha	[bʱ]
म	ma	[m]

---

46. Algunas tienen dos formas.

Bibliografía

Aurobindo, Sri: *Letters on yoga*. Pondicherry, India: Sri Aurobindo Ashram, 1978. [Edición en español: *Cartas sobre el yoga integral y supramental*. Barcelona: Fundación Centro Sri Aurobindo, 2001].

Feuerstein, Georg: *The Shambhala Encyclopedia of Yoga*. Boston and London: Shambhala Books, 1997.

—: *The Shambhala Guide to Yoga*. Boston and London: Shambhala Books, 1996. [Edición en español: *Yoga: introducción a los principios y la práctica de una antiquísima tradición*. Barcelona: Oniro, 2011].

Feuerstein, G.; Kak, S. y Frawley, D.: *In Search of the Cradle of Civilization*. Wheaton, Illinois: Quest Books, 1995.

Frawley, David: *Astrology of the Seers: a Guide to Vedic/Hindu Astrology*. Twin Lakes, WI: Lotus Press, 2000.

—: *Ayurveda and the Mind*. Twin Lakes, WI: Lotus Press, 1997.

—: *Ayurvedic Healing. A Comprehensive Guide*. Twin Lakes, WI: Lotus Press, 2000. [Edición en español: *Salud Ayurveda. Guía completa de terapias ayurvédicas*. Barcelona: Ediciones Ayurveda, 2012].

—: *Tantric Yoga and the Wisdom Goddesses: Spiritual Secrets of Ayurveda*. Twin Lakes, WI: Lotus Press, Second Edition, 2003.

—: *Wisdom of the Ancient Seers: Selected Mantras from the Rig Veda*. Twin Lakes, WI: Lotus Press, 1992.

Frawley, David y Lad, Vasant: *The Yoga of Herbs*. Twin Lakes, WI: Lotus Press, 1986. [Edición en español: *Poder energético y curativo del mundo vegetal*. Madrid: Ediciones Apóstrofe, 1995].

Joshi, Sunil: *Ayurveda and Pancha Karma*. Twin Lakes, WI: Lotus Press, 1997.

Lad, Vasant: Ayurveda, the Science of Self-Healing. Twin Lakes, WI: Lotus Press, 1984. [Edición en español: *Ayurveda: la ciencia de curarse a uno mismo*. México: Pax México, 2008]

—: *The Complete Book of Ayurvedic Home Remedies*. New York City: Harmony Books, 1998.

Morningstar, Amadea: *The Ayurvedic Cookbook*. Twin Lakes, WI: Lotus Press, 1992.

MORNINGSTAR, AMADEA: *Ayurvedic Cooking for Westerners*. Twin Lakes, WI: Lotus Press, 1996.

NIRANJANANDA, SWAMI: *Prana, Pranayama, Prana Vidya*. Munger, India: Bihar School of Yoga, 1994.

SHIVANANDA, SWAMI: *Practice of Brahmacharya*. Tehri-Garhwal, India: Divine Life Society, 1988.

SIMON, DAVID: *The Wisdom of Healing*. New York City, Harmony Books, 1997.

TARABILDA, EDWARD: *Ayurveda Revolutionized*. Twin Lakes, WI: Lotus Press, 1998.

TIERRA, MICHAEL: *Planetary Herbology*. Twin Lakes, WI. Lotus Press, 1988.

Tiwari, Maya. *Ayurveda: A Life of Balance*. Rochester, VT: Healing Arts Press, 1995.

YOGESHWARANANDA, SWAMI: *Science of the Soul*. New Delhi, India: Yoga Niketan Trust, 1992.

—: *Science of Prana*. New Delhi, India: Yoga Niketan Trust, 1992.

YUKTESWAR, SRI: *The Holy Science*. Los Angeles, CA: Self-Realization Fellowship, 1978.

Textos sánscritos

Astanga Hridaya de Vagbhata.
Bhagavad Gita de Krishna.
Brihat Yogi Yajnavalkya Smriti.
Charaka Samhita.
Hatha Yoga Pradipika de Svatmarama.
Laghu Yoga Vasistha.
Mahabharata.
Raja Yoga Sutras de Ganapati Muni.
Samkhya Karika de Ishvara Krishna.
Satapatha Brahmana.
Sushruta Samhita.
Upanishads.
Vasistha Samhita.
Vedas.
Yoga Sutras de Patanjali.

Índice analítico

Abstracción de los sentidos, 282, 285
Aceite, 220, 221
Afirmaciones, 311, 321, 323, 325
Agni, 123-135
  Agni yoga, 123
Agnihotra, 125
Ahamkara, 36-38, 43, 169
Ahimsa, 26-28, 190
Alfabeto sánscrito, 299
Alimentos, 127, 187, 192, 202, 203
  crudos, 187-190
Alma, 87, 88, 90, 91, 97, 102, 113
Aloe vera, 214
  Gel de, 210-213
Amor, 76, 90-92, 120, 132, 280, 306
Amrit, 114, 216
Ananda, 105
Anandamaya kosha, 104-106, 129
Ángulo extendido (asana), 251
Ángulo sentado (asana), 255
Anna, 185
Annamaya kosha, 104, 105, 127, 229
Apana, 98, 141-151, 211, 264-266, 269, 274,
Aparato reproductor, 110
Arado (asana), 246
Árbol (asana), 244, 245
Arco (asana), 245, 246
Ardha Matsyendrasana II, 245
Asana,-s, 70-72, 131, 225-228, 231-241, 243-259, 321, 323, 325
  de pie, 249
  flexiones hacia atrás, 254
  flexiones hacia delante, 255
  invertidas, 252
  para kapha, 241, 245
  para pitta, 239, 244
  para vata, 236, 244
  sedentes, 246
  sobre los hombros, 252
  torsiones, 256
Ashtanga yoga, 30
Ashwagandha, 215
Astrología védica, 339
Atman, 30
Autoindagación, 76
Autorrealización, 19, 21-23, 26, 165, 166, 340
Autoconocimiento, 129, 316, 338, 340

Barca (asana), 244, 245
Barra (asana), 244
Basti, 181, 222, 223
Bastón (asana), 247
Bhakti yoga, 75-77, 115-117
Bhasma, 125, 218
Bhastrika, 277-279
Bija mantra, 264, 300
Brahmacharya, 116
Brahman, 29, 30, 129
Buddhi, 38, 43
Budismo, 25

Cadáver (asana), 258, 259
Cálamo aromático, 215
Camello (asana), 246
Carne, 190
Chakras, 153-166, 299, 300
Chidagni, 129
Chitta, 104, 169, 171, 172
  Nadi, 167-173
Cobra (asana), 244, 245, 254
Cocodrilo (asana), 256
Concentración, 118
Conocimiento, 93, 97, 169, 316
  Gesto del, 248
  Meditación del, 316, 322, 324, 326
  Yoga del, 75, 76, 118

351

Consciencia, 29-35, 91, 100-103, 129, 130, 132-135, 163-165, 167-172, 212, 225, 307, 308
  pura, 31, 34, 35, 42, 102, 138, 139, 316
Corazón, 74-77, 162-165, 168-172
Creatividad, 113
Cuerpo
  astral, 103, 157, 158
  causal, 43, 88, 90, 96, 100-104
  físico, 43, 101-104, 145, 156-158, 229
  prànico, 229
  sutil, 43, 98-101, 153, 157, 158, 173, 295
  vital, 140

Devoción, 75-77, 116
  Yoga de la, 75-77, 80, 280, 336
Dharana, 70, 73, 118, 132, 303
Dharma, 25
  Buda, 25
  Yoga, 25
Dhyana, 74, 132
  chikitsa, 308
Diamante (asana), 248
Dicha, 91, 104-106, 129, 134
Dieta, 115
  ayurvédica, 185-188, 199
  pránica, 200
  sátvica, 115, 186, 197, 199, 200
  yóguica, 186-188, 197, 200, 202
Digestivo,
  Sistema, 57, 273, 286
Doshas, 43, 55-65, 147, 199, 213, 243, 267, 305, 320

Elementos,
  Cinco, 41-43
Endocrino,
  Sistema, 110
Envolturas,
  Cinco, 104-106
Especias,
  El yoga y las, 197

Flexiones,
  hacia atrás, 254
  hacia delante, 255, 256
Fuego, 123-135
Fuerzas cósmicas, 55

Ginseng, 209-211, 219, 220
Gotu kola, 216
Guerrero (asana), 244
Guerrero II (asana), 250
Guggul, 216
Gunas, 43, 45-47, 50, 65, 95-97

Habla, 41, 117
Hatha yoga, 81-84, 209

Ida, 173-175
Impresiones, 284-286
Incienso, 220
Inmunitario,
  Sistema, 111
Inteligencia, 35-38, 103-106, 129-134
Inversión restauradora (asana), 253
Ishvara, 32, 43, 336
Ishvari, 33

Janu Sirsasana, 244
Jatharagni, 131, 133
Jiva, 88, 201
Jivatman, 88, 168, 169
Jnana yoga, 75, 84, 117, 118
Jyotish, 339, 340

Kali, 301, 315
Kapalabhati, 277
Kapha, 61, 213, 241, 279, 324
  Posturas de yoga para, 245
  Tipos espirituales, 67
Karma, 26, 32, 34, 89, 309
  yoga, 75, 77, 78
Kosha,-s, 127
  Anandamaya, 104-106, 129
  Annamaya, 104, 105, 127, 229
  Cinco, 33, 127, 130

Manomaya, 104-106, 128
Pranamaya, 104, 105, 128, 131, 139, 140, 209, 229
Vijnanamaya, 104, 105, 129
Krishna, 77, 80, 195, 317, 331
Kriya yoga, 72, 75, 78-80
Kundalini, 114, 153, 154, 159, 160

Lakshmi, 32, 302
Laya yoga, 287
Lazo (asana), 244
León (asana), 244-246, 249
Lota, 214, 222
Loto (asana), 248
Luna,
　Saludo a la, 245
　Media, 245
Lunar,
　Nadi, 267
　Respiración, 269, 279, 323

Madre Divina, 33, 83, 160, 322
Mahat, 35-37, 42
Manas, 37, 38, 43, 104, 105, 169
Manomaya kosha, 104-106, 128
Manovaha srotas, 168
Mantra, 80, 117-119, 264, 293-302, 314, 317-325, 340
　Purusha, 293-295, 298, 299
　yoga, 80, 83, 293, 332, 340
Marichyasana, 245, 246
Marmas, 297, 338
Masaje, 221, 233
Maya, 93, 95
Media luna (asana), 245
Meditación, 74, 211, 303, 307-310, 313-327
　del conocimiento, 316, 322, 324, 326
　devocional, 309, 315, 322, 324
　pasiva, 119, 316
　y oración, 310
Mente, 37, 50, 113, 128, 132, 134, 148, 167-172, 211, 230, 288, 303-307
Montaña (asana), 249

Nadi,-s, 111, 167, 170, 173-181, 274
　chitta, 167, 173
　lunar, 267
　solar, 267
Nasya, 180, 222
Nervioso,
　Sistema, 111, 230
Niño (asana), 244, 245
Niyama,-s, 28, 70-72

Ojas, 107-122, 147, 265
Om, 300
Oración, 80, 294, 309, 314, 315
　Meditación y, 310
Órganos
　motores, 40-43, 288-290
　sensoriales, 40-43, 288-290

Panchakarma, 222
Parivrtta Janu Sirsasana, 244
Paschimottanasana, 244
Patanjali, 30, 69, 333
Perro hacia abajo (asana), 245, 252
Perro hacia arriba (asana), 245
Pez (asana), 245, 254
Pingala, 173-175, 178
Pitta, 60, 62-64, 66, 213, 239, 279, 304, 322
　Posturas de yoga para, 244, 245
　Tipos espirituales, 66
Plantas (medicinales), 205-220
　Aromáticas, 220
　Tónicas, 115
Plexo solar, 112, 128, 154
Plumas del pavo real (asana), 245
Postura,-s. Véase Asana,-as
　fácil (asana), 247
　sobre los hombros con apoyo (asana), 252
Prakriti, 33-35, 38, 43
Prana,-s, 107-122, 133, 137-151, 167, 172, 209, 263-265, 269, 287, 305, 332
　Cinco, 98, 141, 145, 210, 266, 274

Pranagni, 131, 133, 265
Pranamaya kosha, 128
Pranayama, 72, 119, 131, 265-268, 274, 278-280, 321, 323
Prarthana, 310
Prasarita Padottanasana I, 245
Pratyahara, 73, 132, 281-291
Productos lácteos, 194
Puja, 77
Purusha, 31-35, 43, 70, 139, 307
 Mantra, 293-295, 298, 299

Raja yoga, 69, 119
Rajas, 35, 38, 39, 45-53, 95, 96, 138-140
Rama, 77, 140, 317, 322
Relajación, 235, 244, 298, 321
Reproductor,
 Aparato, 110, 111
Respiración, 112, 148, 266-276
 alterna, 269-271
 So-Ham, 268, 276
Ritual del fuego, 124, 226

Sabio (asana), 244
Sabor,-es,
 Seis, 198
Salamba Sarvangasana, 252
Saltamontes (asana), 244, 246
Saludo,
 a la Luna, 245
 al Sol, 243-245
Samadhi, 74, 132, 276
Samana, 142, 145, 211, 273
Samkalpa, 311-313
Samkhya, 30
Samskaras, 34, 96, 168
Sánscrito,
 Alfabeto, 299
Sarasvati, 177, 180
Sattva, 35, 38, 39, 45-53, 95, 96, 138
Sentidos, 112, 116, 283
 Abstracción de los, 282, 285
Ser-Consciencia-Dicha, 29, 91
Shakti, 32, 114, 138, 139

Shambhavi Mudra, 285
Shatavari, 218
Shiva, 32, 301
Siddhasana, 244, 248
Siddhis, 164
Sistema,
 digestivo, 57, 273, 286
 endocrino, 110
 inmunitario, 111
 nervioso, 111, 230
So-Ham, 268
Sol,
 Saludo al, 243-245
Solar,
 Nadi, 267
 Plexo, 112, 128, 154
Soma, 205, 206, 220
Sonido, 296-298
Sukhasana, 247
Supraconsciencia, 100
Sueño, 102
 profundo, 102
Sushumna, 173, 177, 276
Svadharma, 28, 29

Tamas, 35, 37, 39, 45-53, 95, 96
Tanmatras, 39-43
Tantra, 80
Tattvas, 33, 43, 47
Tejas, 107-122, 147, 265
Torsión,-es, 244, 245, 256
 completa de la columna, 257
 del Cocodrilo, 256
 del Lazo, 244
 del Sabio, 244
Tortuga (asana), 244, 245
Triángulo (asana), 250
Triphala, 219
Tulsi, 219

Udana, 142, 145, 211, 272
Ujjayi, 268
Upavistha Konasana, 245, 255
Urdhva Prasarita Ekapadasana, 245
Utthita Hasta Padangusthasana, 245

Vata, 59, 213, 236, 279, 320
   Posturas de yoga para, 244
   Tipos espirituales, 65
Vigilia, 102
Vijnanamaya kosha, 104, 105, 129
Vinyasas, 232, 234, 243, 245
Viparitakarani, 244, 245, 253
Virasana, 244
Vishnu, 32, 77, 83, 317, 322, 324
Visualización, 321, 323, 325
Vyana, 142, 145, 211, 272

Yajna, 124, 331
Yama,-s, 28, 70, 71, 72, 97
Yoga, 19-23, 334-337, 340
   Ashtanga, 30
   ayurvédico, 82
   de la devoción, 76
   de la técnica, 78
   del conocimiento, 75, 118
   del servicio, 77
   Hatha, 75, 81-84, 209
   Laya, 287
   Mudra (asana), 244, 245
   Raja, 69, 70, 75, 80-84, 119, 280
Yoni Mudra, 285

El Dr. Frawley y el American Institute of Vedic Studies

El doctor David Frawley (pandit Vamadeva Shastri) es reconocido tanto en India como en Occidente por su sabiduría y sus enseñanzas védicas, que abarcan principalmente la medicina ayurvédica, la astrología védica y el yoga. En su empeño por divulgar sus conocimientos sobre estos temas, el doctor Frawley ha publicado más de veinte obras, entre las que se cuenta media docena de ellas centradas en el ayurveda, como *Salud Ayurveda* y *Yoga y ayurveda*. Sus traducciones de los *Vedas* y sus estudios históricos sobre la India antigua también han sido muy aclamados por la crítica, así como sus artículos periodísticos sobre la India moderna.

En la actualidad, el doctor Frawley dirige el American Institute of Vedic Studies y es el presidente del American Council of Vedic Astrology. También forma parte de la junta directiva de la revista *Yoga International*.

El American Institute of Vedic Studies ofrece programas de ayurveda, astrología védica y otras disciplinas védicas en las que se estudian sus antecedentes históricos y espirituales descritos en los *Vedas*. El instituto colabora con renombradas instituciones como el California College of Ayurveda, el New England Institute of Ayurvedic Medecine, el East West College of Herbalism (Reino Unido), el American Council of Vedic Astrology y la World Association of Vedic Studies.

Curso de medicina ayurvédica por correspondencia

En su afán por promover la educación védica, el Instituto también organiza cursos por correspondencia que ponen al alcance de alumnos de todo el mundo el saber de las disciplinas védicas.

El Curso de Medicina Ayurvédica consiste en un extenso programa práctico que abarca los principales aspectos de la teoría, el diagnóstico y la práctica ayurvédica, haciendo especial hincapié en el uso terapéutico de las plantas tanto orientales como occidentales. El curso abarca los sistemas de anatomía y fisiología ayurvédicos, la diagnosis diferencial de enfermedades y los métodos de tratamiento según las constituciones. Asimismo, profundiza en la filosofía del yoga y la psicología ayurvédica, poniendo de manifiesto el enfoque integral de la medicina cuerpo-mente. El curso ha sido diseñado para profesionales de la salud y alumnos comprometidos que deseen convertirse en terapeutas ayurvédicos. Desde 1988, más de dos mil personas de todo el mundo han realizado este curso.

Los estudiantes de habla hispana encontrarán un curso en su lengua, impartido por el profesor Arcangelo Lubrano, en la página www.lubrano.com (afiliado al American Institute of Vedic Studies).

El Curso por correspondencia de astrología védica

La astrología védica, también denominada *jyothish*, es la astrología tradicional de India y forma parte del gran sistema del conocimiento yóguico, con su sabiduría profunda y su visión cósmica. Este amplio curso explica la astrología védica de una forma clara y actual, y ofrece visiones prácticas sobre cómo usar y adaptar el sistema. Para las personas que tengan dificultades en entender el sistema védico, el curso aporta muchas claves para descifrar su lenguaje y metodología para el estudiante occidental. En este amplio curso se explica la astrología védica con terminología actual y en relación con la astrología occidental, lo que facilita la comprensión de este sistema arcaico.

Para más información sobre el Instituto y sus programas de estudio contactar con:
American Institute of Vedic Studies
Web: www.vedanet.com
E-mail: vedanet@aol.com